प्रेम क्या है?
अकेलापन क्या है?

प्रेम क्या है? अकेलापन क्या है?

जे. कृष्णमूर्ति

अनुवादक
अचलेश चन्द्र शर्मा

प्रथम संस्करण : 2013
ISBN : 978-93-5064-133-0

Prem Kya Hai? Akelapan Kya Hai
Hindi Translation of *Love and Loneliness* by J. Krishnamurti

Translated by : Achalesh Chandra Sharma

For the original English Text
© Krishnamurti Foundation Trust Ltd. Brockwood Park,
Bramdean Hampshire S024 OLQ England
&
© Krishnamurti Foundation of America,
P.O. Box No. 1560 Ojai, California 93024 U.S.A.

For the Hindi Translation
© Krishnamurti Foundation India
Vasanta Vihar, 124-126, Greenways Road.
Chennai-600 028

राजपाल एण्ड सन्ज, कश्मीरी गेट, दिल्ली-110006
website : www.rajpalpublishing.com
e-mail : sales@rajpalpublishing.com

"यदि आप में प्रेम नहीं है तो आप जो चाहे करें—
चाहे आप दुनिया भर के तमाम देवी-देवताओं
के चक्कर काट लें, तमाम तरह की
समाज सेवा कर लें, ग़रीबों के उत्थान
के प्रयास करते रहें, राजनीति में कूद पड़ें,
पुस्तकें लिख लें, कविताएं रच लें—
आप एक निष्प्राण और स्पंदनविहीन इंसान ही रहेंगे।
बिना प्रेम के आपकी समस्याएं बढ़ती ही जाएंगी—
दिन दूनी रात चौगुनी—उनका कोई ओर-छोर न होगा।
किंतु, प्रेम के रहने पर आप चाहे जो करें,
उसमें न कोई ख़तरा होगा
और न कोई टकराव।
तब प्रेम ही गुण का सार हो जाएगा।"

प्राक्कथन

जिड्डू कृष्णमूर्ति का जन्म 1895 ई. में भारत के वर्तमान आंध्र प्रदेश राज्य में हुआ था। जब वे तेरह वर्ष के थे, तो थियोसॉफिकल सोसाइटी ने उन्हें अपनी देख-रेख में ले लिया तथा यह घोषित किया कि उनमें आगामी विश्व-शिक्षक मैत्रेय बुद्ध का अवतरण होगा। इस अवतरण के विषय में सोसाइटी में पूर्व से ही मान्यता थी। बाद के वर्षों में कृष्णमूर्ति एक ऐसे प्रभावशाली और स्वतंत्रचेता शिक्षक के रूप में हमारे सामने आते हैं, जिन्हें किसी श्रेणी में परिभाषित नहीं किया जा सकता; उनकी वार्ताएं तथा लेखन किसी भी धर्मविशेष से नहीं जुड़े हैं और उनकी शिक्षाएं केवल पूर्व तथा पश्चिम के लिए नहीं, अपितु संपूर्ण मानवता के लिए हैं। अपनी मसीहाई छवि को दृढ़तापूर्वक अस्वीकृत करते हुए कृष्णमूर्ति ने एक बड़े और समृद्ध संगठन को भंग कर दिया, जो उन्हीं को केंद्र में रखकर निर्मित किया गया था; उन्होंने स्पष्ट शब्दों में कहा कि सत्य एक 'मार्गरहित भूमि' है, और उस तक किसी भी औपचारिक धर्म, दर्शन अथवा संप्रदाय के माध्यम से नहीं पहुंचा जा सकता।

इसके उपरांत कृष्णमूर्ति ने गुरु कहलाने से, जो विशेषण उन पर प्रायः आरोपित किया जाता रहा, आग्रहपूर्वक इनकार किया। पूरे विश्व में एक विशाल श्रोतावर्ग उनकी ओर आकर्षित होता रहा, किंतु कृष्णमूर्ति ने कभी सत्ता-प्रामाण्य का दावा नहीं किया, शिष्य नहीं चाहे। वे समूह से नहीं, सीधे व्यक्ति से बात कर रहे थे, वह भी मित्र की तरह। उनकी शिक्षाओं के केंद्र में इस सत्य का बोध है कि इस समाज में कोई भी आधारभूत परिवर्तन केवल वैयक्तिक चेतना के रूपांतरण द्वारा ही लाया जा सकता है। धार्मिक और राष्ट्रवादी संस्कारों द्वारा मनुष्य को सीमित तथा विभाजित करने वाले प्रभावों को ठीक से समझ लेने की आवश्यकता पर उन्होंने निरंतर ज़ोर दिया। कृष्णमूर्ति ने एक खुलेपन की, परिधियों

से स्वातंत्र्य की बात हमेशा उठाई—''मस्तिष्क में वह विराट अवकाश, जिसमें वह अकल्पनीय ऊर्जा है।'' ऐसा प्रतीत होता है कि यही उनकी सर्जनात्मकता का अक्षय स्रोत भी था और विश्व के विभिन्न स्थानों के, इतनी विस्तीर्ण विविधता लिये लोगों के जीवन की दिशा बदल देने वाले उनके शब्दों के, उनकी उपस्थिति के गहन अमुखर प्रभाव की कुंजी भी इसी में छिपी है।

1986 ई. में नब्बे वर्ष की आयु में अपनी मृत्यु तक कृष्णमूर्ति पूरे विश्व में विभिन्न स्थानों पर अपनी बात कहते रहे। उनकी वार्ताएं व संवाद, दैनंदिनियां व पत्र साठ से अधिक पुस्तकों में संगृहीत हैं। शिक्षाओं के इस विशाल भंडार से विविध विषयों पर आधारित प्रस्तुत पुस्तकमाला का संकलन किया गया है। प्रत्येक पुस्तक एक ऐसे विषय को केंद्रबिंदु बनाती है, जिसकी हमारे जीवन में विशिष्ट प्रासंगिकता तथा महत्त्व है। यह पुस्तक 'प्रेम क्या है? अकेलापन क्या है?' इसी माला का एक पुष्प है।

क्रम

रोज़मर्रा की ज़िंदगी में संबंधों
की सही समझ

इन सभी सवालों पर, अपनी रोज़मर्रा की परेशानियों पर मिलकर बातचीत करते हुए, मैं समझता हूं, हमें यह बात ध्यान में रखनी होगी कि यह खोजबीन हम मिलजुलकर कर रहे हैं। हम जीवन के ख़ासे जटिल मुद्दों की तहकीकात में साथ-साथ चल रहे हैं, और इस तरह मिलजुल कर खोजबीन करने के लिए एक विशेष प्रकार की सघनता और प्रबलता की दरकार होती है, मन की एक ऐसी खूबी जिसे किसी विशेष विश्वास या निष्कर्ष के खूंटे से बांधा नहीं जा सकता, और जो दूर तक जाने को तैयार है, समय का फ़ासला तय करने को नहीं बल्कि समझ की गहराई में उतरने को।

हम मिलजुल कर यह पता लगाएंगे कि क्या हम अपनी रोज़मर्रा की ज़िंदगी में, यानी अपने संबंधों में, व्यवस्था ला सकते हैं। क्योंकि संबंध ही समाज है। आपके और मेरे बीच का संबंध, मेरे और किसी और के बीच का संबंध समाज का ढांचा है। यानी, संबंध समाज का ढांचा है, उसकी प्रकृति है। मैं इसे बहुत ही सरल ढंग से कह रहा हूं। और जब उस संबंध में कोई व्यवस्था नहीं रहती, जैसा कि आजकल दिखाई दे रहा है, तब निश्चित ही हर कर्म न केवल अंतर्विरोध लाता है, बल्कि बेइंतहा दुःख, परेशानी, भ्रम और द्वंद्व भी पैदा करता है। देखिए, मैं ही न बोलता रहूं, बल्कि हम मिलजुल कर विमर्श करें क्योंकि यह यात्रा हम साथ-साथ कर रहे हैं, मानो एक दूसरे का हाथ थामे हुए, स्नेह के साथ, एक सरोकार के साथ। यदि आप बस यूं ही बैठ कर वार्ता सुनते रहेंगे, भाषण सुनते रहेंगे तो माफ़ कीजिएगा, तब आप और मैं इस यात्रा में साथ-साथ नहीं चल सकेंगे। तो, मेहरबानी करके अपने मन को, अपने संबंध को बड़े ध्यान से

देखिए—चाहे वह किसी के भी साथ हो, अपनी पत्नी, अपने बच्चों, अपने पड़ोसी, या अपनी सरकार के साथ—और देखिए कि क्या उस संबंध में कोई व्यवस्था है; क्योंकि व्यवस्था ज़रूरी है, हर चीज़ का अपनी जगह सटीक होना ज़रूरी है। सुव्यवस्था सद्‌गुण है, सुव्यवस्था गणित की तरह एकदम निश्चित है, एकदम शुद्ध और संपूर्ण है, और हम पता लगाने जा रहे हैं कि क्या ऐसी व्यवस्था मुमकिन है?

संबंध के बिना कोई जी नहीं सकता। भले ही आप सब कुछ छोड़-छाड़कर पहाड़ों में चले जाएं, बैरागी या संन्यासी बन जाएं, रेगिस्तान में अकेले भटकते फिरें, किंतु आप किसी न किसी से संबंधित रहते ही हैं। इस ध्रुव सत्य से आप बच नहीं सकते। आप नितांत पृथकता में नहीं जी सकते। आपका मन ऐसा मान भले ही ले कि वह अकेले, एकांत में जी रहा है, या एकांत की अवस्था को पैदा कर रहा है, पर उस एकांत में भी आप किसी न किसी से संबंधित हैं। जीवन संबंध है और संबंध जीवन है। यदि आप और मैं अपने चारों ओर दीवार खड़ी कर लें, और उस दीवार के ऊपर से कभी-कभार बस झांक लें, तो हम जी नहीं सकते हैं। अवचेतन रूप से, कहीं गहराई में, दीवार के नीचे-पीछे भी हमारे बीच एक रिश्ता है। मुझे नहीं लगता कि हम लोगों ने संबंध के इस सवाल पर बहुत अधिक ध्यान दिया है। आपके ग्रंथ संबंध के बारे में कुछ नहीं बताते; वे ईश्वर के बारे में, रीति-रिवाज़ों और कर्मकांडों के बारे में—सांस कैसे लेना है, यह या वह कैसे करना है—बस, इसी की चर्चा करते हैं; मुझे बताया गया है कि संबंध का कभी ज़िक्र नहीं आता।

संबंध में ज़िम्मेदारी निहित है, वैसे ही जैसे स्वतंत्रता में। संबंधित होने का अर्थ है—जीना; यही जीवन है, अस्तित्व है। और संबंधों में, आपसी रिश्तों में यदि अव्यवस्था है, तो हमारी पूरी सामाजिक संरचना, सारी संस्कृति छिन्न-भिन्न होकर बिखर जाएगी, जो अभी हो रहा है।

तो, व्यवस्था, तरतीबी क्या है, आज़ादी क्या है, और संबंध क्या है? अव्यवस्था क्या है? क्योंकि जब मन वाकई गहराई से, अंतर्मन से उसे समझ लेता है जिससे अव्यवस्था पैदा होती है, तब उस अंतर्दृष्टि में से, उस सजगता में से, उस अवलोकन में से, व्यवस्था खुद-ब-खुद निकलकर आती है। ऐसा कोई तैयार नक्शा या ख़ाका नहीं होता जो बता दे कि व्यवस्था क्या होनी चाहिए; हम उसी के अनुसार ही पले-बढ़े हैं—एक ढर्रे के अनुसार, जिसे धर्मों ने, संस्कृतियों ने गढ़ा है, कि व्यवस्था क्या होनी चाहिए, या व्यवस्था क्या है। हमारे मन-मस्तिष्क

ने उस व्यवस्था के अनुसार ढलने की कोशिश की है, चाहे वह सांस्कृतिक व्यवस्था हो, सामाजिक व्यवस्था हो, वैधानिक व्यवस्था हो या धार्मिक व्यवस्था हो; इसने उस ढर्रे के अनुसार चलने की कोशिश की है जिसे किसी सामाजिक प्रचलन, किन्हीं नेताओं, गुरुओं द्वारा स्थापित किया गया है। मेरी नज़र में वह व्यवस्था नहीं है क्योंकि उसमें अनुकरण अंतर्निहित है, और जहां अनुकरण है, वहां अव्यवस्था है। जहां प्रभुत्व को स्वीकार कर लिया गया है, वहां अव्यवस्था है। जहां तुलनात्मक अस्तित्व है—अर्थात् स्वयं को किसी और के मुकाबले मापना, अपनी तुलना किसी और से करना—वहां अव्यवस्था है। क्यों या कैसे, यह मैं आपको बताऊंगा।

आपका मन-मस्तिष्क अनुकरण क्यों करता है? क्या आपने कभी पूछा है? क्या आपको इस बात का भान है कि आप किसी ढर्रे का अनुकरण कर रहे हैं? इससे कोई फ़र्क नहीं पड़ता कि वह ढर्रा है क्या, चाहे स्वयं आपने एक ढर्रा गढ़ा हो या इसे आपके लिए स्थापित कर दिया गया हो। क्यों हम हमेशा ही किसी न किसी ढर्रे के, किसी पैटर्न के पिछलग्गू बने रहते हैं? और, ज़ाहिर है कि जहां अनुकरण रहेगा, पिछलग्गूपन रहेगा, वहां स्वतंत्रता नहीं रह सकती। फिर भी, मन हमेशा ही स्वतंत्रता की, मुक्ति की तलाश में लगा रहता है—मन जितना अधिक प्रबुद्ध होगा, जितना अधिक सचेत होगा, जितना अधिक जागरूक होगा, उसकी यह मांग उतनी ही बढ़ती जाएगी। मन अनुकरण, नकल इसलिए करता है क्योंकि अनुकरण में, किसी ढर्रे का अनुपालन करने में अधिक सुरक्षा है। यह एक निर्विवाद सत्य है। आप सामाजिक तौर पर तमाम किस्म के काम करते रहते हैं क्योंकि अनुकरण करना बेहतर है, आसान है। भले ही आपकी शिक्षा-दीक्षा विदेश में हुई हो, भले ही आप जाने-माने वैज्ञानिक या नेता हों, किंतु आपके अंदर एक डर हमेशा छिपा रहता है कि यदि आप मंदिर नहीं जाएंगे, या अपने दैनिक जीवन के काम उस तरह नहीं करेंगे जिस तरह आपको बताया गया है तो कुछ अनिष्ट हो सकता है, और इसलिए आप उसी ढर्रे पर चलते हैं। जो मन इस प्रकार ढर्रे पर चलता है, उसका क्या होता है? इस बात का पता लगाइए, खोजबीन कीजिए; करके तो देखिए। जब आप आंख मूंद कर अनुकरण कर रहे होते हैं, तब आपके मन-मस्तिष्क का क्या होता है? सबसे पहले, स्वतंत्रता पूरी तरह से नकार दी जाती है, बोधशक्ति पूरी तरह से नकार दी जाती है, स्वतंत्र रूप से समझने व जानने की जिज्ञासा पूरी तरह से नकार दी जाती है। जब आप अनुकरण करते हैं, तो भय चला आता है। क्या मैं सही कह रहा हूं? बचपन से ही हमारे मन-मस्तिष्क को अनुसरण करने की, किसी ढर्रे पर आंख मूंद कर

चलने की घुट्टी पिलाई गई है, वह ढर्रा जो समाज द्वारा तैयार किया गया है—परीक्षाएं पास करना, कोई डिग्री हासिल करना, भाग्य अच्छा हुआ तो कोई नौकरी पा लेना और फिर शादी कर लेना, बस। आप उस ढर्रे को अपना लेते हैं और उस ढर्रे से हटकर जीने से डरते हैं।

तो, अंदर ही अंदर आप स्वतंत्रता को नकारते हैं, अंदर ही अंदर आप डरे हुए हैं, अंदर ही अंदर आपको जानने-समझने, खोजबीन करने, तलाश करने, पूछने की स्वतंत्रता न होने का एहसास है। और यह हमारे संबंध में अव्यवस्था पैदा करता है। आप और मैं दरअसल इस विषय की तह तक जाने का प्रयास कर रहे हैं ताकि यथार्थ अंतर्दृष्टि पाई जा सके, ताकि इसकी सच्चाई जानी जा सके, और इस सच्चाई को भांपना ही मन-मस्तिष्क को स्वतंत्र, उन्मुक्त कर देता है, न कि कोई अभ्यास-अनुशासन या खोजबीन की गतिविधि, बल्कि 'जो है' का वास्तविक दर्शन।

हम संबंध में, रिश्तों में आंतरिक और बाहरी—दोनों रूप से, अव्यवस्था लाते हैं—भय के ज़रिए, अनुकरण के ज़रिए, माप के ज़रिए, जो कि तुलना है। हमारा संबंध गड़बड़ाता है, न केवल आपस में, चाहे वह कितना ही अंतरंग क्यों न हो, बल्कि बाहरी तौर पर भी। यदि हम उस अव्यवस्था को सच में देख लेते हैं, कहीं बाहर नहीं बल्कि अपने भीतर, अपने अंदर गहराई तक देख लेते हैं, इसके सारे निहितार्थ देख लेते हैं, तब उस दर्शन-बोध से व्यवस्था आती है। तब हमें किसी थोपी गई व्यवस्था के अनुसार जीने की ज़रूरत नहीं होती है। व्यवस्था का कोई ढर्रा नहीं है, यह एक तैयार नक्शा या ब्लूप्रिंट नहीं है; यह अव्यवस्था के ताने-बाने को समझ लेने से आती है। संबंध में अव्यवस्था को आप जितना अधिक समझेंगे, उतनी ही बेहतर व्यवस्था पाएंगे। अतः हमें पता लगाना है कि एक दूसरे के साथ हमारा रिश्ता क्या है।

दूसरे के साथ आपका रिश्ता है क्या? आपका किसी के साथ कोई संबंध है भी, या आपका संबंध केवल अतीत के साथ है? अपनी छवियों, अनुभवों, जानकारियों से गुथा हुआ अतीत जो कुछ उभारता है उसे आप संबंध कह देते हैं। किंतु जानकारी संबंध में अव्यवस्था पैदा करती है। मैं आपसे संबंधित हूं। मैं आपका बेटा, आपका पिता, आपकी पत्नी, आपका पति हूं। हम साथ रहते आए हैं; आपने मुझे ठेस पहुंचाई है और मैंने आपको। आपने मुझे तंग किया है, आपने मुझ पर धौंस जमाई है, आपने मुझे मारा-पीटा है, आपने मेरी पीठ पीछे व मेरे सामने कठोर शब्दों का प्रयोग किया है। इसी तरह मैं आपके साथ

रहा हूं, चाहे दस वर्ष से रह रहा हूं या दो दिन से, और ये स्मृतियां भी साथ में चलती रही हैं—ठेस, झुंझलाहटें, यौन-सुख, नाराज़गियां, कड़े और कठोर शब्द, इत्यादि। वे मेरे मस्तिष्क की उन कोशिकाओं में बसे हैं जो स्मृतियों को थामे रहती हैं। इस तरह आपके साथ मेरा संबंध इसी अतीत पर आधारित है। अतीत ही मेरा जीवन है। यदि आपने गौर किया है तो अवश्य देखा होगा कि किस प्रकार मन, आपका जीवन, आपकी गतिविधि, सब अतीत में जड़ें जमाए हैं। जिस संबंध की जड़ें अतीत में समाई हुई हों उसमें अव्यवस्था तो अवश्य ही पनपेगी। अर्थात् जानकारी संबंध में अव्यवस्था लाती है। यदि आपने मुझे ठेस पहुंचाई है तो मैं उसे याद रखता हूं; वह ठेस चाहे आपने मुझे कल पहुंचाई हो या एक सप्ताह पहले, वह मेरे मन में घर कर जाती है, यही वह जानकारी या ज्ञान है जो मैं आपके बारे में रखता हूं। वही ज्ञान हमारे रिश्तों में आड़े आता है; वही ज्ञान संबंधों में अव्यवस्था पैदा करता है। तो प्रश्न उठता है : जब आप मुझे ठेस पहुंचाते हैं, मेरी यूं ही तारीफ़ करते हैं, जब आप मेरा अपमान करते हैं, तब क्या मन उसे दर्ज किए बिना ही उसी पल एक नई शुरुआत कर सकता है? क्या आपने कभी ऐसा प्रयास किया है?

पत्तियों के बीच से झांकता हुआ वह चांद कितना प्यारा लग रहा है, है न? और उन कौवों की कर्कश कांव-कांव और शाम की ढलती रोशनी भी बेहद खूबसूरत है! पत्तियों के बीच से उभरता हुआ वह बेहद खूबसूरत चांद एक अद्भुत दृश्य है। उसे देखिए, उसका आनंद लीजिए। मान लाजिए कि कल किसी ने कठोर शब्दों में मुझसे कुछ ऐसी बातें कहीं जो सच नहीं हैं। जो कुछ उसने कहा वह मन में दर्ज हो गया है, और उस दर्ज की हुई बात के साथ ही मन उस व्यक्ति की पहचान भी नत्थी कर लेता है और उसी के अनुसार बर्ताव करता है। उस अपमान, उन कटु वचनों, उस झूठी बात के ज्ञान के साथ रिश्ता बुनकर जहां मन बर्ताव करने लगता है, तब वह ज्ञान रिश्ते में अव्यवस्था लाता है। सही है? तो यह कैसे हो कि अपमान या सम्मान किए जाने वाले पलों में मन उसे दर्ज न करे? क्योंकि मेरी नज़र में जीवन की सबसे महत्त्वपूर्ण चीज़ संबंध है। संबंधविहीन जीवन में अव्यवस्था का होना निश्चित है। जो मन व्यवस्था में रहता है, संपूर्ण व्यवस्था में, जो कि सुनिश्चित, गणीतीय व्यवस्था का सबसे महत्त्वपूर्ण रूप है, वह एक मिनट के लिए भी अव्यवस्था का साया अपने ऊपर नहीं पड़ने देता है। और वह अव्यवस्था तो जन्म ही तब लेती है जब मन संबंध में अतीत के ज्ञान के आधार पर बर्ताव करता है। तो यह कैसे हो कि मन यह तो जाने कि

अपमान हुआ है, या सम्मान हुआ है, किंतु उसे दर्ज न करे? क्या यह हो सकता है कि वह यह तो जाने कि ऐसा हुआ है, किंतु उसे दर्ज न करे, ताकि मन हमेशा निर्मल, साफ़-सुथरा, स्वस्थ रहे, संबंध में परिपूर्ण रहे?

क्या इसमें आपकी दिलचस्पी है? आप जानते हैं कि यह जीवन की सबसे बड़ी समस्या है, यदि आपकी इसमें वाक़ई दिलचस्पी है, कि संबंध में ऐसे कैसे जिया जाए कि मन को कभी ठेस न लगे, मन में कभी विकार-विकृति न आए। अब क्या यह संभव है? हम एक असंभव प्रश्न रख रहे हैं। यह एक असंभव प्रश्न ही है, और हमें इसका असंभव उत्तर ढूंढ़ना है। क्योंकि जो संभव है, वह औसत दर्जे का है, वह पहले ही हो चुका है, निबट चुका है; किंतु यदि आप असंभव प्रश्न पूछेंगे, तो मन को उत्तर ढूंढ़ना ही पड़ेगा। क्या वह ढूंढ़ पाएगा? यही प्रेम है। वह मन जो कोई मान-अपमान दर्ज नहीं करता, वही जानता है कि प्रेम क्या होता है।

क्या ऐसा हो सकता है कि मन कभी भी दर्ज न करे, किसी भी मान-अपमान को बिलकुल दर्ज न करे? क्या यह संभव है? यदि मन इसका उत्तर तलाश लेता है, तो मानो हमने संबंध की समस्या को सुलझा लिया है। हम संबंध में जीते हैं। संबंध कोई दिमागी ख़याल या वैचारिक उपज नहीं है, यह तो दिन-प्रतिदिन के जीवन का एक तथ्य है, वास्तविकता है। चाहे आप अपने काम पर जाते हों और लौटकर अपनी पत्नी के साथ झगड़ते हों या उसके साथ सोते हों, आप हमेशा किसी न किसी संबंध में जुड़े हैं। और यदि आपके और दूसरे के बीच, या आपके और बहुतों या एक के बीच, संबंध में व्यवस्था नहीं है, तो आप एक ऐसी संस्कृति का निर्माण करेंगे जो कि अंत में अव्यवस्था ही पैदा करेगी, जैसा कि आजकल हो रहा है। अतः व्यवस्था परम आवश्यक है। यह जानने की कोशिश कीजिए कि अपमान, ठेस, दुर्व्यवहार या कटुता व कठोरता मिलने पर भी, क्या मन एक पल के लिए भी उसे थामे बिना रह सकता है? जिस भी पल हम उसे थामते हैं, वह तुरंत दर्ज हो जाती है, मस्तिष्क में अपनी छाप छोड़ जाती है। इस प्रश्न की जटिलता को देखिए। क्या मन ऐसा कर सकता है ताकि वह पूरी तरह निर्मल और अबोध बना रहे? निर्मल व अबोध मन वह होता है जिसे ठेस लग ही नहीं सकती है। क्योंकि जिसे ठेस नहीं लगती है, वह किसी दूसरे को भी ठेस नहीं पहुंचाएगा। अब, क्या ऐसा संभव है? मन पर हर किस्म के प्रभाव की, हर किस्म की घटना की, हर किस्म की शरारत की, शंका-संदेह की बौछार होती है। क्या ऐसा हो सकता है कि मन इन्हें कभी भी दर्ज न करे और इस

तरह से बहुत ही निर्मल, अबोध और साफ़-सुथरा बना रहे? हम मिलकर इसकी खोजबीन करेंगे।

इस आयाम तक आने के लिए यह देखना-जानना होगा कि प्रेम क्या है। क्या प्रेम विचार की उपज है? क्या प्रेम समय के दायरे में आता है? क्या प्रेम सुख-विलास है? क्या प्रेम कोई ऐसी चीज़ है जिसे पैदा किया जा सकता हो, जिसका अभ्यास किया जा सकता हो और विचार द्वारा जिसे जोड़-तोड़ कर बनाया जा सकता हो? यह जानने व समझने के लिए हमें इस प्रश्न की तह तक जाना होगाः क्या प्रेम विषय-सुख है—अर्थात् यौन-सुख या किसी अन्य प्रकार का सुख? हमारा मन हर समय किसी न किसी सुख-विलास की कोशिश में लगा रहता है, जैसे कल मैंने बड़ा ही स्वादिष्ट भोजन किया था, उस भोजन से मिला सुख मेरे मन में दर्ज हो गया है और उस स्वाद का वही सुख मैं फिर से चाहने लगता हूं, वैसा ही भोजन या उससे भी बढ़िया। शाम को क्षितिज की गोद में समाते हुए सूर्य को देखकर, या पत्तियों में से लुका-छिपी करते चंद्रमा को देख कर, या दूर समुद्र की सतह पर लहरों को अठखेलियां करते देख कर मेरा मन प्रफुल्लित हो जाता है। प्रकृति का वह सौंदर्य बड़ा सुख देता है, और वे पल बड़े सुखद होते हैं। मन उसे दर्ज कर लेता है और फिर उसकी पुनरावृत्ति चाहने लगता है। विचार यौन-सुख के बारे में सोचता है, उसकी जुगाली करता है, उसकी पुनरावृत्ति चाहने लगता है; और उसे आप प्रेम कहते हैं। ऐसा ही है न? जब यौन-सुख की बात की जाए तो शरमाइए मत, वह आपके जीवन का अंग है। इसे हेय और निंदनीय आपने बना दिया है क्योंकि आपने हर प्रकार की स्वतंत्रता को नकारा है, सिवाय उस एक स्वतंत्रता के।

तो, क्या प्रेम सुखभोग है? क्या सुखेच्छा की भांति ही प्रेम भी विचार द्वारा पकाया जाने वाला ख़याली पुलाव है? क्या प्रेम डाह है, ईर्ष्या है? क्या कोई ऐसा व्यक्ति भी प्रेम कर सकता है जो ईर्ष्यालु, लालची, महत्त्वाकांक्षी, हिंसक, अनुसरण व अनुकरण करने वाला, आज्ञाकारी व पूरी तरह अव्यवस्थित है? तो फिर प्रेम क्या है? यह बात तो साफ़ है कि प्रेम इस सब में से कुछ भी नहीं है। वह सुखभोग नहीं है। कृपया, सुखभोग के महत्त्व को समझिए। सुखभोग विचार द्वारा सींचा जाता है; इसलिए विचार प्रेम नहीं है। विचार प्रेम को पैदा नहीं कर सकता। वह तो सुखभोग की लालसा को पैदा कर सकता है और करता भी है, वैसे ही जैसे वह भय को पैदा करता है, किंतु वह प्रेम को पैदा नहीं कर सकता, न ही किसी तरह के जोड़-तोड़ से वह प्रेम की रचना कर सकता है। इस सत्य को देखिए।

इसे देखिए और फिर आप अपनी महत्त्वाकांक्षा का, अपने लोभ-लालच का हमेशा के लिए परित्याग कर देंगे, उसे नकार देंगे। इस प्रकार नकारते हुए आप उस सबसे अद्भुत तथ्य-सत्य तक पहुंच जाएंगे, जो कि सबसे सकारात्मक है, जिसे प्रेम कहते हैं।

संबंध में गड़बड़ी का अर्थ है—प्रेम का नितांत अभाव, और उस गड़बड़ी का वजूद तभी रहता है जब किसी ढर्रे का अनुसरण किया जा रहा हो। इस तरह, जो मन सुखभोग, या जिसे वह प्रेम समझता है, के किसी ढर्रे का अनुकरण कर रहा हो, वह प्रेम को कभी नहीं जान पाएगा। जो मन इस अव्यवस्था के विकसित होने की, इसके पनपने की पूरी प्रक्रिया को समझ लेता है, वह उस व्यवस्था तक पहुंच जाता है जो सद्गुण है, इसलिए वह प्रेम है। यह आपका जीवन है, यह मेरा जीवन नहीं है। यदि आप इस प्रकार नहीं जिएंगे, तो आप पूरी तरह दुखी रहेंगे, सामाजिक अव्यवस्था में उलझे रहेंगे और उसी के बहाव में बहते चले जाएंगे। केवल वही व्यक्ति, जो कि इस बहाव से बाहर निकल आता है, जान पाता है कि प्रेम क्या है, व्यवस्था क्या है।

मद्रास,
16 दिसंबर 1972

प्रकाशक का नोट : मद्रास (अब चेन्नई) में हुई ये सार्वजनिक वार्ताएं संध्या समय बाहर खुले में आयोजित की गई थीं, जब मौसम थोड़ा सुहावना था।

सुखभोग हमारे जीवन में इतना अहम क्यों हो गया है?

मानव के नाते यदि हमें कुछ खोजबीन करनी है तो क्या उसकी शुरुआत हमें एक आज़ाद और खुले मन से नहीं करनी चाहिए? यदि हमें प्रेम जैसे दुरूह विषय को पूरी तरह से जानना-समझना है तो हमें उस खोजबीन को अपने सारे ख़ासे पूर्वाग्रहों, प्रवृत्तियों और सनकीपन से मुक्त होकर, और साथ ही उन शर्तों से मुक्त होकर करना होगा, जो यह निर्धारित करती आ रही हैं कि प्रेम क्या होना चाहिए—पुरातन या आधुनिक। छानबीन करने के लिए, जानने-समझने के लिए हमें इन तमाम चीज़ों को एक तरफ़ कर देना होगा, यदि यह संभव है, अन्यथा हम भटक जाएंगे और हम अपनी पक्षपातपूर्ण संस्कारबद्धता के अनुसार उसकी पुष्टि करने या विरोध करने में अपनी ऊर्जा गंवाते रहेंगे। प्रेम क्या है, इस विषय पर बात करते हुए क्या हम यह पता लगाने के महत्त्व को महसूस कर सकते हैं कि प्रेम का पूरा अभिप्राय क्या है और यह शब्द अपने आप में क्या-क्या अर्थ व गहनता वहन करता है और क्या-क्या नहीं करता है। क्या सबसे पहले हमें यह नहीं देखना चाहिए कि मन ने जो इस शब्द के बारे में अनेक निष्कर्ष पाल रखे हैं, उनसे वह मुक्त हो सकता है या नहीं? क्या यह संभव है कि हमारा मन अपने अंदर गहराई तक जड़ें जमाए बैठे पूर्वाग्रहों, प्रभावों, दबावों, झुकावों, निष्कर्षों के चंगुल से छूट जाए? चूंकि, प्रेम क्या है इस मुद्दे पर मिलजुल कर चर्चा करने के लिए मुझे ऐसा लगता है कि हमारा मन ऐसा हो जो कि बोध की क्षमता रखता हो; और ऐसा उपयुक्त और स्पष्टदर्शी मन तब तक नहीं हो सकता जब तक वह इस बारे में ऐसे तमाम पूर्वाग्रहों, सिद्धांतों, निष्कर्षों और निर्णयों से भरा रहेगा कि प्रेम क्या होना चाहिए और क्या नहीं होना चाहिए।

मन का अध्ययन करने के लिए हमारी पूरी छानबीन स्वतंत्र भाव से शुरू होनी चाहिए—किसी वस्तु-विशेष से स्वतंत्र होने वाला भाव नहीं, बल्कि स्वतंत्रता का वह गुणधर्म वाला भाव जो कि देखने और अवलोकन करने में सक्षम हो, यह देखने में सक्षम हो कि सत्य क्या है। बाद में आप अपने पूर्वाग्रहों, अपनी ख़ासी निरर्थक बातों और निष्कर्षों में वापस जा सकते हैं, किंतु क्या हम कुछ देर के लिए सब कुछ उठा कर एक तरफ़ रख सकते हैं और छानबीन में इस स्वतंत्रता को बनाए रख सकते हैं?

कई चीज़ें शामिल हैं: यौनाचार, ईर्ष्या, अकेलापन, मोह-आसक्ति व संगसाथ का एहसास, भरपूर विषय-सुख; और इसीलिए भय भी। क्या ये सब उस एक शब्द में ही शामिल नहीं हैं? क्यों न हम विषय-सुख के मुद्दे से शुरुआत करें, क्योंकि प्रेम में यह एक महत्त्वपूर्ण भूमिका निबाहता है? अधिकतर धर्मों ने यौनाचार को नकारा है, क्योंकि उनका कहना है कि जो आदमी ऐंद्रिय सुखों में पड़ जाता है वह नहीं समझ सकता कि सत्य क्या है, ईश्वर क्या है, प्रेम क्या है, और परम तथा अपरिमेय क्या है। ईसाई धर्म में, भारत में, और बौद्ध धर्म में भी यही बात धर्म के रूप में सिखाई-पढ़ाई जाती है। हम जब इस प्रश्न की तह तक जा रहे हैं कि प्रेम क्या है, तो हमें अपने उन पुरातन या आधुनिक पूर्वाग्रहों से और विरासत में प्राप्त उन संस्कारों से भी अवगत होना होगा जो यौन-सुख पर बहुत किस्म के प्रतिबंध लगाते आए हैं—प्राचीन व आधुनिक—या उसकी सीमाएं खींचते आए हैं।

विषय-सुख हमारे जीवन में एक असाधारण भूमिका निबाहता है। यदि आपने कभी तथाकथित पहुंचे हुए आत्म-संयमी, प्रबुद्ध तथा धार्मिक लोगों से बात की हो—मैं उन्हें धार्मिक नहीं कहूंगा, किंतु वे धार्मिक कहलाते हैं—तो आप देखेंगे कि अखंड ब्रह्मचर्य उनकी सबसे बड़ी समस्याओं में से एक है। आपको लग सकता है कि यह तो अब पूरी तरह अप्रासंगिक हो गया है, कि ये ब्रह्मचर्य या कौमार्य की बातें आज की दुनिया में कोई स्थान नहीं रखतीं, और आप आगे बढ़ जाते हैं। मुझे लगता है कि ऐसा करना खेदपूर्ण होगा क्योंकि ब्रह्मचर्य या कौमार्य क्या होता है, यह जानना भी एक समस्या है। प्रेम क्या है—इस प्रश्न की तह तक पहुंचने के लिए हमारे पास एक खुला और गंभीर मन होना चाहिए, जो खोजबीन कर सके, न कि केवल शाब्दिक तर्क देता रहे। विषय-सुख हमारे जीवन में इतनी महत्त्वपूर्ण भूमिका क्यों निबाहता है? मैं यह नहीं कह रहा हूं कि यह सही है या ग़लत, हम खोजबीन कर रहे हैं; ऐसा कोई दावा यहां नहीं किया जा रहा है कि यौनाचार या विषय-सुख होना चाहिए या नहीं होना चाहिए। हमारे जीवन

की हर गतिविधि में विषय-सुख इतनी बड़ी भूमिका क्यों निबाहता है? वह हमारी मूलभूत आवश्यकताओं में से एक है, किंतु इसे इतना उद्दाम विस्तार क्यों दे दिया गया है, केवल पश्चिम में ही नहीं जहां कि यह इतना असभ्य, इतना भद्दा है, बल्कि पूरब में भी? यह हमारी विकराल समस्याओं में से एक है। क्यों? धर्मों ने—तथाकथित धर्मों ने—पादरियों-पुजारियों ने इसकी खूब भर्त्सना की है। उनका कहना है कि यदि आपको ईश्वर की प्राप्ति करनी है तो आपको ब्रह्मचर्य व्रत लेना होगा। भारत में एक संन्यासी को मैं जानता हूं जो बहुत प्रतिष्ठित व्यक्ति हैं, विद्वान हैं, प्रबुद्ध हैं। पंद्रह या सोलह वर्ष की अवस्था में उन्होंने संन्यास ले लिया था और ब्रह्मचर्य का व्रत भी। किंतु, आगे चलकर—वह मुझे तब मिले थे जब वह चालीस के आसपास थे—उन्होंने इन व्रत-संकल्पों को छोड़ दिया और विवाह कर लिया। उन्हें बड़ी दुर्दशा की स्थिति से गुज़रना पड़ा क्योंकि भारतीय संस्कृति उस आदमी को बहुत धिक्कारती है जो संन्यासी हो जाने के बाद पुनः सांसारिक बन जाता है। उन्हें जात-बिरादरी से बहिष्कृत कर दिया गया और बड़ा बुरा वक़्त देखना पड़ा। और यही मानसिकता ज़्यादातर लोगों की होती है। यौनाचार ने इतना विचित्र महत्त्व क्यों हासिल कर लिया है?

दुनिया भर में पोर्नोग्राफ़ी की समस्या फैल रही है, जिसमें जो चाहे वह पढ़ने, छापने और दिखाने की खुली छूट है, आज़ादी देने के लिए। आप जानते हैं जो कुछ भी दुनिया में होता है उसका प्रेम के साथ क्या लेना-देना है? इस सब का मतलब क्या है—प्रेम, यौनाचार, विषय-सुख, और अखंड ब्रह्मचर्य? कृपया मत भूलिए उस शब्द को या उस शब्द के अर्थ को जिसे इंसान ने इतना महत्त्व दिया है—ताकि ब्रह्मचर्य का जीवन जीया जा सके। आइए, यह पता लगाएं कि युगों-युगों से आदमी यौनाचार को इतना प्रमुख स्थान क्यों देता आया है, और क्यों इसके प्रति इतना विरोध-प्रतिरोध चलता आ रहा है। मैं नहीं जानता कि हम इसका उत्तर कैसे दे पाएंगे।

क्या एक कारक यह नहीं है कि यौन-क्रिया में पूरी स्वतंत्रता रहती है? बौद्धिक रूप से हम अनुकरण करते हैं, बौद्धिक रूप से हम रचनात्मक नहीं हैं, बौद्धिक रूप से हम दूसरों के पदचिह्नों पर चलने वाले हैं; हम दोहराते हैं—दोहराते हैं जो दूसरों ने कहा है, दोहराते हैं अपने तुच्छ विचारों को। ऐसे में हम मूल रूप से क्रियाशील, रचनाशील, जीवंत और स्वतंत्र नहीं रह जाते; और भावनात्मक रूप से हममें कोई उमंग-उत्साह नहीं रहता, हममें कोई गहन अभिरुचि नहीं रहती। हम कभी उत्साही होते भी हैं तो वह उत्साह जल्दी ही तिरोहित हो जाता है; स्थायी

उमंग हममें नहीं रहती, और हमारा जीवन काफी हद तक मशीनी हो जाता है, एक दिनचर्या में बंधकर रह जाता है। चूंकि यह जीवन बौद्धिक रूप से, तकनीकी रूप से और काफ़ी हद तक भावनात्मक रूप से बारंबार दोहराए जाने वाली प्रतिक्रियाओं से भरपूर है, इसलिए स्वाभाविक है कि उस सब से भिन्न यह क्रिया अत्यंत असाधारण रूप से महत्त्वपूर्ण हो जाती है। यदि हममें बौद्धिक रूप से स्वतंत्रता होती और हमारे अंदर गहन उमंग, आग की लपट होती तो फिर यौनाचार का अपना स्थान होता और उसके महत्त्व का विस्तार सिमटकर अपने आप ही गैरमामूली बन जाता। हम इसे इतना भारी महत्त्व नहीं देते, इसके माध्यम से निर्वाण प्राप्ति की बात नहीं करते, और न ही ऐसा सोचते कि यौनाचार के माध्यम से हम मानव जाति के साथ संपूर्ण एकत्व प्राप्त कर लेंगे। आप जानते ही हैं उन सब चीज़ों को, जिन्हें हम उसके माध्यम से पा लेने की सोचते हैं!

तो क्या हमारे मन उन्मुक्त, आज़ाद हो सकते हैं? क्या हमारे मन ज़बरदस्त जीवंत और स्पष्टदर्शी हो सकते हैं, सहज समझ-बूझ में सक्षम?—वह समझ नहीं जो हमने दूसरों से बटोर ली है, दार्शनिकों, मनोविज्ञानियों और उन तथाकथित आध्यात्मिक उपदेशकों से बटोर ली है, जो बिलकुल भी आध्यात्मिक नहीं हैं। जब गहरी और उमंगभरी स्वतंत्रता वाली गुणवत्ता आ जाती है, तब यौनाचार का अपना सीमित महत्त्व बच रहता है। तो फिर पवित्रता अर्थात् अखंड ब्रह्मचर्य क्या है? क्या इस पवित्रता का हमारे जीवन में कोई स्थान है? 'पवित्र' शब्द का अर्थ क्या है, शब्दकोश के अनुसार नहीं बल्कि इसका गहन अर्थ क्या है? ऐसा मन होने का क्या अर्थ है जो कि पूर्णतया पवित्र हो? मेरे विचार से हमें इसकी खोजबीन करनी चाहिए। शायद वह ज़्यादा महत्त्वपूर्ण है।

अवलोकनकर्ता और अवलोकित का द्वैत खड़ा किए बिना, यदि कोई अपने मन की समूची गतिविधि के प्रति केवल सजग हो जाए, उससे अवगत रहे तो क्या उसे वहां लगातार आकार लेती छवियां, धारणाएं, तरह-तरह के सुखों, दुखों, दुर्घटनाओं व अपमानों की स्मृतियां, और अनगिनत संस्कार, प्रभाव और दबाव दिखाई नहीं देते हैं? हमारे मन इन्हीं से तो भरे रहते हैं। विचार किसी यौन-क्रिया के बारे में सोचता है, उसका चित्रण करता है, उसकी कल्पना करता है, भड़कीले भावों को थामे, संजोए रखता है, उत्तेजित होता है। ऐसा मन पवित्र मन नहीं है। पवित्र मन तो वह होता है जिसमें कोई चित्र नहीं होता, कोई छवि नहीं होती है। तब मन सदा निर्मल, निर्दोष और निष्कपट रहता है। इन शब्दों का अर्थ है—एक ऐसा मन जो ठेस को ग्रहण नहीं करता है और न ही ठेस पंहुचाता है;

वह न किसी को आहत कर सकता है और न खुद आहत हो सकता है, पर फिर भी वह कोई कवच नहीं ओढ़ता। ऐसा मन ही पवित्र मन होता है। किंतु, जो लोग पवित्रता का बस व्रत ले लेते हैं वे बिल्कुल पवित्र नहीं रह पाते हैं, वे तो जीवन भर अपने आप से जूझते रहते हैं। पूरब के, और पश्चिम के भी, अनेक संन्यासियों और मठवासियों को मैं जानता हूं जिन्होंने ईश्वर की प्राप्ति के नाम पर कैसा यातनापूर्ण जीवन बिताया है। उनके मन विकृति और संताप के शिकार हो गए हैं।

सुखभोग के अंतर्गत यही सब आता है। प्रेम का सुखेच्छा से क्या नाता है? प्रेम और सुख की तलाश के बीच क्या संबंध है? ऐसा प्रतीत होता है कि दोनों साथ-साथ चलते हैं। हमारे गुण सुखभोग पर आधारित हैं, हमारी नैतिकता सुखभोग पर आधारित है। हम कहते हैं कि आप त्याग द्वारा—जो आपको सुखभोग देता है!—या प्रतिरोध-प्रतिबंध द्वारा उस तक पहुंच सकते हैं, जो आपको उपलब्धि का सुख दे सकता है। तो यदि सुखविलास और प्रेम के बीच कोई सीमा रेखा है तो वह कहां है? क्या ये दोनों साथ-साथ और परस्पर गुंथे हुए रह सकते हैं? या, ये दोनों सदा अलग रहते हैं? आदमी ने कहा है, 'ईश्वर से प्रेम करो, और उस प्रेम का सांसारिक प्रेम से कुछ लेना-देना नहीं है।' आप जानते हैं कि यह समस्या कुछ विगत शताब्दियों से नहीं, बल्कि चिरकालीन है। तो वह सीमा रेखा कहां खिंची है जो इन दोनों को अलग करती है, या इनके बीच कोई सीमा रेखा है ही नहीं? या तो यह है या वह है, और जब हम सुख के पीछे दौड़ रहे होते हैं, जैसा कि अधिकतर लोग कर रहे हैं—ईश्वर के नाम पर, शांति के नाम पर, समाज सुधार के नाम पर—तो इस दौड़ में प्रेम का क्या स्थान रह जाता है?

इसलिए हमें इन प्रश्नों में पैठ करनी होगी : सुखविलास क्या है, आनंद और लुत्फ़ क्या है और हर्ष क्या है? क्या परम-आनंद किसी सुख से जुड़ा है? हां या न मत कह बैठिए। आइए, मिलकर पता लगाते हैं। किसी सुंदर वृक्ष को, बादल को, पानी पर पड़ते प्रकाश को, सूर्यास्त को, आकाश के विशाल विस्तार को, या किसी पुरुष, स्त्री या बालक के सुंदर मुखड़े को देखिए। वाकई में खूबसूरत किसी चीज़ को देखकर जो खुशी मिलती है उसमें अत्यंत आनंद है और साथ में उस असाधारण, अद्भुत, श्रेष्ठ, निर्मल, प्रेय चीज़ के प्रति सराहनापूर्ण सम्मान का भाव भी है। और जब आप इस सुख को नकारते हैं, तब आप सौंदर्य की समूची अनुभूति व अवबोध को नकारते हैं। और धर्मों ने भी इसे नकारा है।

मुझे बताया गया है कि पश्चिम में प्राकृतिक दृश्यों के चित्रों को धार्मिक चित्रों के बीच शामिल करने की अनुमति अभी हाल ही में दी गई है, जबकि पूरब में और चीन में वृक्षों के और प्राकृतिक दृश्यों के चित्रों को हमेशा से श्रेष्ठ और धार्मिक ही माना जाता रहा है।

मन सुख के पीछे आख़िर क्यों पड़ा रहता है? यह नहीं कि यह सही है या ग़लत, किंतु इस सुख का विधि-विधान क्या है? यदि आप अपनी सहमति दे देते हैं या असहमति देते हैं, तो हम भटक चुके हैं, किंतु यदि हम मिलजुल कर सचमुच तलाशते हैं कि सुखभोग की पूरी प्रक्रिया, पूरी कार्य-पद्धति क्या है, तब शायद हम समझ पाएंगे कि वास्तविक हर्षोल्लास क्या होता है। फिर, वह हर्ष और परम-आनंद क्या है जिसमें आह्लाद की अनुभूति शामिल है? क्या ऐसा आनंद विषय-सुख से जुड़ा है? हर्ष क्या कभी सुखभोग बन सकता है?

सुखविलास की कार्य-पद्धति क्या है? मन क्यों इतना अधिक इसके पीछे पड़ा रहता है? आप अवबोध की प्रक्रिया को रोक नहीं सकते—कोई सुंदर घर देखना, या कोई मनमोहक हरा-भरा घास का मैदान और उस पर पड़ती चटक धूप को देखना, या रेगिस्तान के विस्तार को देखना जिसमें घास की एक पत्ती भी नहीं होती, या फिर आकाश के अछोर विस्तार को देखना। देखने से तो आप बच नहीं सकते, और उस देखने में ही सुख है, खुशी है, है न? जब आप कोई सुंदर चेहरा देखते हैं—केवल सुसंगत और सुडौल चेहरा नहीं बल्कि एक ऐसा चेहरा जिसमें गहराई हो, सौंदर्य हो, और प्रज्ञा तथा जीवंतता जैसे गुण उसके भीतर से झांकते हों—ऐसा चेहरा देखना एक अद्भुत बात है और उस अवबोध में एक खुशी है। तो, यह खुशी सुखविलास में कब तबदील हो जाती है? आप मिकेलांजेलो द्वारा बनाई गई एक प्यारी-सी मूर्ति देखते हैं और बड़े ध्यान से देखते हैं; वह बहुत कमाल की चीज़ है, दरअसल कमाल उस चीज़ या विषयवस्तु का नहीं बल्कि उसकी गुणवत्ता का है। उसे देखने की प्रत्यक्ष अनुभूति में आपको बड़ा सुख और बड़ी प्रसन्नता मिलती है।

आप वहां से चले जाते हैं और मन उसके बारे में सोचता है, विचार-प्रक्रिया शुरू हो जाती है। आप मन ही मन कहते हैं, कितनी बढ़िया चीज़ थी वह। उसे देखने में बड़ा अच्छा-सा एहसास था, एक गज़ब का एहसास था; फिर विचार उसे एकत्रित करता है, याद करता है, और उस सुख को याद करता है जो उस मूर्ति को निहारते समय आपको मिल रहा था। फिर विचार उस बीते सुख का निर्माण करता है, उसमें प्राण फूंकता है, उस पूरी घटना को निरंतरता देता है

जो कि तब घटित हुई थी जब आपने उस मूर्ति को देखा था। इस प्रकार विचार उस सुख के पीछे लगने के लिए ज़िम्मेदार है। मैं इसका आविष्कार नहीं कर रहा, आप स्वयं भी इसे देख सकते हैं। आप सूर्यास्त का कोई सुंदर दृश्य देखते हैं और बाद में सोचते हैं 'काश, मैं दोबारा वहां जाकर वह दृश्य एक बार फिर देख सकता'। जिस पल आप वह सूर्यास्त देख रहे थे तब कोई सुखविलास नहीं था। तब आप बस एक अद्भुत नज़ारा देख रहे थे जिसमें रोशनी थी, रंग थे, गहराई थी। जब आप वहां से चले गए और अपनी दिनचर्या में लग गए तब आपका मन कहने लगा, 'कितना अद्भुत दृश्य था वह, काश! मैं उसे फिर से देख पाता'। इस प्रकार विचार उस चीज़ को विषय-सुख के रूप में आपके मन में जिलाए रखता है। क्या यही प्रक्रिया है? फिर क्या होता है? आप वह सूर्यास्त फिर कभी दोबारा नहीं देख पाते हैं—कभी भी नहीं!—क्योंकि उस प्रथम सूर्यास्त की याद हमेशा मन में बैठी रहती है, और आप हमेशा उसी से तुलना करते हैं। इसीलिए आप कभी भी किसी चीज़ का पूरी तरह से नया रूप नहीं देख पाते हैं।

तो प्रश्न यह उठता हैः क्या आप उस सूर्यास्त को या सुंदर चेहरे को, अपने यौनाचार के अनुभव को, या किसी भी अनुभव को इस प्रकार अनुभूत कर सकते हैं कि आप उसे देखें या अनुभव करें और बात बस वहीं ख़त्म हो जाए, उसे आप अपने साथ ढोते न फ़िरें—चाहे वह सौंदर्य हो या भारी दुख हो या शारीरिक या मानसिक परेशानी हो? क्या आप ऐसा कर सकते हैं कि किसी सौंदर्य को देखें, अनुभव करें और चलते समय उसे वहीं छोड़ दें, साथ न ले जाएं, अगले दिन या अगले महीने या भविष्य के लिए उसे अपनी स्मृतियों के भंडार में न रखें? यदि आप उसे अपने स्मृति-भंडार में रख लेंगे, तो विचार उससे खेलना शुरू कर देगा। विचार दरअसल उन घटनाओं का भंडारण ही है जिन्होंने आपको कोई पीड़ा दी है या कोई सुख दिया है। तो यह कैसे हो कि कोई इसका प्रतिरोध भी न करे, पर इस पूरी प्रक्रिया के प्रति सजग भी रहे और विचार को इस प्रक्रिया में शामिल ही न होने दे?

मैं सूर्यास्त को देखना चाहता हूं, मैं वृक्षों को देखना चाहता हूं, जिसमें इस धरती ने सारी सुंदरता उड़ेल दी है। यह धरती मेरी या आपकी नहीं है बल्कि हमारी है, यह अंग्रेज़ों की, रूसियों की या भारतीयों की भी नहीं है, यह हम सब की धरती है—रहने के लिए, बिना किसी सीमा-सरहद के, बिना किसी घिनौने व बर्बर युद्ध के और बिना किसी आदमी की शैतानी हरकत के। मैं इसे देखना

चाहता हूं। क्या आपने कभी किसी एकांत पहाड़ी पर खड़े किसी खजूर के पेड़ को देखा है? कितना अद्भुत लगता है वह! या किसी मैदान में खड़े अकेले पेड़ को? मैं उसे देखना चाहता हूं, मैं उसका आनंद लेना चाहता हूं, किंतु मैं उसे विषय-सुख का, सुख की स्मृति का रूप देकर बेहूदा और बौना नहीं बनाना चाहता। और विचार ऐसा ही करेगा।

ऐसा कैसे हो कि जब आवश्यक हो, विचार केवल तभी सक्रिय हो अन्यथा बिल्कुल भी हरकत में न आए? यह संभव है किंतु तभी संभव है जब सचमुच सजगता हो, विचार के तौर-तरीकों के प्रति, विचार की संरचना और स्वभाव के प्रति, और इसके प्रति भी कि इसे कहां काम करना चाहिए—बिलकुल तर्कसंगत और स्वस्थ रूप से, न कि पागलपन और अहम्मन्यता से—और कहां इसके लिए कोई स्थान नहीं है। तो, सौंदर्य और विचार क्या हैं? बुद्धि क्या सौंदर्य का कभी अवबोध कर सकती है? वह उसका वर्णन कर सकती है, उसकी अनुकृति बना सकती है, उसकी नकल कर सकती है, वह ऐसे बहुत से काम कर सकती है किंतु वर्णन तो केवल वर्णन होता है, वह वर्णन स्वयं वह वस्तु नहीं हो सकता जिसका कि वर्णन किया गया है। वर्णन वर्णित नहीं होता। इसकी चर्चा हम अनंतकाल तक कर सकते हैं।

तो यदि हमने सुख की प्रकृति और सिद्धांत को समझ लिया है तो अब हम देखें कि प्रेम क्या है? क्या प्रेम ईर्ष्या है? क्या प्रेम स्वामित्व भाव, अधिकार भाव है? क्या प्रेम हावी होना है, आसक्ति या मोह है? हमारे जीवन में चल रहे इस तमाम गड़बड़झाले से आप खूब परिचित हैं—स्त्री पुरुष पर हावी होना चाहती है या पुरुष स्त्री पर। पुरुष कोई काम इसलिए करता है क्योंकि वह इसी प्रवृत्ति का अनुगमन करना चाहता है; वह महत्त्वाकांक्षी, लोभी और ईर्ष्यालु है, ऊंचा स्थान और प्रतिष्ठा चाहता है। उसकी पत्नी कहती है, 'भगवान के वास्ते, ये बेकार और फिजूल के काम बंद करो और ज़िंदगी को एक अलग अंदाज़ में जीना शुरू करो।' और इस तरह दोनों के बीच दरार पड़ जाती है—भले ही वे दोनों साथ-साथ सोते हों। जहां महत्त्वाकांक्षा का वास हो, जहां दोनों में से हरएक अपने ही किसी ख़ास सुख की जुगाड़ में लगा हो, वहां क्या प्रेम रह सकता है?

फिर, प्रेम क्या है? बेशक वह तभी अवतरित हो सकता है जब वे तमाम चीज़ें जो प्रेम नहीं हैं, जैसे महत्त्वाकांक्षा, प्रतिस्पर्धा, किसी के जैसा बनने की तमन्ना, बिल्कुल नदारद हों। हमारा जीवन तो यही है : हम सुप्रसिद्ध हो जाना चाहते हैं, उपलब्धियां चाहते हैं, बहुत कुछ जानना चाहते हैं, एक लेखक, या एक चित्रकार यानी कोई बड़ी हस्ती बनना चाहते हैं। यही कुछ तो है जो हम चाहते हैं। क्या

इस दौड़ में शामिल कोई भी यह जान सकता है कि प्रेम क्या होता है? अर्थात्, ऐसे व्यक्ति के लिए प्रेम का क्या कोई अर्थ है जो केवल अपनी ही उन्नति के लिए काम करता हो, केवल छोटे से दायरे में नहीं बल्कि अपने आप को राज्य के साथ, ईश्वर के साथ, समाज सेवा के साथ, देश के साथ, विश्वासों की पूरी श्रृंखला के साथ जोड़ कर? ज़ाहिर है, बिल्कुल भी नहीं। किंतु हम इसी फंदे में फंस जाते हैं। क्या हम इस फंदे के प्रति सजग हो सकते हैं? सचमुच सजग—इसलिए नहीं कि किसी ने ऐसा बता दिया है—बल्कि हम उस फंदे को जानें, उसे समझें जिसमें हम फंस जाते हैं और फिर उसे तोड़ डालें? यही वास्तविक क्रांति है, न कि बम विस्फोट और सामाजिक परिवर्तन जैसी बेहूदगियां। हालांकि सामाजिक परिवर्तन तो आवश्यक है, किंतु बन बिल्कुल नहीं।

तो, जब कुछ बाकी नहीं रह जाता जो प्रेम नहीं है, तब व्यक्ति खोज लेता है या जाने-अनजाने पा लेता है, उने न्यौता दिए बिना, उस शै को, जिसे प्रेम कहते हैं। यह होता तभी है जब सुखभोग की प्रकृति को, उसकी फ़ितरत को हम सचमुच पहचान लेते हैं, और यह भी जान जाते हैं कि विचार उस चीज़ को किस तरह तबाह कर देता है जो कि वास्तव में एक महान हर्ष-अनुभूति रही थी। हर्ष को सुखविलास में भला कैसे तब्दील किया जा सकता है? हर्ष का आगमन सहज-स्वाभाविक होता है, यह बस हो जाता है, प्रसन्नता की तरह जो अपने आप आती है। किंतु ज्यों ही आप कहते हैं, 'अहा, मैं बहुत प्रसन्न हूं', आपकी प्रसन्नता जा चुकी होती है।

तो, इंसानी रिश्तों में प्रेम क्या होता है? इंसानी रिश्तों में प्रेम का क्या स्थान है? क्या इसका कोई स्थान है भी? फिर भी हमें साथ-साथ रहना-जीना पड़ता है, एक दूसरे से सहयोग करना पड़ता है, साथ-साथ संतानोत्पत्ति करनी पड़ती है। जो व्यक्ति प्रेम करता हो क्या वह अपने बेटे को युद्ध में भेज सकता है? यह आपकी समस्या है। आपके बच्चे होते हैं, और आपकी शिक्षा उन बच्चों को युद्ध के लिए, हत्या करने के लिए तैयार कर रही है। आप स्वयं देख लीजिए! तो यह कैसा प्रेम है और इसका मानव अस्तित्व के साथ क्या संबंध है? मैं समझता हूं कि इस प्रश्न का उत्तर—शाब्दिक या बौद्धिक उत्तर नहीं बल्कि खरा उत्तर—तभी दिया जा सकता है जब सुखभोग के, विचार के, और कुछ बनने के समूचे सिद्धांत को समझ लिया जाए। तब आप एक बिल्कुल ही भिन्न प्रकार के संबंध को जानेंगे।

ब्रॉकवुड पार्क,

11 सितंबर 1971

मन क्या है?

हम प्रेम के जटिल सवाल पर बातचीत कर रहे थे। मुझे नहीं लगता कि हम इसे तब तक समझ सकेंगे जब तक कि हम इतने ही एक और मुश्किल सवाल को भी न देख-समझ लें, जिसे हम मन कहते हैं। क्या आपने कभी ध्यान दिया है कि बचपन में हम कितने जिज्ञासु होते हैं, कौतुहल से भरे? हम जानना चाहते हैं, बड़े लोगों की अपेक्षा हम ज़्यादा चीज़ें देख पाते हैं। जिन चीज़ों पर बड़े लोग ध्यान भी नहीं देते हैं उन पर हमारी नज़र पड़ जाती है, अगर हम सचेत रहते हैं। बचपन में हमारा मन बहुत अधिक सचेत, बहुत अधिक जिज्ञासु और जानने को उत्सुक रहता है। यही कारण है कि बचपन में ही हम गणित और भूगोल जैसे विषयों को भी सरलता से सीख लेते हैं। किंतु जैसे-जैसे हम बड़े होते जाते हैं, हमारा मन निर्धारित धारणाओं में ढलता चला जाता है; बोझिल, भारी होता चला जाता है। क्या आपने ध्यान दिया है कि वयोवृद्ध लोग पूर्वाग्रहों से कितने अधिक ग्रस्त रहते हैं? उनका मन अड़ियल हो जाता है, उसमें खुलापन नहीं रहता है, और हर चीज़ को वे एक अड़ियल रुख से ही देखते हैं। अभी आप छोटे हैं; लेकिन अगर आप इस बारे में ज़्यादा सचेत नहीं रहेंगे तो फिर आप भी उन्हीं के जैसे बन जाएंगे।

तो क्या यह आवश्यक नहीं हो जाता है कि इस मन को समझा जाए, और इस बात का ध्यान रखा जाए कि मन कहीं धीरे-धीरे मंद-कुंद न होता चला जाए और आप चपल बने रहें, जीवन की हर अवस्था में त्वरित व सही बदलाव ला सकें, और जीवन में गहरी खोज को और समझ की असाधारण क्षमता को बनाए रख सकें? क्या आपको नहीं लगता कि प्रेम के कर्म-धर्म को समझने के लिए मन के व्यवहार को जान-समझ लेना आवश्यक है? क्योंकि यह मन ही है जो प्रेम को नष्ट कर देता है। चालाक लोग, वे लोग जो धूर्त हैं, नहीं जानते

हैं कि प्रेम क्या होता है क्योंकि उनके मन इतने तेज़-तर्रार हैं, क्योंकि वे इतने चतुर हैं, क्योंकि वे इतने सतही हैं—यानी ऊपर-ऊपर, सतह पर रहते हैं—और प्रेम ऐसी चीज़ नहीं है जिसका वजूद सतह पर हो।

मन क्या है? मैं मस्तिष्क की, मस्तिष्क की भौतिक संरचना की बात नहीं कर रहा हूं, उसके बारे में तो आपको कोई भी फ़िज़ियोलॉजिस्ट बता देगा। मस्तिष्क का काम है—विभिन्न स्नायविक अनुक्रियाओं पर अपनी प्रतिक्रिया करना। किंतु आप पता लगाने जा रहे हैं कि मन क्या होता है। मन कहता रहता है, 'मैं सोचता हूं; यह मेरा है; यह तेरा है; मुझे ठेस लगी है; मुझे ईर्ष्या हो रही है; मैं प्रेम करता हूं; मुझे नफ़रत है; मैं भारतीय हूं; मैं मुसलमान हूं; मैं इसमें विश्वास रखता हूं; मैं उसमें विश्वास नहीं रखता हूं; मैं जानता हूं, आप नहीं जानते हैं; मैं आदर करता हूं, मैं तिरस्कार करता हूं; मैं चाहता हूं; मैं नहीं चाहता हूं'। यह सब क्या है? जब तक आप इसे समझ नहीं लेते—जब तक आप सोचने की पूरी प्रक्रिया से पूरी तरह अवगत नहीं हो जाते—जो कि मन है—जब तक आप उस बारे में सजग नहीं हो जाते, आप धीरे-धीरे, जैसे-जैसे आपकी उम्र बढ़ती जाएगी, अपना लचीलापन खो देंगे, निर्धारित धारणाओं में ढलते चले जाएंगे, मंद-कुंद होते चले जाएंगे, सोच के एक किस्म के ढर्रे में बंधते चले जाएंगे।

वह क्या है जिसे आप मन कहते हैं? यह सोचने का एक तरीका होता है। वह तरीका, जिससे आप सोचते हैं। मैं आपके मन की बात कर रहा हूं—किसी और के मन की नहीं और वह जिस तरह सोचेगा—जिस तरह आप महसूस करते हैं, जिस तरह आप पेड़ों को, किसी मछली को, मछुआरों को देखते हैं, जिस ढंग से आप किसी ग्रामीण के बारे में राय बनाते हैं। वह मन धीरे-धीरे किसी निश्चित ढर्रे में लिपटता चला जाता है या उनके सांचे में फ़िक्स होता चला जाता है। जब आप कोई चीज़ चाहते हैं, जब आप कोई इच्छा करते हैं, जब आप में कोई ललक उठती है, जब आप कुछ बनना चाहते हैं, तब आप एक पैटर्न बना लेते हैं; यानी आपका मन एक पैटर्न बनाता है और फिर खुद ही उसमें फंस जाता है। आपकी इच्छा आपके मन को एक निश्चित रूप-आकार दे देती है। उदाहरण के लिए, मैं एक बहुत धनवान व्यक्ति बनना चाहता हूं। धनवान बनने की मेरी यह इच्छा एक पैटर्न को पैदा करती है और फिर मेरी सोच उसी पैटर्न में उलझ जाती है, फिर मैं उसी के शब्दों में सोच पाता हूं और उससे पार या परे नहीं जा पाता हूं। इस प्रकार मेरा मन उसी में उलझा रहता है, उसी के अनुसार एक निश्चित धारणा बना लेता है, और इस प्रकार वह अपना लचीलापन खो बैठता

है, मंद-कुंद हो जाता है। अथवा, मैं यदि कोई विश्वास पाल लेता हूं—जैसे ईश्वर में, किसी राजनीतिक दल में—तो वह विश्वास भी एक पैटर्न बनाता है क्योंकि वह विश्वास भी मेरी किसी इच्छा से ही उपजा होता है और वह इच्छा फिर उस पैटर्न की दीवारों को मज़बूत करने लगती है। धीरे-धीरे मेरा मन मंद-कुंद होता जाता है, और फिर वह अपने व्यवहार में लचीलेपन को, तत्परता, कुशाग्रता और स्पष्टता को खोता चला जाता है, क्योंकि मैं अपनी ही इच्छाओं की भूलभुलैया में भटक जाता हूं, उलझ जाता हूं।

अतः जब तक मैं अपने ही मन की इस कार्यप्रणाली की छानबीन नहीं कर लेता, मेरे सोचने के तरीके, मेरे प्रेम को देखने-समझने के तरीके, यानी जब तक मैं अपने सोचने के तौर-तरीकों को साफ़ तौर पर जान नहीं जाता, तब तक मैं शायद यह जान ही नहीं सकता कि प्रेम क्या होता है। जब मेरा मन प्रेम के बारे में कुछ तथ्य जान लेने की, इसके क्रियाकलापों को जानने की इच्छा कर रहा हो, किंतु साथ ही यह अनुमान भी मन में बनाए हुए हो कि प्रेम क्या होना चाहिए, तब प्रेम वहां रहता ही नहीं। तब मैं प्रेम को कोई प्रयोजन देता हूं। इस तरह, धीरे-धीरे मैं प्रेम को ध्यान में रखकर कर्म का *पैटर्न* बना लेता हूं। किंतु यह प्रेम नहीं है; यह तो सिर्फ मेरी इच्छा है कि प्रेम क्या होना चाहिए। उदाहरण के लिए, एक पत्नी या पति के रूप में मैं आप पर अपना हक़ रखता हूं। क्या आप समझते हैं कि यह हक़ रखना, स्वामित्व वाला अधिकार रखना क्या होता है? आप अपनी साड़ी या कोट पर अपना हक़ रखते हैं। यदि कोई उसे ले जाए तो आप गुस्सा हो जाएंगे, परेशान हो जाएंगे, उत्तेजित हो जाएंगे। क्यों? क्योंकि आप समझते हैं कि आपकी साड़ी या आपका कोट आपका अपना है, आपकी संपत्ति है; आपका उस पर हक़ है, अधिकार है क्योंकि उसे अपने अधिकार में रखते हुए आप स्वयं को संपन्न समझते हैं। बहुत सारी साड़ियां, बहुत सारे कोट अपने स्वामित्व में रखते हुए आप स्वयं को संपन्न महसूस करते हैं, बाहर से ही नहीं बल्कि भीतर भी। तो जब कोई आपका कोट या साड़ी ले जाता है तो आप क्रुद्ध और उत्तेजित हो उठते हैं क्योंकि भीतर से आप संपन्नता और स्वामित्व भाव में कमी महसूस करते हैं। प्रेम में तो स्वामित्व भाव एक बाधा ही है, क्या नहीं है? यदि मैं आप पर स्वामित्व रखता हूं, हक़ और अधिकार जताता हूं, तो क्या वह प्रेम है? मैं आप पर वैसा ही स्वामित्व, हक़ और अधिकार रखता हूं जैसा कि मैं अपनी कार, अपने कोट, अपनी साड़ी पर रखता हूं, क्योंकि इस स्वामित्व भाव से मैं स्वयं को संपन्न महसूस करता हूं, मैं इस पर निर्भर रहने

लगता हूं, इसका मेरे लिए आंतरिक रूप से बहुत महत्त्व है। इस स्वामित्व को, इस हक़ व अधिकार को, इस निर्भरता को ही हम प्रेम कहते हैं। किंतु यदि आप इसकी खोजबीन करेंगे तो आप देखेंगे कि इसकी आड़ में मन स्वामित्व की संतुष्टि का सुख ले रहा होता है। जब आप कोई साड़ी या साड़ियां, कोई कार या कोई भवन अपने स्वामित्व में रखते हैं, तो आपको आख़िर एक संतुष्टि ही तो मिल रही होती है—एक एहसास कि वह चीज़ आपकी है।

इस प्रकार इच्छा, चाहना संजोने वाला मन एक *पैटर्न* रच लेता है, और फिर खुद ही उस *पैटर्न* की गिरफ़्त में आ जाता है, और इसलिए मन थका-थका, मंद-कुंद, जड़ और विचारविहीन हो जाता है। यह मन ही उस 'मेरे-पन' की भावना का केंद्र है, उस भावना का कि मैं इस चीज़ का स्वामी हूं, मैं बड़ा आदमी हूं, मैं छोटा हूं, मैं अपमानित हुआ हूं, मैं ऐसा हूं जिसकी तारीफ़ होती है, मैं बहुत चतुर हूं, मैं बहुत सुंदर हूं, मैं महत्त्वाकांक्षी बनना चाहता हूं, या मैं एक हैसियत वाले का बेटा या बेटी हूं। यह 'मेरा' और 'मैं' का भाव ही मन का केंद्र है, दरअसल यही मन है। तो यह मन जितना अधिक मानने लगता है कि 'यह मेरा है', और ऐसा समझते हुए अपने चारों ओर दीवारें खड़ी कर लेता है कि 'मैं कुछ हूं' या 'मैं बेशक बड़ा आदमी हूं', 'मैं तो बहुत होशियार हूं' या 'मैं तो मूरख आदमी हूं', वह जितने *पैटर्न* बनाता जाता है, उतना ही मंद-कुंद होता चला जाता है, अपना दायरा सीमित-संकुचित करता चला जाता है। फिर वह परेशान होता है; उस संकुचित-सीमित दायरे में दर्द है। तब वह कह उठता है, "मैं क्या करूं?" तब वह उन दीवारों को जिन्होंने उसे जकड़ रखा है—विचार द्वारा, गहन सजगता द्वारा, गहरे अन्वेषण द्वारा, समझ-बूझ के साथ—हटाने के बजाय, कुछ और पाने के लिए हाथ-पैर मारने लगता है। वह बाहर से कोई समाधान लाकर उसमें बंद हो जाना चाहता है। इस प्रकार मन स्वयं ही धीरे-धीरे प्रेम के विरोध में खड़ा हो जाता है, एक अवरोध बन जाता है। अतः जीवन को समझे बिना, यह समझे बिना कि मन क्या है, विचार का तौर-तरीका क्या है, कर्म होता कैसे है, हम बिलकुल नहीं जान सकते कि प्रेम क्या है।

क्या मन तुलना करने का तराजू नहीं है? आप कहते हैं कि यह चीज़ उस चीज़ से बेहतर है; आप अपनी तुलना किसी ऐसे से करते हैं जो अधिक सुंदर है, अधिक होशियार है। आप तब भी तुलना ही कर रहे होते हैं जब आप कहते हैं, 'इस नदी को मैंने पिछले साल भी देखा था और मुझे याद है कि यह तब भी इतनी ही सुंदर थी।' आप किसी और से अपनी तुलना करते हैं, किसी

आदर्श से, किसी परम आदर्श से। तुलना करके किसी नतीजे पर पहुंच जाना मन को मंद-कुंद बना देता है, उसे कुशाग्र नहीं बनाता, उसे बोधशील और सर्वसमावेशी नहीं बनाता, क्योंकि जब आप हर समय तुलना करने में ही लगे रहते हैं तब होता क्या है? किसी दिन आप सूर्यास्त देखते हैं और तत्काल ही किसी पहले दिन देखे गए सूर्यास्त से उसकी तुलना करते हैं। आप किसी पहाड़ को देखते हैं और उसकी सुंदरता को निहारते हुए कहने लगते हैं, 'दो वर्ष पहले मैंने इससे भी सुंदर पहाड़ देखा था।' जब आप तुलना कर रहे होते हैं तब आप उस सूर्यास्त को दरअसल देख ही नहीं रहे होते हैं जो आपके सामने हो रहा होता है, बल्कि आप उसे देखते हैं ताकि आप उसकी किसी और चीज़ के साथ तुलना कर सकें। इस प्रकार, तुलना आपको किसी चीज़ को पूरी तरह से देखने से रोक देती है, उसे समग्रता में देखने से वंचित कर देती है। मैं आपको देखता हूं, आप अच्छे हैं, किंतु मैं सोचने लगता हूं 'मैं तो इससे भी अच्छे व्यक्ति को जानता हूं, इससे अधिक श्रेष्ठ, या अधिक बेवकूफ़ व्यक्ति को जानता हूं।' जब मैं ऐसा कर रहा होता हूं तब दरअसल मैं आपको देख ही नहीं रहा होता। क्योंकि तब मेरे मन में तो कुछ और ही चल रहा होता है, मैं आपको देख ही नहीं रहा होता हूं। इसी तरह, मैं उस सूर्यास्त को भी नहीं देख रहा होता हूं। उस सूर्यास्त को सचमुच देखने के लिए कोई तुलना नहीं होनी चाहिए; आपको सचमुच देखने के लिए मुझे आपकी तुलना किसी और से नहीं करनी चाहिए। जब मैं आपको बिना किसी तुलना के और उस तुलना के द्वारा पहुंचे किसी नतीजे व निष्कर्ष के बिना देखता हूं, केवल तभी मैं आपको सचमुच देख व समझ पाता हूं। किंतु जब मैं आपकी तुलना किसी और से करता हूं, तब मैं आपके बारे में किसी नतीजे पर पहुंचते हुए कह देता हूं, 'अरे, वह तो बहुत बेवकूफ़ आदमी है।' तो यह बेवकूफ़ी की बात तब सामने आती है जब तुलना की जाती है। मैं आपकी तुलना किसी और से करता हूं, और यह तुलना करना ही व्यक्ति की गरिमा को गिराना होता है। जब मैं बिना तुलना किए आपको देखता हूं, तब मेरा सरोकार केवल आपके साथ रहता है, न कि किसी और के साथ। तुलना नहीं बल्कि यह सरोकार ही व्यक्ति की गरिमा को उभारता है।

तो, जब तक मन तुलना कर रहा है, तब तक उसमें प्रेम नहीं हो सकता, और मन हर समय तुलना करता रहता है, कोई नतीजा या निष्कर्ष निकालता रहता है, माप-तोल में लगा रहता है, कमी या कमज़ोरी ढूंढ़ता रहता है। जहां तुलना है वहां प्रेम नहीं है। यदि माता-पिता अपने बच्चों से प्रेम करते हैं तो वे

उनकी तुलना नहीं करते, वे अपने एक बच्चे की तुलना दूसरे बच्चे से नहीं करते; वह उनका बच्चा है और वे उससे बस प्रेम करते हैं। किंतु आप अपनी तुलना किसी बेहतर से, श्रेष्ठतर से, अधिक धनवान से करते हैं, और इस तरह अपने अंदर प्रेम का अभाव पैदा करते हैं। अपने साथ आपका सरोकार हमेशा किसी और के मुकाबले में है। मन जितना अधिक तुलनात्मक बनता जाता है, जितना अधिक स्वामित्वभाव वाला बनता जाता है, जितना अधिक निर्भर होता जाता है, वह एक ऐसा पैटर्न बनाता है जिसकी गिरफ़्त में वह खुद फंस जाता है, और इसीलिए वह किसी भी चीज़ को ऐसे नज़रिए से नहीं देख पाता जो नया व कोरा हो, ताज़ातरीन हो। और, इस तरह वह उस असल चीज़ को, जीवन की उस मौलिक सुगंध को विनष्ट कर देता है, जो कि प्रेम है।

छात्र : क्या प्रेम का अंत नहीं है? क्या प्रेम आकर्षण पर आधारित होता है?

कृष्णमूर्ति : मान लीजिए कि आप किसी सुंदर नदी, किसी सुंदर स्त्री या पुरुष के प्रति आकर्षित हो जाते हैं। इसमें बुरा क्या है, ग़लत क्या है? हम पता लगाने का प्रयास कर रहे हैं। देखिए, जब मैं किसी स्त्री या पुरुष के प्रति, किसी बालक के प्रति, या सत्य के प्रति आकर्षित हो जाता हूं, तो मैं उसका संग-साथ चाहने लगता हूं, उसे पा लेना चाहता हूं, उसे अपना बना लेना चाहता हूं, मैं कह देता हूं कि यह तो मेरी है तुम्हारी नहीं या मेरा है तुम्हारा नहीं। मैं उस व्यक्ति के प्रति आकर्षित हूं, मुझे उसके सान्निध्य में रहना है, मेरा शरीर उसके शरीर के पास होना चाहिए। तो देखिए कि मैं क्या कर बैठा हूं? आमतौर पर होता क्या है? बात यह है कि मैं आकर्षित हुआ हूं और उसका सान्निध्य चाहता हूं; यह एक तथ्य है, कोई आदर्श नहीं। और यह भी एक तथ्य है कि जब मैं किसी चीज़ या किसी व्यक्ति के प्रति आकर्षित होता हूं और उसे अपने अधिकार में, कब्ज़े में कर लेना चाहता हूं, तो फिर वहां प्रेम नहीं रह जाता। मेरा सरोकार उस तथ्य के साथ है, न कि इस बात के साथ कि मुझे क्या होना चाहिए। जब मैं किसी व्यक्ति को अपना बना लेता हूं तो मैं नहीं चाहता कि वह किसी और को आंख उठाकर भी देखे। जब मैं उस व्यक्ति पर अपना हक़ मानने लगता हूं तब क्या वहां प्रेम रह जाता है? बिल्कुल भी नहीं! जिस वक़्त मेरा मन उस व्यक्ति के चारों ओर 'मेरे-पन' की चारदीवारी खड़ी कर देता है, तब वहां प्रेम कतई नहीं रहता है।

सच तो यह है कि मेरा मन हर पल यही कर रहा होता है। हम इसी पर चर्चा कर रहे हैं, यही देख रहे हैं कि मन किस तरह काम करता है; और शायद

इसकी हरकत के प्रति सजग रहने पर मन अपने आप यह सब करना छोड़ देगा, शांत हो जायेगा।

छात्र : हमें प्रेम की ज़रूरत लगती ही क्यों है?

कृष्णमूर्ति : तुम्हारा मतलब है कि हमें प्रेम चाहिए ही क्यों? प्रेम होना ही क्यों चाहिए? क्या हम इसके बिना रह सकते हैं? यदि यह तथाकथित प्रेम हममें न होता तो क्या हो जाता? यदि तुम्हारे माता-पिता यह सोचने लगते कि वे तुम्हें प्रेम करें ही क्यों, तो तुम यहां न बैठे होते। वे तुम्हें कहीं फेंक चुके होते। वे ऐसा समझते हैं कि वे तुम्हें प्रेम करते हैं, तभी तो वे तुम्हारी सुरक्षा चाहते हैं, तुम्हें शिक्षित करना चाहते हैं। उन्हें लगता है कि कुछ बनने के लिए वे हर संभव अवसर तुम्हें उपलब्ध कराएं। तुम्हें सुरक्षा देने की यह भावना, शिक्षित बनाने की यह भावना, यह भावना कि तुम उनके हो, इस सबको आमतौर पर वे प्रेम कहते हैं। यह न हुआ होता तो क्या होता? क्या होता यदि तुम्हारे माता-पिता तुम्हें प्रेम न करते? तो तुम उपेक्षित कर दिए जाते, तुम बहुत कष्ट और असुविधा में जी रहे होते, इधर-उधर धक्के खा रहे होते, वे तुम्हें नफ़रत कर रहे होते। सौभाग्य से प्रेम का एहसास मौजूद है, भले ही वह धुंधला-धुंधला सा है, भले ही वह बदरंग है, विकृत हो गया है किंतु वह भावना अभी मौजूद है, यह सौभाग्य की बात है, तुम्हारे लिए और मेरे लिए, वरना मैं और तुम न शिक्षित होते, न ही हमारा अस्तित्व होता।

राजघाट में छात्रों के साथ
19 दिसंबर 1952

•

हमारा जीवन, हमारे संबंध इतने
खोखले क्यों हैं?

प्रश्नकर्ता : हमारे जीवन में सच्ची दयालुता, सद्भावना है ही नहीं, इस मामले में वह खोखला है, और इस खोखलेपन को हम धर्मार्थ संस्थाएं बनाकर या उनसे जुड़कर और बाध्यकारी नीति-न्याय द्वारा भरने की कोशिश करते हैं। सेक्स हमारा जीवन है। क्या आप इस उलझे प्रश्न पर प्रकाश डालेंगे?

कृष्णमूर्ति : क्या आपका प्रश्न यह है कि हमारा जीवन खोखला है और हम प्रेम-शून्य हैं; हम इंद्रियों की सनसनाहट को जानते हैं, दिखावे और प्रदर्शन को जानते हैं, यौनाचार की ललक को जानते हैं, किंतु इनमें कोई प्रेम नहीं रहता। फिर, कैसे इस खोखलेपन में बदलाव लाया जाए, कोई कैसे उस लौ को पाए जिसमें धुआं न हो? यही प्रश्न है न आपका? तो आइए, इस मुद्दे के सच को जानने के लिए साथ-साथ मिलकर, तहकीकात करें।

हमारा जीवन खोखला और खाली-खाली-सा क्यों है? हालांकि हम बड़े सक्रिय रहते हैं, किताबें लिखने में लगे रहते हैं, सिनेमा जाते हैं, खेल खेलते हैं, प्रेम करते हैं, काम पर जाते हैं, फिर भी हमारा जीवन खाली-खाली-सा, उबाऊ और एक नीरस दिनचर्या बन कर रह गया है। हमारे संबंध इतने दिखावटी, खोखले और इतने बेमानी क्यों हो गए हैं? हम अपने जीवन को इतना तो जानते ही हैं कि हमारे वजूद के कोई ख़ास मायने नहीं हैं, हम उन सूत्रों, सूक्तियों और विचारों को दोहराने में लगे रहते हैं जो हमें रटा दी गई हैं—महात्माओं द्वारा, प्राचीन या फिर अर्वाचीन संतों द्वारा। हम किसी न किसी अगुआ के पीछे ही चलते रहते हैं, वह चाहे धार्मिक हो, राजनीतिक हो या फिर बौद्धिक; मार्क्स हो, आड्लर हो या क्राइस्ट। हम केवल ग्रामोफ़ोन रिकार्ड जैसे हो गए हैं—जो भर दिए गए को

दोहराता चला जाता है, और इसी को हम 'ज्ञान' कह देते हैं। उसे हम कंठस्थ कर लेते हैं, उसी को बार-बार गाते रहते हैं, किंतु हमारा जीवन फिर भी बेहूदा, उबाऊ और कुरूप बना रहता है। क्यों? यह ऐसा क्यों रहता है? ऐसा क्यों है कि हमने मन की बातों को इतना अधिक महत्त्व दे दिया है? हमारे जीवन में यह मन इतना महत्त्वपूर्ण क्यों हो गया है?—मन अर्थात् अवधारणाएं, विचार, हर समय औचित्य सिद्ध करने, माप-तोल करने, संतुलित करने और हिसाब-किताब करने की फ़ितरत। हमने इस मन को इतना असाधारण महत्त्व क्यों दे दिया है? हमारे कहने का अर्थ यह बिल्कुल नहीं है कि हम भावुक हो जाएं, भावना में बहने लगें। हम इस खोखलेपन को जानते हैं, खिन्नता के इस विचित्र एहसास से हम वाक़िफ़ हैं। हमारे जीवन में इतना बड़ा खोखलापन, यह नकारात्मकता आख़िर क्यों है? निश्चित रूप से, इसे हम केवल तभी समझ सकते हैं जब हम अपने रिश्तों में सजग रहकर, उनसे अवगत रह कर इसे देखेंगे।

हमारे संबंधों में दरअसल हो क्या रहा है? क्या हमारे संबंध बस अपने ही बारे में सोचते रहने तक ही सीमित नहीं हैं? क्या मन की हर गतिविधि खुद को बचाने, अपनी सुरक्षा चाहने और खुद को दूसरों से अलग समझने की प्रक्रिया भर नहीं है? क्या ऐसा नहीं है कि हमारी सोच बस खुद को अलग समझने की प्रक्रिया बनी रहती है भले ही हम उसे सब के लिए सोचने का नाम दे देते हों? अपने जीवन में हम जो कुछ करते हैं, क्या वह खुद को अपने ही खोल में बंद किये रहने की प्रक्रिया नहीं है? अपने जीवन में आप यह स्वयं देख सकते हैं। परिवार अपने आपको खुद में समेट लेने की, अलग समझने और अलग कर लेने की प्रक्रिया बन कर रह गया है, और अलगाव होने के कारण निश्चय ही वह प्रायः वैर और विरोध की भूमिका में आ खड़ा होता है। इस तरह हमारी हर गतिविधि हमें अलगाव की ओर ले जाने वाली हो गई है, और इसी से खोखलेपन और खालीपन का एहसास पनपने लगता है; और खोखला व खाली होने के कारण ही तो हम इसे भरने की कोशिश करने लगते हैं—रेडियो से, शोर-गुल से, चपर-चपर से, गप्पें मारने से, पढ़ने से, ज्ञान अर्जित करने से, नाम व पैसा कमाने से, और सामाजिक हस्ती बन जाने जैसी अनेक बातों से। किंतु ये सब अपने आप को खुद में समेटने वाले काम ही तो हैं और इसलिए ये हमारे अलगाव को और बढ़ा देते हैं। तभी तो अधिकांश लोगों के लिए जीवन अलगाव की, नकारने की, प्रतिरोध की और किसी ढर्रे पर चलने की प्रक्रिया बन कर रह गया है; और निश्चित ही, इस प्रक्रिया में जीवन दरअसल जीवन नहीं रह जाता है, अतः खालीपन और खिन्नता

का एहसास पनपता रहता है। वास्तव में, किसी को प्रेम करने का अर्थ है—उसके साथ कम्यूनियन में रहना—किसी विशेष स्तर पर नहीं बल्कि पूरी तरह से, समग्र रूप से, अबाध रूप से, किंतु हम ऐसे प्रेम को तो जानते ही नहीं हैं। प्रेम को तो हम अनुभूति के रूप में जानते हैं—मेरे बच्चे, मेरी पत्नी, मेरी संपत्ति, मेरा ज्ञान, मेरी उपलब्धियां; किंतु ये सब भी तो खुद को अपने ही खोल में बंद कर लेने वाली बातें हैं। हर दिशा में हमारा जीवन अलगाव की ओर ले जानेवाला हो गया है; यह खुद को अपने ही खोल में बंद कर लेने वाले विचारों और भावनाओं का प्रवाह बन गया है, और इसलिए दूसरों से हमारा गहरे में संस्पर्श-संपर्क कभी-कभार ही हो पाता है। तभी तो यह समस्या इतने विकराल रूप में खड़ी है।

तो, यह है हमारे जीवन का असली रूप—मान-सम्मान, कब्ज़ा व अधिकार, और खालीपन—तो प्रश्न है कि हम इससे पार कैसे जाएं? इस अकेलेपन से, इस खालीपन से, इस आधे-अधूरेपन से, इस आंतरिक विपन्नता से हम पार कैसे पाएं? मुझे लगता है कि अधिकांश लोग ऐसा चाहते ही नहीं हैं। अधिकतर लोग जैसे हैं उसी में संतुष्ट हैं, किसी नई चीज़ को जानना-खोजना हमें बड़ा उकता देने वाला काम लगता है, इसलिए हम जैसे हैं वैसे ही बने रहना पसंद करते हैं—और असल समस्या यही है। हमने कई तरह के कवच पहन लिए हैं, हमने अपने चारों तरफ दीवारें खड़ी कर ली हैं जिनसे हम संतुष्ट और निश्चिंत हैं, किंतु कभी-कभार दीवार के पार से कोई फुसफुसाहट, कोई भूचाल, कोई उथल-पुथल, या कोई विक्षोभ आता भी है तो हम उस पर जल्दी से मिट्टी डाल देते हैं। इस तरह अधिकतर हम लोग खुद को अपने ही खोल में बंद कर लेने की प्रक्रिया से बाहर आना ही नहीं चाहते हैं, हम तो बस उसका विकल्प तलाशते रहते हैं—तरह तरह से। हमारा असंतोष बिल्कुल सतही रहता है; हम एक से एक नई चीज़ तलाशते रहते हैं जो हमें संतुष्टि दे सके, एक नई सुरक्षा दे सके, खुद को बचाने का एक नया तरीका दे सके—किंतु यह भी तो अपने को अलग करने की प्रक्रिया ही रहती है। ऐसे में, दरअसल, हम अकेलेपन से पार और परे जाना नहीं बल्कि उसे और सबल करना चाह रहे होते हैं ताकि वह स्थाई हो सके और कोई उससे छेड़छाड़ न कर पाए। ऐसे बहुत कम लोग हैं जो इससे बाहर निकल जाना चाहते हैं और देखना चाहते हैं कि इस खालीपन और अकेलेपन के पार और परे क्या है। जो लोग पुरानी के एवज़ में कोई नई सुरक्षा तलाश लेने की फ़िराक में रहते हैं वे उसे पाकर संतुष्टि महसूस कर लेते हैं, किंतु निश्चय ही कुछ लोग ऐसे भी हैं जो इस सब के परे चले जाना चाहते हैं। आइए, हम ज़रा उनके साथ चलते हैं।

लेकिन, अकेलेपन और खालीपन से पार पाने के लिए हमें मन के इस पूरे गोरखधंधे को पूरी तरह समझ लेना होगा। जिस चीज़ को हम अकेलापन और खालीपन कहते हैं, वह आख़िर है क्या? हम यह कैसे जानते हैं कि यह खालीपन है, यह अकेलापन है। वह कौन सा पैमाना है जिसके अनुसार हम घोषित करते हैं कि यह वह है या नहीं है? जब आप कहते हैं कि यह अकेलापन है, यह खालीपन है, तब आपका वह पैमाना रहता क्या है? आप उसे अपने पुराने पैमाने से माप कर ही तो ऐसा कह रहे होते हैं। आप कह देते हैं कि यह 'खालीपन' है, आप उसे यह नाम दे देते हैं और ऐसा मान लेते हैं कि आपने उसे समझ लिया है। क्या उसे यह नाम देना ही उसे समझने में आड़े नहीं आता? हम में से अधिकतर लोग उस अकेलेपन को अच्छी तरह जानते हैं जिससे कि हम पलायन कर रहे होते हैं। हम में से अधिकतर अपनी आंतरिक विपन्नता से, आधे-अधूरेपन से बखूबी परिचित रहते हैं। यह कोई यकायक पैदा हो गई चीज़ नहीं है, यह तो एक सच्चाई है, और इसको कोई नाम दे देने मात्र से हम इससे निस्तार नहीं पा सकते, उसका वास तो वहां बना रहता है। तो हम कैसे जानें कि इसके अंदर है क्या, हम इसकी प्रकृति को, इसकी फ़ितरत को कैसे जानें? क्या इसे कोई नाम दे देने से आप इसके बारे में कुछ जान पाते हैं? क्या मुझे किसी नाम से बुलाने से आप मुझे जान गए होते हैं? आप मुझे तभी जान सकते हैं जब आप मेरा अवलोकन करते हैं, मेरे संपर्क में, मेरे संग-साथ रहते हैं, किंतु मेरा कोई नाम रख देने से, यह कह देने से कि मैं ऐसा हूं या वैसा हूं, आपका मेरे साथ होने वाला संपर्क-समागम वहीं थम जाता है। इसी तरह, जिस चीज़ को मैं अकेलापन कहे दे रहा हूं, उसकी प्रकृति और फ़ितरत जानने के लिए मेरा उसके साथ संपर्क-समागम होना आवश्यक है, किंतु संपर्क-समागम तब संभव नहीं रह पाता है जब आप उसका कोई नाम रख छोड़ते हैं। किसी चीज़ को समझने के लिए सबसे पहले तो उसका कोई नाम धरने से निजात पाना होगा। यदि अपने बच्चे को आप कभी समझना चाहते हैं—हालांकि इसमें मुझे संदेह है—तो आप क्या करते हैं? आप उसे ध्यानपूर्वक देखते हैं, उसे खेलते हुए पूरी तवज्जो से देखते हैं, उसका अवलोकन करते हैं, उसका अध्ययन करते हैं। जब आप किसी से प्रेम करते हैं तब स्वाभाविक रूप से उसके साथ आपका संपर्क-समागम रहता है, किंतु प्रेम कोई एक शब्द, कोई एक नाम या कोई एक विचार नहीं है। जिस चीज़ को आप अकेलापन कहते हैं उसे आप प्रेम नहीं कर सकते, क्योंकि आप उसे पूरी तरह जानते तक नहीं हैं। आप तो उसे एक घबराहट के साथ, एक

भय के साथ देखते हैं किंतु वह भय खुद उसका नहीं होता, बल्कि किसी और चीज़ का होता है। आपने कभी अकेलेपन के बारे में सोचा ही नहीं है क्योंकि आप वाकई नहीं जानते कि यह होता क्या है। मुस्कुराइए नहीं, यह कोई तर्क-चातुर्य नहीं है। बल्कि वार्ता के दौरान ही इस चीज़ को महसूस कीजिए, तभी आप इसका अर्थ और महत्त्व समझ पाएंगे।

इस तरह, जिसे हम 'खालीपन' वाला एहसास कहते हैं वह दरअसल अपने आप को अलगाव में रखने का सिलसिला है, और यह सिलसिला हमारे दिन-प्रतिदिन के संबंधों की उपज होता है, क्योंकि संबंधों में चाहे-अनचाहे हम अलगाव ही चाह रहे होते हैं। आप अपनी संपत्ति के, अपनी पत्नी के या पति के, अपने बच्चों के एकमात्र मालिक बन जाना चाहते हैं, आप उस वस्तु या व्यक्ति पर 'मेरा' का ठप्पा लगाए रखना चाहते हैं, जिसका सीधा-सीधा अर्थ है—उस पर आपका एकछत्र राज। यह एकछत्र राज या अलगाव का अनवरत प्रयास हमें अवश्य ही अकेलेपन की ओर ले जाने वाला होता है, और चूंकि अकेलेपन में तो कोई रह ही नहीं सकता अतः यहां दुविधा पैदा हो जाती है, और फिर उस दुविधा से पिंड छुड़ाने के लिए हम पलायन का रास्ता पकड़ते हैं। हमारी सोच में आने वाला पलायन का कोई भी तरीका—चाहे वह सामाजिक कार्यों में रम जाना हो, मदिरापान करना हो, ईश्वर के पीछे पड़ना हो, पूजा करना हो, कर्म-कांड या परंपरागत रीति-रिवाज़ों में लिप्त हो जाना हो, नाच-गाना या अन्य कोई मन बहलाव हो—इन में कोई अंतर नहीं है, किंतु यदि हम अपने दैनिक जीवन में दुविधा से पलायन करने की इस पूरी प्रक्रिया को देख लें और इससे पार व परे जाना चाहें तो हमें संबंधों को समझना होगा। मन जब किसी भी तरकीब का सहारा लेकर पलायन न कर रहा हो, केवल तभी उसके लिए उस चीज़ के साथ सीधे-सीधे संपर्क-संस्पर्श में होना संभव है जिसे हम अकेलापन कहते हैं, एकाकीपन। किंतु, किसी चीज़ के साथ संपर्क-संस्पर्श में होने के लिए आवश्यक है कि उसके प्रति आपका स्नेह हो, प्रेम हो।

दूसरे शब्दों में, किसी चीज़ को समझने के लिए उससे आपका प्रेम होना परम आवश्यक है। प्रेम ही एक मात्र आमूल परिवर्तन है, किंतु प्रेम कोई सिद्धांत नहीं है और न ही यह कोई अवधारणा है। यह किसी ग्रंथ का या किसी सामाजिक तौर-तरीके का अनुसरण करना भी नहीं है।

अतः, इस समस्या का समाधान किसी मत-सिद्धांत में नहीं मिलने वाला, वह तो अलगाव को और बढ़ा देगा। इसका समाधान तो केवल तभी संभव है

जब विचारों का पुलिंदा यह मन अकेलेपन से पलायन करने की जुगत में न लगा हो। पलायन करना तो अकेलेपन की ओर ही दौड़ना है, और इस प्रसंग का सत्य यह है कि संस्पर्श तभी संभव है जब प्रेम हो। और केवल तभी इस अकेलेपन की समस्या का निवारण हो पाता है।

बंबई,
12 फ़रवरी 1950

क्या प्रेम मन की उपज है?

प्रश्नकर्ता : विचार और अवधारणाएं अलगाव तो लाते हैं किंतु वे लोगों को जोड़ते भी तो हैं। क्या प्रेम की अभिव्यक्ति ही सामुदायिक जीवन को संभव नहीं बनाती?

कृष्णमूर्ति : जब आप ऐसा प्रश्न पूछते हैं तो मुझे लगता है कि शायद आप यह समझ ही नहीं पाए हैं कि विचार, अवधारणाएं, विश्वास, मत-अभिमत लोगों में अलगाव पैदा करते हैं, विचार-पद्धतियां लोगों को तोड़ती हैं, यह सब बातें निरपवाद रूप से विघटनकारी ही होती हैं। धारणाएं लोगों को कभी जोड़ कर रखने वाली नहीं होतीं—हालांकि आप भिन्न और विरोधी विचारधारा वाले लोगों को अलग-अलग जत्थों में ज़रूर जोड़ सकते हैं। अवधारणाएं और विचार लोगों को जोड़ ही नहीं सकते क्योंकि उनमें विरोध का वास अवश्य होगा और टकराव उन्हें नष्ट करने का प्रयास अवश्य करता रहेगा। विचार और अवधारणाएं आख़िर छवियां, सनसनी और शब्द ही तो हैं। क्या शब्द, सनसनी, विचार और अवधारणाएं लोगों में लगाव ला सकती हैं, जुड़ाव ला सकती हैं? या इसके लिए हमें किसी और ही चीज़ की आवश्यकता होगी? कोई कहता है कि घृणा, भय और राष्ट्रवाद लोगों में जुड़ाव लाता है। भय लोगों में जुड़ाव ले आता है। सामूहिक रूप से फैली घृणा कभी-कभी लोगों को एक-दूसरे के विरुद्ध एकजुट कर देती है, जैसे कि राष्ट्रवाद। निश्चय ही ये सब विचार और धारणाएं ही तो हैं। किंतु क्या प्रेम कोई विचार या अवधारणा है? क्या आप प्रेम के बारे में सोच सकते हैं? आप उस व्यक्ति के बारे में या उन व्यक्तियों के उस समूह के बारे में सोच सकते हैं जिसे आप प्रेम करते हैं? किंतु क्या यह प्रेम है? यदि प्रेम के बारे में विचार चल रहा हो तब क्या वह प्रेम होता है? क्या विचार प्रेम होता है? लेकिन, निश्चित ही, केवल प्रेम ही लोगों में लगाव और जुड़ाव ला सकता है, न कि विचार

या अवधारणा, न कि किसी *ग्रुप* के विरोध-प्रतिरोध में बनाया गया कोई दूसरा *ग्रुप*। यदि प्रेम है तो न कोई *ग्रुप* होगा, न कोई अलग वर्ग होगा, न कोई राष्ट्रवाद होगा। इसलिए हमें यह जानना होगा कि प्रेम से हमारा अभिप्राय क्या है।

हम जानते हैं कि विचार से, अवधारणा से, मत-अभिमत से, विश्वास इत्यादि से हमारा अभिप्राय क्या है। तो उसी तरह प्रेम से हमारा क्या अभिप्राय है? क्या यह मन के क्षेत्र में आता है? यह मन के क्षेत्र में तब आ जाता है जब मन और बुद्धि की बातें हृदय की जगह घेर लेती हैं। और हम में से अधिकतर के साथ यही होता है। हमने अपने हृदय को अपने मन की बातों से भर लिया है यानी मतों-अभिमतों से, विचारों और अवधारणाओं से, उत्तेजनाओं से, और विश्वासों से; और इस सब में, इस सब के बीच में हम रहते हैं, प्रेम को जीते हैं। किंतु क्या यह प्रेम है? क्या हम प्रेम के बारे में सोच सकते हैं? जब आप प्रेममय होते हैं, तब क्या विचार चल रहा होता है? प्रेम और विचार एक दूसरे के प्रतिकूल नहीं हैं, इन्हें विरोधी-विपरीत मत मान लीजिए। जब कोई प्रेममय रहता है तब क्या उसमें लोगों के प्रति लगाव या अलगाव की, विघटन की, उन्हें दूर कर देने की भावना रहती है? निश्चय ही, प्रेम की अवस्था में तभी आया जा सकता है जब विचार की प्रक्रिया पर विराम लग गया हो—इसका यह अर्थ नहीं है कि व्यक्ति सनक जाए, असंतुलित हो जाए। बल्कि, ऐसी अवस्था से पार और परे जाने के लिए के लिए तो सर्वोच्च कोटि के विचार की आवश्यकता होगी।

अतः प्रेम कोई मन-बुद्धि की चीज़ नहीं है। यह तभी आता है जब मन सचमुच शांत हो, जब वह कोई अपेक्षा, कोई आग्रह, कोई मांग न कर रहा हो, कुछ चाह न रहा हो, स्वामित्व, ईर्ष्या, भय, व्यग्रता जैसे भावों से भरा न हो—मन जब सचमुच शांत हो केवल तभी प्रेम के अवतरण की संभावना बनती है। मन जब स्वयं को कुछ बड़ा बनाने-दिखाने की जुगत में रहना बंद कर देता है, जब वह अपनी चुनी हुई ऐंद्रिक अनुभूतियों, मांगों और लालसाओं की तलब में रहना छोड़ देता है, जब वह अपनी ही उपलब्धियों की ललक में रहना या विश्वास की बेड़ियों में बंधे रहना छोड़ देता है—केवल तभी प्रेम के अवतरण की संभावना बनती है। लेकिन लोग अधिकतर यही सोचते हैं कि ईर्ष्या व महत्त्वाकांक्षा के चलते हुए भी, निजी लालसाओं और आकांक्षाओं के रहते हुए भी प्रेम हो सकता है। किंतु निश्चित रूप से, इन चीज़ों के होते हुए प्रेम नहीं हो सकता।

तो हमें प्रेम के बारे में सोच-विचार करने की आवश्यकता नहीं है। उसका आगमन तो स्वतः हो जाता है और वह भी उसके लिए लालायित हुए बिना ही;

हमें चिंतन-मंथन करने की आवश्यकता तो उन चीज़ों के बारे में होनी चाहिए जो प्रेम के आगमन में बाधा बन रही हैं—मन की उन चीज़ों के बारे में जो स्वयं को कुछ बनने-दिखाने में लगी हैं और प्रेम के मार्ग में आड़े आ रही हैं। इसीलिए, इससे पहले कि हम यह जानने की कोशिश करें कि प्रेम क्या होता है, यह जान लेना अधिक महत्त्वपूर्ण हो जाता है कि उस मन की कार्यविधि क्या रहती है जिसमें अहं डेरा डाले बैठा हुआ है। और इसीलिए, खुद को जानने के मामले में गहरे उतरना महत्त्व रखता है, केवल यह कह देने से कुछ नहीं होगा, 'मुझे प्रेम करना चाहिए,' या 'प्रेम लोगों को जोड़ता है,' या 'विचार और धारणाएं तोड़ती हैं,' क्योंकि ये बातें तो उन बातों की केवल पुनरावृत्ति ही होगी जो आपने दूसरों से सुन ली हैं, और इसीलिए इनकी कोई सार्थकता नहीं होगी। शब्द तो उलझाते हैं। किंतु, यदि कोई अपने विचार के तौर-तरीके की समूची सार्थकता या निरर्थकता को समझ ले, अपनी इच्छाओं को, इच्छाओं के पीछे अपनी दौड़ को और अपनी महत्त्वाकांक्षाओं के तौर-तरीकों को समझ ले तब प्रेम के होने या प्रेम को जान पाने की संभावना बनती है। किंतु इसके लिए स्वयं को विशेष रूप से समझ लेने की आवश्यकता होगी।

जब अहं न रहे, जब स्वार्थपरता न रहे—और ऐसी अवस्था के लिए कोई प्रयास भी न किया जाए बल्कि वह सहज-स्वाभाविक रूप से आ जाए—जब ऐसी निःस्वार्थता, ऐसी निरहंकारता आ जाए जो किसी अभ्यास या अनुशासन द्वारा पैदा न की गई हो क्योंकि वे तो एक दायरे में बांधे रखने वाली चीज़ें हैं, तब प्रेम के होने की संभावना बनती है। निरहंकार की अवस्था तब आती है जब अहं की पूरी गतिविधि को, उसकी पूरी प्रक्रिया को समझ लिया गया हो—सचेतन रूप से भी और अचेतन रूप से भी, जाग्रत अवस्था की गतिविधि को भी और स्वप्नावस्था की गतिविधि को भी। तब मन की वह पूरी प्रक्रिया समझ में आ पाती है जो कि संबंधों में, हर घटना में, सामने आई हर समस्या या चुनौती के जवाब में वह वास्तव में कर रहा होता है। जब यह सब समझ आ जाए, और इस समझ के कारण जब मन आत्म-संशोधन व कूप-मंडूकता से मुक्त हो जाए, तब प्रेम के आने की संभावना बनती है।

प्रेम कोई भाव या भावना नहीं है, यह रोमांस जैसी कोई चीज़ भी नहीं है, यह किसी पर आधारित या निर्भर रहना नहीं है, किंतु ऐसी अवस्था को समझना या उसमें आना अत्यंत कठिन होता है क्योंकि प्रेम को अपना काम करने देने में हमारा मन हमेशा ही दखलअंदाज़ी करता रहता है, उसके लिए हदबंदी खड़ी

करता रहता है और उसके क्षेत्र में घुसपैठ करता रहता है। इसीलिए पहले मन के तौर-तरीकों को समझ लेना बहुत आवश्यक है, अन्यथा हम भ्रांतियों में भटक जाएंगे, शब्दों और अनुभूतियों में उलझ कर रह जाएंगे जिसकी न कोई महत्ता है और न ही कोई सार्थकता। अधिकतर लोगों के लिए विचार और अवधारणाएं केवल शरणस्थल होते हैं, पलायन के साधन होते हैं। जो अवधारणाएं विश्वास का रूप ले लेती हैं वे स्वाभाविक रूप से संपूर्णतः जीने में, संपूर्णतः कर्म करने में, सही तरह सोचने में बाधक बनती हैं। सही सोचना, स्वतंत्रता और प्रज्ञा के साथ जीना केवल तभी संभव होता है जब हम अपने को और गहराई से, और विस्तार से समझते चले जाते हैं।

ओहाय,
28 अगस्त 1949

हम अपने जीवन को एक समस्या
क्यों बना देते हैं?

प्रश्नकर्ता : सेक्स को हम ऐसी शारीरिक और मानसिक आवश्यकता समझते हैं जिससे बचा नहीं जा सकता; और यही हमारी पीढ़ी में, निजी जीवन में छाई गड़बड़ी का मूल कारण लग रहा है। पुरुष की कामलोलुपता का शिकार बनने वाली महिलाओं के लिए तो यह बहुत भयावह हो जाता है। कामेच्छा का दमन और काम-लिप्तता—ये दोनों ही कारगर सिद्ध नहीं हो सके हैं। हम इस समस्या से कैसे निपटें?

कृष्णमूर्ति : ऐसा क्यों है कि हम जिस चीज़ को भी छूते हैं उसे समस्या बना डालते हैं? ईश्वर को हमने समस्या बना दिया है, प्रेम को, संबंधों को, जीने को हमने समस्या बना दिया है, और इसी तरह यौनाचार को भी हमने समस्या बना डाला है। अखिर क्यों? क्यों ऐसा है कि हम जो कुछ भी करते हैं वह समस्या बन जाती है, एक तरह का आतंक? हम दुख में क्यों जी रहे हैं? यौनाचार समस्या क्यों बन गया है? समस्याओं के साथ जीने के प्रति हमने क्यों घुटने टेक दिए हैं, हम क्यों इनका ख़ात्मा नहीं किए देते हैं? अपनी समस्याओं को दिन-ब-दिन और साल-दर-साल ढोते चले जाने के बजाय हम उनके प्रति मर क्यों नहीं जाते? निश्चय ही, यौनाचार एक प्रासंगिक प्रश्न है, किंतु मूलभूत प्रश्न यह है कि हम अपने जीवन को एक समस्या क्यों बना देते हैं? काम-धंधे पर जाना, यौनाचार करना, पैसा कमाना, सोचना, महसूस करना, अनुभव करना—यही तो है हमारा जीना—यह एक समस्या क्यों बन गया है? अवश्य ही क्या इसलिए नहीं कि हम हमेशा ही एक ख़ास अंदाज़ से, एक बंधे-बंधाए दृष्टिकोण से ही सोचते हैं? हम हमेशा केंद्र से परिधि की ओर सोचते हैं किंतु अधिकतर लोगों के लिए वह परिधि

ही केंद्र बन जाती है, और इसीलिए हम जो भी छूते हैं वह सतही हो जाता है। किंतु जीवन तो सतही नहीं है; इसे पूरी तरह जीने की आवश्यकता है, और चूंकि हम केवल सतही और ऊपरी तौर पर जीते हैं, अतः केवल सतही और ऊपरी प्रतिक्रियाओं से ही परिचित हो पाते हैं। जो कुछ हम परिधि पर करते हैं वह तो समस्या खड़ी करेगा ही, किंतु यही तो है हमारा जीवन—हम सतही तौर पर, ऊपरी तौर पर ही तो जीते हैं, और उस सतहीपन की सारी समस्याओं के साथ जीते हुए बड़े संतुष्ट भी रहते हैं।

तो, जब तक हम सतही तौर पर जियेंगे तब तक समस्याएं तो रहेंगी ही, सतही तौर पर जीना यानी परिधि पर जीना—और परिधि होती है—'मैं' और 'मैं' के भावावेग, जिनका रुझान बाहर की तरफ़, विषयों की तरफ़ रहता है, जो कि जगत के साथ, देश के साथ, या ऐसी किसी भी चीज़ के साथ अपना तादात्म्य कर लेता है जो मन द्वारा रच ली गई है। तो जब तक हम मन के क्षेत्र में रहेंगे तब तक जटिलताएं अवश्य आयेंगी, समस्याएं अवश्य आयेंगी। बस, इन्हें ही हम जानते हैं। मन तो एक स्पंदन है, भावावेश है, वह इन भावावेशों और प्रतिक्रियाओं के पुलिंदे की ही उपज है, और इसीलिए यह जिस चीज़ को भी छू लेता है वह अवश्य ही दुख, क्लेश, भ्रांति और एक अंतहीन समस्या बन जाती है। मशीन की तरह दिन और रात, जाने या अनजाने लगातार कुछ न कुछ करता हुआ यह मन ही हमारी समस्याओं का प्रमुख कारण है। मन एक बिल्कुल सतही और ऊपरी चीज़ है, और न जाने कितनी पीढ़ियों से—और अपने पूरे जीवन में—हम इसी को पालते-पोसते और संजोते चले आए हैं, इसे और अधिक चतुर, अधिक चालाक, अधिक बारीक, अधिक से अधिक बेईमान, भ्रष्ट और कुटिल बनाते आए हैं—जो कि हमारे जीवन के हर कार्यकलाप से साफ़ झलकता भी है। हमारे मन का सहज स्वभाव ही बेईमान व भ्रष्ट, तथ्यों का सामना करने में असमर्थ हो गया है। और यही बात है जो समस्याएं पैदा कर रही है, यही असली मुद्दा है।

यौनाचार की समस्या से हमारा तात्पर्य क्या है? इसे करना या इसे करने के बारे में सोचना है? निश्चय ही, इसे करना कोई समस्या नहीं है। यौनाचार की क्रिया आपके लिए कोई समस्या नहीं है, वैसे ही जैसे खाना खाना आपके लिए कोई समस्या नहीं है, किंतु यदि आप खाने के बारे में ही सारा दिन सोचते रहेंगे, क्योंकि आपके पास सोचने के लिए कुछ और है ही नहीं, तब यह समस्या बन जाता है। तो क्या यौनाचार की क्रिया समस्या है, या उस क्रिया का विचार समस्या है? आप इसके बारे में सोचते क्यों हैं? आप इस सोच को इतना बढ़ावा

क्यों देते हैं? ये फ़िल्में, पत्रिकाएं, कहानियां, वह तौर-तरीका व रंग-ढंग जिसके अनुसार कपड़े पहने जाते हैं, हर एक चीज़ यौनाचार के आपके विचार को बढ़ावा दे रही है। यह आपके जीवन का केंद्रीय मुद्दा क्यों बन गया है? जहां इतने सारे मुद्दे आपको बुला रहे हों, आपकी तवज्जो चाह रहे हों, वहां आप अपना पूरा ध्यान, पूरी तवज्जो यौनाचार कं विचार को दे रहे हैं। आपका मन इसके विचारों से इतना भरा क्यों रहता है॑ क्योंकि यह परम पलायन का एक तरीका है। अपने आपको पूरी तरह भुला देने का एक तरीका है। उस समय, कुछ पलों के लिए तो, आप अपने आपको भुला ही सकते हैं—और, अपने आपको भुलाने का कोई और तरीका है भी तो नहीं। जीवन में इसके अलावा आप जो कुछ भी करते हैं वह आपके 'मैं' को, अहं को महत्त्व देता है। आपका कारोबार, आपका धर्म, आपके भगवान, आपके नेता, आपके राजनीतिक या आर्थिक क्रिया-कलाप, आपके पलायन, आपकी सामाजिक गतिविधियां, एक पार्टी को छोड़ देना और दूसरी में जा मिलना—यह सब 'मैं' को महत्त्व देता है, उसे सबल करता है। यानी, केवल यौनाचार की एक ऐसी क्रिया है जिसमें अहं को कोई महत्ता नहीं दी जाती है, अतः यह एक समस्या बन जाता है। जब आपके जीवन में केवल एक चीज़ ऐसी हो जो कि परम पलायन का, चंद पलों के लिए ही सही, लेकिन अपने आपको भुलाने का एकमात्र रास्ता हो, तब आप उससे लगे रहना चाहते हैं क्योंकि वे ही चंद घड़ियां होती हैं जब आप सुखमय रहते हैं। अन्य जो कोई भी मुद्दा आप हाथ में लेते हैं वह तो एक दुःस्वप्न बन जाता है, दुख-दर्द का कारण बन जाता है, अतः आप उस एक चीज़ में निमग्न रहना चाहते हैं जिसमें आप अपने आपको पूरी तरह भूल जाते हैं, जिसे आप सुख का नाम देते हैं। लेकिन जब आप इसमें निमग्न होने की सोचते हैं तब यह भी एक दुःस्वप्न बन जाता है, क्योंकि तब आप इससे बाहर निकलना चाहने लगते हैं, इसके गुलाम बने रहना नहीं चाहते हैं। फिर आप मन का सहारा लेते हैं और ब्रह्मचर्य, कौमार्य और पवित्रता जैसी चीज़ों का आविष्कार कर लेते हैं, और फिर आप दमन, वंचन, ध्यान आदि धार्मिक अभ्यासों का सहारा लेकर, यौनाचार से विरत रह कर पवित्र रहने का प्रयास करते हैं, किंतु ये सब चीज़ें अंततः मन को तथ्य से अलग और दूर रखने के अभियान सिद्ध होते हैं। पुनः यह सब उस अहं को एक खास तरह का बल देता है जो कुछ बनने का प्रयास कर रहा होता है, और इस तरह आप एक बार फिर पीड़ा में, परेशानी में और प्रयास के फेर में फंस जाते हैं।

इसलिए, जब तक आप उस मन को समझ नहीं लेते जो कि समस्या के

बारे में ही सोचता रहता है, तब तक यौनाचार असाधारण रूप से एक जटिल और कठिन समस्या बना रहेगा। इसका करना तो अपने आप में कोई समस्या नहीं है किंतु उस करने के बारे में सोचते रहना समस्या खड़ी करता है। आप उसे करने के पक्ष में चले जाते हैं और फिर या तो व्यभिचार में जीने लगते हैं या विवाह कर लेते हैं। निश्चित रूप से, यह समस्या तभी सुलझ सकती है जब आप 'मैं' और 'मेरे' की पूरी प्रक्रिया और संरचना को अर्थात् मेरी पत्नी, मेरा पति, मेरे बच्चे, मेरी संपत्ति, मेरी कार, मेरी उपलब्धियां, मेरी सफलताएं—इन सब को समझ लें, और जब तक आप इस सबको समझ नहीं लेते, इसका निराकरण नहीं कर लेते, तब तक यौनाचार एक समस्या बना रहेगा। जब तक आप महत्त्वाकांक्षी हैं—राजनीतिक, धार्मिक या किसी भी रूप से—जब तक आप खुद को, अपने अहं को, अपने अंदर के विचारक को, अनुभवकर्ता को महत्त्व दे रहे हैं—और वह भी कोई महत्त्वाकांक्षा पालते हुए, चाहे वह व्यक्ति के रूप में आपकी अपनी हो या देश, पार्टी या किसी ऐसी अवधारणा के नाम पर हो जिसे आप धर्म कहते हैं, या जब तक स्वयं को विस्तार देने की कोई भी गतिविधि आप कर रहे हों—तब तक आपको यौनाचार एक समस्या ही लगेगा।

निश्चय ही, एक तरफ़ तो आप स्वयं को बना रहे होते हैं, स्वयं में कुछ न कुछ भर रहे होते हैं, स्वयं का विस्तार करने में लगे होते हैं, लेकिन दूसरी तरफ़ आप स्वयं को भुलाने की और खो देने की कोशिश कर रहे होते हैं—भले ही वह कुछ पल के लिए ही हो। ये दोनों बातें साथ-साथ कैसे चल सकती हैं? इस प्रकार आपका जीवन विरोधाभास से भरा है : 'मैं' को महत्त्व देना, और 'मैं' को भूलना। यौनाचार कोई समस्या नहीं है; समस्या है—आपके जीवन का विरोधाभास, किंतु हमारा मन इस विरोधाभास से पार नहीं पा सकता क्योंकि वह तो स्वयं और साक्षात् विरोधाभास है। इस विरोधाभास को केवल तब समझा जा सकता है जब आप अपने दिन प्रतिदिन के जीवन को पूरी तरह समझ जाएं। सिनेमा देखने चले जाना, वे पुस्तकें पढ़ना जो कि विचारों को उछालने वाली होती हैं, वे पत्रिकाएं पढ़ना जो कि अधनंगी तस्वीरों से भरी होती हैं, वह तौर-तरीका जिससे आप दूसरों को देखते हैं, कनखियों से आपको देखतीं दूसरों की आंखें—ये सब वे बातें हैं जो मन द्वारा अहं को महत्ता दिए जाने के लिए उकसाती हैं, किंतु इस सबके साथ-साथ आप दयालु, स्नेही और सौम्य भी बने रहना चाहते हैं। ये दोनों अवस्थाएं साथ-साथ नहीं चल सकतीं।

जो व्यक्ति महत्त्वाकांक्षी है—चाहे आध्यात्मिक रूप से हो या किसी अन्य

रूप से—वह कभी समस्यारहित नहीं रह सकता, क्योंकि समस्या पर विराम तो लगता ही तब है जब अहं को भुला दिया जाए, जब 'मैं' का अस्तित्व ही न रहे; किंतु इस अहंरहित अवस्था को चाह कर नहीं पाया जा सकता है, यह कोई प्रतिक्रिया जैसी अवस्था नहीं होती है। यौनाचार एक प्रतिक्रिया बन जाता है, और जब मन इस समस्या का समाधान करना चाहता है तो वह समस्या को और भी उलझा देता है, और भी परेशान करने वाली बना देता है, और भी पीड़ाप्रद बना देता है। तो यह क्रिया कोई समस्या नहीं है, मन ही समस्या है—वह मन जो कहता रहता है कि उसे पवित्र-पुनीत रहना चाहिए। पवित्रता कोई मन की अवस्था नहीं होती। मन तो केवल अपनी हरकतों को दबा सकता है, ढक सकता है, किंतु ढकना-दबाना कोई पवित्रता नहीं है। पवित्रता कोई गुण नहीं होता, पवित्रता को उपजाया नहीं जा सकता। जो व्यक्ति विनम्रता को उपजाता है वह निश्चित रूप से विनम्र व्यक्ति नहीं है; वह अपने अहंकार को विनम्रता भले ही कह ले किंतु वह अहंकारी ही है, तभी तो वह विनम्र बनना चाह रहा होता है। अहंकार कभी विनम्रता नहीं बन सकता, और पवित्रता मन की अवस्था नहीं होती—आप पवित्र 'बन' नहीं सकते। पवित्रता को आप तभी जान पायेंगे जब आप में प्रेम हो, किंतु प्रेम का मन से कोई सरोकार नहीं होता, न ही यह मन की कोई चीज़ है।

अतः यौनाचार की यह समस्या जो कि सारे संसार को संतप्त किए रखती है, तब तक नहीं सुलझाई जा सकती जब तक कि मन को न समझ लिया जाए। हम विचार पर विराम नहीं लगा सकते किंतु विचार पर विराम तब स्वयं लग जाता है जब विचारक नहीं रहता, और विचारक का अंत केवल तब होता है जब यह पूरी प्रक्रिया समझ में आ जाती है। भय अस्तित्व में तब आता है जब विचारक और उसके विचार दो अलग चीज़ें रहती हैं, यदि कोई विचारक ही नहीं है तो विचारों का भी कोई द्वंद्व नहीं रहता। जो अंतर्निहित हो उसे समझे जाने का प्रयास करने की आवश्यकता नहीं रहती। विचारक तो विचार के आने पर अस्तित्व में आता है; और फिर विचारक विचारों को आकार देने, उन पर लगाम लगाने या उन पर विराम लगाने की जुगत में लग जाता है। विचारक तो एक काल्पनिक चीज़ है, मनगढ़ंत भ्रम। जब विचार का तथ्य समझ में आ जाता है तो फिर उस तथ्य के बारे में विचार करने की आवश्यकता नहीं रह जाती है। यदि आप में सरल, सहज और चयनरहित सजगता है तो फिर उस तथ्य में जो कुछ अंतर्निहित है वह अपने को स्वयं ही प्रकट करने लगता है। अतः तथ्य माना

जा रहा विचार विलुप्त हो जाता है। तब आप देखेंगे कि जो समस्याएं हमारे दिलोदिमाग को नोंचे जा रही हैं, जो समस्याएं हमारे सामाजिक ढांचे की हैं, उनका निराकरण हो सकता है। फिर यौनाचार कोई समस्या नहीं रह जाता, फिर वह अपने समुचित स्थान पर ही रहता है। तब यह न तो कोई गंदी चीज़ है और न ही कोई पवित्र चीज़।

यौनाचार का अपना एक स्थान है किंतु जब मन इसे अधिक प्रधानता और महत्ता का स्थान दे देता है तब यह एक समस्या बन जाता है। मन इसे प्रधानता व महत्ता का स्थान इसलिए दे देता है क्योंकि वह किसी न किसी सुख के बिना रह नहीं सकता है, और इसीलिए यौनाचार समस्या बन जाता है, किंतु मन जब इस सारी प्रक्रिया को समझ जाता है और इस समझ के कारण जब उसका अंत हो जाता है, अर्थात् जब विचार का अंत हो जाता है तब क्रिएशन, सृजनशीलता होती है और वह क्रिएशन ही हमें सुख और खुशी देने वाली होती है। सृजन की उस अवस्था में आना ही परम-आनंद है, क्योंकि यह एक ऐसी अहं-मुक्त अवस्था होती है जहां अहं से उत्पन्न होने वाली कोई प्रतिक्रिया नहीं रहती। यौनाचार की दिन-प्रतिदिन की समस्या का यह कोई गूढ़ या अव्यावहारिक उत्तर नहीं है, बल्कि यही इसका एकमेव उत्तर है। मन तो प्रेम को परे धकेलने का काम करता है किंतु प्रेम के बिना पवित्रता आ नहीं सकती। चूंकि आप में प्रेम नहीं है, आप यौनाचार को एक समस्या बना बैठते हैं।

प्रश्नकर्ता : जैसा कि हम प्रेम को जानते और महसूस करते हैं, यह दो जनों के बीच या किसी समूह के सदस्यों के बीच होने वाला *फ्यूज़न* है, संभाव है, यह सीमित होता है, बाकी सबको घेरे से बाहर कर देता है, और इसमें पीड़ा और आनंद—दोनों ही रहते हैं। जब आप कहते हैं कि प्रेम ही जीवन की समस्याओं का समाधान करने वाला है, तब आप उस शब्द को एक लक्ष्यार्थ दे रहे होते हैं—एक ऐसा विशेष अर्थ दे रहे होते हैं जिसकी अनुभूति हमें हुई ही नहीं है। क्या मुझ जैसा एक साधारण समझ का आदमी प्रेम को आपके अर्थ में कभी जान सकता है?

कृष्णमूर्ति : प्रेम को कोई भी जान सकता है किंतु आप इसे तभी जान सकते हैं जब आप तथ्यों को बिल्कुल स्पष्ट रूप से देख लेने की इतनी क्षमता पा जाएं कि आप उन्हें बिना किसी विरोध-प्रतिरोध के देख सकें, उसे सही या ग़लत सिद्ध किए बिना और उन पर कोई टीका-टिप्पणी किए बिना देख सकें—बस, बड़े ध्यान से उन्हें देख सकें, उनका साफ़-साफ़ और बारीकी से अवलोकन कर

सकें। आख़िर वह चीज़ है क्या जिसे हम प्रेम कहते हैं? प्रश्नकर्ता कह रहा है कि यह खुद को सीमा में बांध लेता है, और यह भी कि हम पीड़ा और आनंद दोनों का अनुभव करते हैं। क्या प्रेम अन्य सबसे अलगाव पैदा करता है? हम इसे तब देख पायेंगे जब हम यह अध्ययन करेंगे कि वह क्या है जिसे हम प्रेम कहते हैं, जिसे आम आदमी प्रेम कह देता है। आम आदमी जैसी कोई चीज़ नहीं होती। बस आदमी होता है, और वह आप और मैं ही तो हैं। आम आदमी तो एक काल्पनिक व्यक्ति है जिसकी ईजाद राजनेताओं ने की है। संसार में तो बस आदमी रहता है और वह आदमी आप और मैं ही हैं जो कि दुख में हैं, पीड़ा में हैं, व्यग्रता और भय में हैं।

आपका जीवन क्या है? यह जानने के लिए कि प्रेम क्या है, हम उसी से शुरू करें जिसे हम जानते हैं। जिसे हम प्रेम कहते हैं वह क्या है? पीड़ा और सुख में रहते हुए हम जानते हैं कि यह सीमित होता है, व्यक्तिगत होता है : मेरी पत्नी, मेरे बच्चे, मेरा देश, मेरा भगवान। इसे हम धुएं के बीच लपट की तरह देखते हैं, हम इसे ईर्ष्या के चलते, हावी होने के संस्कार के चलते, मालिकाना भाव के चलते, किसी के न रहने पर उसके खो जाने के एहसास के चलते ही तो जानते हैं। इस प्रकार हम प्रेम को एक सनसनाहट के रूप में जानते हैं, क्या ऐसा नहीं है? जब मैं कहता हूं कि मैं प्रेम करता हूं, तब मैं ईर्ष्या को, भय को, व्यग्रता को जानने की बात कर रहा होता हूं। जब आप कहते हैं कि आप अमुक को प्रेम करते हैं तब आपके इस कथन में जो कुछ शामिल रहता है वह है : ईर्ष्या, उसे कब्ज़ा लेने की इच्छा, उसे अपना बना लेने की इच्छा, उस पर अपना प्रभुत्व बनाए रखने की इच्छा, उसके खो जाने का भय, इत्यादि। इस सबको ही तो हम प्रेम कह देते हैं। बिना भय वले, बिना ईर्ष्या वाले, बिना कब्ज़े वाले प्रेम को तो हम जानते ही नहीं। प्रेम की उस अवस्था की हम केवल बातें ही करते हैं जिसमें भय न हो; उसे हम निर्वैयक्तिक, निर्मल, दिव्य और न जाने क्या-क्या नाम दे देते हैं, किंतु तथ्य यही है कि हम ईर्ष्यालु हैं, हम मालिकाना भाव रखते हैं, उस पर हावी रहते हैं। प्रेम की उस अवस्था को हम केवल तभी जान सकते हैं जब हममें ईर्ष्या, डाह, कब्ज़े में रखने का, हावी रहने का भाव समाप्त हो जाता है। जब तक हम किसी को अपने अधिकार में, अपने कब्ज़े में रखेंगे, तब तक हम उसे कभी प्रेम नहीं कर सकेंगे।

ईर्ष्या करना, अपने अधिकार में रखना, घृणा करना, *मेरा* या *अपना* कहे जाने वाले व्यक्ति पर या वस्तु पर हावी रहना, उस पर अपना प्रभुत्व प्रदर्शन

करना, उसे अपने अधीन रखने या उसके अधीन रहने की इच्छा करना—ये सब विचार की करतूतें है, ये सब विचार के ही प्रपंच हैं, नहीं क्या? किंतु, प्रेम क्या विचार की प्रक्रिया है? क्या प्रेम मन का मामला है? वास्तव में हम में से अधिकतर तो ऐसा ही मानते हैं। यह मत कहिए कि ऐसा नहीं है, ऐसा कहना सच बिल्कुल नहीं होगा। इस तथ्य को मत नकारिए कि आपका प्रेम मन का ही मामला है। यही तथ्य है, ऐसा न होता तो जिसे आप प्रेम करते हैं उसे अपने अधिकार में, अपने कब्ज़े में न रखते, उस पर अपना प्रभुत्व न जमाते, आप यह न कहते, 'यह मेरा है' या 'मेरी है'। चूंकि आप ऐसा करते हैं अतः आपका प्रेम मन का ही मामला रहता है, और इस तरह प्रेम आपके लिए विचार की प्रक्रिया ही बना रहता है। आप उस व्यक्ति के बारे में सोच तो सकते हैं जिसे आप प्रेम करते हैं, किंतु यह तो उस व्यक्ति के बारे में सोचना हुआ जिसे आप प्रेम करते हैं। जिसे आप प्रेम करते हैं उसके बारे में आप कब सोचते हैं? उसके बारे में आप तभी सोचते हैं जब वह चला गया होता है या चली गई होती है, जब वह आपके साथ न हो, जब वह आपको छोड़ जाए। किंतु जब वह आपको व्यथित न कर रही हो, जब आप कह सकते हों 'वह मेरी है' तब आपको उसके बारे में सोचना नहीं पड़ता, जैसे कि आपको अपने फ़र्नीचर के बारे में सोचना नहीं पड़ता, क्योंकि वह आप ही का एक हिस्सा हो गया है—यही है तादात्म्य कर लेने की प्रक्रिया ताकि आपको कोई हैरानी-परेशानी न हो, ताकि आप किसी असुविधा में, किसी व्यग्रता या कष्ट में न रहें। तो जिसे आप कहते हैं कि आप प्रेम करते हैं, उसकी कमी आप तभी महसूस करते हैं जब आप उसके न होने से परेशानी महसूस कर रहे होते हैं, कष्ट महसूस कर रहे होते हैं, किंतु जब तक वह आपके अधिकार और कब्ज़े में रहता है तब तक आपको उसके बारे में सोचना ही नहीं पड़ता क्योंकि अपने अधिकार व कब्ज़े में उसके रहते आपको कोई हैरानी-परेशानी नहीं होती। किंतु, जब उस अधिकार में, उस कब्ज़े में कोई विघ्न-बाधा आती है तब आप सोचने लगते हैं और कहते हैं, 'मैं उसे प्रेम करता हूं'। तो, आपका प्रेम मन की प्रतिक्रिया मात्र ही तो है, अर्थात् आपका प्रेम केवल एक विक्षोभ है, मनोवेग है और विक्षोभ या मनोवेग निश्चय ही प्रेम नहीं होता। क्या उस व्यक्ति के बारे में आप तब भी सोचते हैं जब वह आपके सान्निध्य में हो? जब आप उसे अपने अधिकार में, अपने कब्ज़े में, अपने नियंत्रण में, अपने प्रभुत्व में रखते हैं, जब आप यह कहते हैं 'यह मेरी है' या 'यह मेरा है', तब कोई समस्या नहीं रहती। और, समाज और वह तमाम तामझाम जो आपने अपने चारों तरफ़ रच लिया

है, वह इस अधिकार भाव को, प्रभुत्वता के इस भाव को बनाए रखने में मदद करता है ताकि आपको कोई परेशानी न हो, ताकि आपको इस बारे में सोचना न पड़े। सोचना तभी होता है जब आप परेशानी महसूस करते हैं—और आप परेशानी में तब तक पड़ते ही रहेंगे जब तक आपकी सोच वह रहती है जिसे आप प्रेम कहते हैं।

निश्चय ही, प्रेम मन का मामला नहीं है। ऐसा इसलिए कि मन की चीज़ें हमारे हृदय में इतनी भर गई हैं कि हम में प्रेम रहा ही नहीं है। मन की चीज़ें होती हैं—ईर्ष्या, डाह, स्पर्धा, महत्त्वाकांक्षा, कुछ बनने की ललक, किसी उपलब्धि की लालसा। ये चीज़ें आपके मन में घर कर लेती हैं और फिर आप कहते हैं कि आप प्रेम करते हैं; किंतु जब तक मरीचिकामयी ये तमाम तत्त्व आपके अंदर डेरा डाले बैठे हैं तब तक आप प्रेम कर कैसे सकते हैं? जब तक धुआं रहेगा तब तक स्वच्छ और निरभ्र लौ कैसे हो सकती है? प्रेम मन के अंतर्गत रहने वाली चीज़ नहीं है, किंतु प्रेम ही वह चीज़ है जो हमारी सारी समस्याओं का समाधान है। प्रेम मन के अंतर्गत नहीं रहता, और जो व्यक्ति पैसा और ज्ञान बटोरने में लगा रहता है वह तो जान ही नहीं सकता कि प्रेम होता क्या है क्योंकि वह तो बस मन के असबाब के साथ जी रहा होता है, उसके सारे कार्यकलाप मन की ही उपज होते हैं। अतः वह जो भी चीज़ हाथ में लेता है वह उसे समस्या बना देता है, भ्रम और दुख-तकलीफ़ ही बना देता है।

तो जिसे हम अपना प्रेम कहा करते हैं वह तो मन का ही मामला होता है। आप स्वयं को देखिए और आप पायेंगे कि जो मैं कह रहा हूं वह सच है, अन्यथा तो हमारा जीवन, हमारा दांपत्य जीवन और हमारे संबंध कुछ और ही हुए होते, हमारा समाज एक भिन्न समाज हुआ होता। हम एक दूसरे को बांधते हैं, एकाकार होकर नहीं, घुल-मिल कर भी नहीं, बल्कि अनुबंध द्वारा, करार द्वारा, शर्तों द्वारा—और इसी को हम प्रेम कहते हैं, विवाह कहते हैं। प्रेम कभी सामंजस्य बिठाने का काम नहीं करता—वह न तो वैयक्तिक होता है और न ही निर्वैयक्तिक; वह तो मन की एक अवस्था है। जो कोई अपने से किसी विशालतर में विगलित हो जाना चाहता है, किसी दूसरे से स्वयं को बांध लेना चाहता है, वह तो दुख, दुर्दशा और दुविधा से बच रहा होता है, किंतु मन तब भी अलग-थलग ही रह रहा होता है, यानी विच्छेदन-विखंडन ही कर रहा होता है। प्रेम न तो विगलित होना जानता है और न ही विस्तारित होना, वह न तो वैयक्तिक होता है और न ही निर्वैयक्तिक, वह तो आपके होने की वह अवस्था है जिसे मन नहीं पा

सकता, मन इसका वर्णन तो कर सकता है, इसे कोई नाम भी दे सकता है, किंतु वह वर्णन, वह नाम प्रेम नहीं होता।

मन जब शांत हो तभी वह प्रेम को जान सकता है, किंतु वह अवस्था कोई ऐसी चीज़ नहीं है जिसे उपजाया या पैदा किया जा सकता हो। उपजाना भी मन का ही तो काम रहता है, और अनुशासन करना भी मन का ही काम रहता है, किंतु जो मन अनुशासनबद्ध हो, नियंत्रणबद्ध हो, किसी के अधीन या वशीभूत हो, जो विरोध-प्रतिरोध कर रहा हो, व्याख्या या टीका-टिप्पणी कर रहा हो, वह प्रेम को नहीं जान सकता। प्रेम के बारे में आप पढ़ सकते हैं, प्रेम के बारे में जो कहा जा रहा हो उसे सुन सकते हैं किंतु वह प्रेम नहीं होता। जब आप मन के तामझाम को निकाल कर फेंक दें, जब आपका हृदय मन की बातों से खाली हो जाए, केवल तभी आप में प्रेम आ सकता है। तभी आप जान पायेंगे कि अलग हुए बिना, दूरी के बिना, समय में जाए बिना और भय के आए बिना, प्रेम क्या होता है—और यह कुछ गिने-चुनों के लिए आरक्षित भी नहीं रहता है। प्रेम कम-अधिक की मात्रा को या ऊपर-नीचे की अवस्था भी नहीं जानता है, प्रेम तो बस होता है। प्रेम अनेक से होना या किसी एक से होना तथा किसी और से न होना—यह सब तो केवल तब होता है जब आप सचमुच प्रेम नहीं कर रहे होते हैं। जब आप प्रेम करते हैं तब न तो 'आप' रहते हैं और न ही 'मैं'। वह तो ऐसी अवस्था होती है जिसमें रह जाती है केवल लौ—धुआँरहित लौ

बंबई,
12 मार्च 1950

भय से छुटकारा

प्रश्नकर्ता : मैं भय से कैसे छुटकारा पाऊं जो कि मेरे सारे कार्यकलापों को प्रभावित कर रहा है?

कृष्णमूर्ति : यह एक बहुत जटिल प्रश्न है और इसके लिए भरपूर ध्यान की आवश्यकता है। और, यदि हम एक-एक कदम साथ चलते हुए इसकी पूरी तरह छानबीन नहीं कर पाए, इसे पूरी तरह समझ नहीं पाए तो इस परिचर्चा के छोर तक पहुंचते-पहुंचते इससे छुटकारा नहीं पा सकेंगे।

भय से हमारा तात्पर्य क्या है? भय काहे का? भय अनेक तरह के होते हैं किंतु यहां हर एक का विश्लेषण करने की हमें आवश्यकता नहीं है। फिर भी, हम देख सकते हैं कि भय हम में तब प्रवेश कर जाता है जब संबंध की हमारी समझ अधकचरी रहती है। संबंध केवल लोगों के बीच ही नहीं होता बल्कि हमारे और प्रकृति के बीच, हमारे और संपत्ति के बीच, हमारे और अवधारणाओं के बीच भी होता है, और जब तक यह संबंध पूरी तरह समझ नहीं लिया जाता है तब तक भय बना ही रहता है। जीवन संबंध ही तो है। हमारे होने का अर्थ ही है—संबंधमय होना। बिना संबंध के जीवन है ही नहीं। अलगाव में, अलग-थलग रहने में कोई जीवित नहीं रह सकता, और मन जब तक अलगाव की तलाश में रहेगा तब तक उसमें भय रहेगा ही। इस प्रकार, भय का अपना कोई अस्तित्व नहीं होता बल्कि वह हमेशा ही किसी न किसी चीज़ से जुड़कर रहता है।

अब प्रश्न यह है कि भय से छुटकारा कैसे पाया जाए। पहली बात तो यह है कि जिस चीज़ पर काबू किया जाता है उसे काबू में बनाए रखने का हमें निरंतर प्रयास करना पड़ता है। किसी भी समस्या पर काबू पा लेना या जीत हासिल कर लेना स्थाई रूप से संभव नहीं हो सकता। समस्या को समझा तो जा सकता है किंतु उसे जीता नहीं जा सकता। ये दोनों बिल्कुल भिन्न प्रक्रियाएं

हैं, और समस्या पर काबू करना तो और भी गड़बड़ी व खलबली पैदा करता है, और भी भय पैदा करता है।

किसी समस्या की रोकथाम करना, उसकी नकेल कसना, उससे भिड़ जाना, या उसके विरुद्ध सुरक्षा खड़ी कर लेना—यह तो द्वंद्व को और भी बढ़ाना है। जब कि हम यदि भय को समझ सकें, इसमें कदम-कदम जाते हुए इसके छोर तक पहुंच सकें, इसमें जो कुछ है उसे खंगाल सकें, तो भय फिर कभी भी और किसी भी रूप में लौट कर नहीं आयेगा—और आशा करता हूं कि हम यहां यह कर सकते हैं।

जैसा कि मैंने कहा, भय का अपना कोई अस्तित्व नहीं होता, यह केवल किसी चीज़ से जुड़ कर रहता है। भय से आख़िर हमारा तात्पर्य क्या है? अंततोगत्वा तो हम न रहने से डरते हैं, कुछ न बन पाने से डरते हैं। तो जब न रह जाने का भय होता है, आगे न बढ़ पाने का भय होता है, या अज्ञात का भय, मृत्यु का भय होता है, तब क्या कोई दृढ़ संकल्प करके, कोई निष्कर्ष निकाल करके या उसे पसंद-नापसंद करके उस भय पर काबू पाया जा सकता है? बिल्कुल भी नहीं। केवल दमन करना, उसे अलौकिक बना देना या उसके बदले कुछ और रख देना तो विरोध-प्रतिरोध को ही बढ़ाता है। तो, भय को किसी भी तरह के नियम-धरम द्वारा, किसी भी तरह के रोध-प्रतिरोध द्वारा काबू में नहीं किया जा सकता। न ही, भय का कोई जवाब ढूंढ़ लेने या उसकी केवल बौद्धिक या शाब्दिक व्याख्या कर लेने भर से इससे मुक्त हुआ जा सकता है।

आख़िर हम डरते किस बात से हैं? क्या हम तथ्य से डरते हैं या फिर उस तथ्य के बारे में बनी हुई धारणा से डरते हैं? इस बिंदु पर ध्यान दीजिए। क्या हम किसी चीज़ के यथावत स्वरूप से डरते हैं, या उसके बारे में जो हम सोच लेते हैं उससे डरते हैं? उदाहरण के लिए, मृत्यु को ही लीजिए। क्या हम मृत्यु से डरते हैं या मृत्यु के विचार से डरते हैं? तथ्य एक चीज़ है और उस तथ्य के बारे में विचार एक अलग चीज़ है। क्या मैं 'मृत्यु' शब्द से डरता हूं या इसके तथ्य से? चूंकि मैं इस शब्द से ही, इसकी अवधारणा से ही डरता हूं अतः मैं तथ्य को समझता ही नहीं, मैं तथ्य की ओर देखता तक नहीं, मैं उससे कभी कोई सीधा संबंध रखता ही नहीं। कोई भय न हो, ऐसा केवल तभी होता है जब तथ्य से हमारा सीधा-सीधा *कम्यूनियन* हो जाए। किंतु यदि तथ्य से मेरा सीधा रिश्ता कायम नहीं रहता तो भय आ जाता है। और, तथ्य से सीधा रिश्ता तब तक कायम नहीं हो सकता जब तक उस तथ्य के बारे में मुझमें कोई अवधारणा

रहती है, कोई राय रहती है, कोई सिद्धांत रहता है। तो मुझे यह बात स्पष्ट हो जानी चाहिए कि मैं शब्द से डर रहा हूं, आवधारणा से डर रहा हूं या फिर तथ्य से डर रहा हूं। मैं यदि तथ्य को प्रत्यक्षतः देख लेता हूं तो फिर उसे समझने जैसी कोई बात शेष नहीं रह जाती, तथ्य तब साक्षात् मेरे सामने होता है और मैं उससे निपट सकता हूं। किंतु यदि मैं शब्द ने भयभीत हूं, तब मुझे उस शब्द को समझना होगा, गहरे में जाना होगा कि वह शब्द अपने आप में क्या-क्या अर्थ समाए हुए है।

उदाहरण के लिए, कोई अकेलेपन से डरता है, कोई दर्द से डरता है, कोई अकेलेपन की पीड़ा से डरता है। तो निश्चित रूप से उस डर का वजूद इसलिए है क्योंकि उस व्यक्ति ने अकेलेपन को वास्तव में नज़र भर कर के देखा ही नहीं है, अकेलेपन के साथ संस्पर्श में वह कभी रहा ही नहीं है। यदि वह अकेलेपन के तथ्य को खुल कर देख ले तो वह जान जायेगा कि अकेलापन होता क्या है, किंतु उसके पास तो अकेलेपन के बारे में प्राप्त हुए ज्ञान पर आधारित कोई राय, कोई अवधारणा ही रहती है, और उसकी यही राय, यही अवधारणा, तथ्य के बारे में प्राप्त वही ज्ञान ही वह चीज़ है जो भय को पैदा कर रही होती है। तो कोई नाम दे देने का, किन्हीं शब्दों में बांध देने का, उस तथ्य को बताने हेतु कोई प्रतीक बना लेने का ही परिणाम होता है—भय, अर्थात् उस शब्द से स्वतंत्र और अलग वह कुछ नहीं है।

मान लीजिए कि अकेलेपन के लिए मुझमें एक प्रतिक्रिया होती है, यानी मैं कहता हूं कि कुछ न रह जाने से मुझे डर लगता है। तो क्या मैं सचमुच तथ्य से भयभीत हूं या यह भय इसलिए जाग उठा है क्योंकि उस तथ्य के बारे में मुझे पहले से कोई जानकारी है—शब्द के रूप में, प्रतीक के रूप में या फिर छवि के रूप में? किसी तथ्य का भला कोई डर हो कैसे सकता है? जब मैं किसी तथ्य के रू-ब-रू हो रहा होता हूं तब मैं उसके संपर्क-संस्पर्श में होता हूं, उसे देख सकता हूं, उसका अवलोकन कर सकता हूं; और इसलिए वहां तथ्य का कोई भय नहीं रहता। जो चीज़ भय पैदा करती है वह है—तथ्य के बारे में मेरी जानकारी, मेरी आशंका कि तथ्य ऐसा-ऐसा हो सकता है।

तो, यह तो तथ्य के बारे में मेरी राय, मेरी अवधारणा, मेरा अनुभव, मेरा ज्ञान ही है जो भय को जन्म दे रहा है। जब तक तथ्य को शब्दों के आवरण में लपेटे रखा जायेगा—उसे कोई नाम देकर उसकी कोई पहचान बना दी जायेगी या उसका तिरस्कार कर दिया जायेगा—जब तक विचार एक अवलोकनकर्ता बन कर उस तथ्य के बारे में अपने निर्णय सुनाता रहेगा, और भय तब तक बना

ही रहेगा। विचार अतीत की उपज होता है; वह केवल शब्दों, प्रतीकों, छवियों और धारणाओं में अपना अस्तित्व रखता है, और विचार जब तक तथ्य को बड़ा करके देख रहा है या उसका रूपांतरण किए दे रहा है, तब तक भय तो रहेगा ही।

तो यह मन यानी विचार-प्रक्रिया ही है जो भय उत्पन्न करती है। विचार-प्रक्रिया दरअसल शब्दों का प्रपंच है। आप शब्दों के बिना, प्रतीकों, छवियों और धारणाओं के बिना सोच ही नहीं सकते। ये छवियां, ये धारणाएं कुछ और नहीं बल्कि मन के पूर्वाग्रहों, प्राप्त जानकारियों और आशंकाओं का ही रूप-स्वरूप होती हैं, और ये छवियां, ये धारणाएं ही जब आगे बढ़ कर तथ्य को ढक देती हैं तब भय पैदा हो जाता है। भय से मुक्ति तभी मिलती है जब मन तथ्य को कोई अर्थ दिए बिना, कोई नाम दिए बिना और कोई *लेबल* दिए बिना ही देखने में सक्षम हो जाता है। यह एक कठिन काम है क्योंकि ज्यों ही कोई एहसास, कोई प्रतिक्रिया, कोई चिंताकुलता हम में उठती है, त्यों ही मन उससे तादात्म्यता कर लेता है और उसे कोई नाम दे डालता है। ईर्ष्या की भावना का 'ईर्ष्या' शब्द के साथ तादात्म्य कर दिया गया है। तो, क्या यह संभव है कि हम किसी भावना का उसके नाम के साथ तादात्म्य न करें, उस भावना को, उस एहसास को कोई नाम दिए बिना ही उसे बस ध्यानपूर्वक देखें? किसी भावना या एहसास का नामकरण कर देने से उसमें निरंतरता आ जाती है, नामकरण उसे सबलता प्रदान कर देता है। भय की भावना को जब आप भय कह देते हैं तो उसे आप सबल कर देते हैं, लेकिन यदि आप उसे कोई नाम दिए बिना उसे ध्यानपूर्वक बस देखें तो वह आपके देखते ही देखते ग़ायब हो जायेगा। अतः यदि कोई भय से पूरी तरह मुक्त होना चाहता है तो उसके लिए यह आवश्यक हो जाता है कि वह किसी भावना को कोई पहचान दे देने के, प्रतीकों, छवियों और धारणाओं से उस भावना को ढक देने के और तथ्यों का नामकरण कर देने के इस पूरे प्रपंच को समझे। यानी, भय से मुक्ति तभी मिल सकती है जब हम स्वयं को जान लें, हम में आत्म-ज्ञान हो, स्वबोध हो। स्वबोध ही प्रज्ञा का आरंभ है, और प्रज्ञा का आरंभ ही भय का अंत है।

प्रश्नकर्ता : मैं यौनेच्छा से सदा-सदा के लिए छुटकारा कैसे पा सकता हूं?

कृष्णमूर्ति : किसी इच्छा से हम सदा-सदा के लिए छुटकारा पाना चाहते क्यों हैं? आप यौनेच्छा से छुटकारा चाह रहे हैं, कोई मोह या आसक्ति से छुटकारा चाहता है, और कोई किसी और से। किसी इच्छा से हम सदा-सर्वदा के लिए

छुटकारा पाना क्यों चाहते हैं? क्योंकि वह इच्छा-विशेष हमें परेशान किए रहती है और हम परेशान रहना चाहते नहीं हैं। सार रूप में हमारी सारी सोच यही तो रहती है, है न? यानी हम अपने में सिमट कर रहना चाहते हैं, ताकि कोई परेशानी हमें न सताए। किंतु विलग अवस्था में तो कोई जी ही नहीं सकता। ईश्वर की चाहत और तलाश की धुन में रहने वाला तथाकथित धार्मिक व्यक्ति वास्तव में तो पूरा अलगाव ही चाह रहा होता है जिसमें कि उसे कभी उद्विग्नता या परेशानी का मुंह न देखना पड़े, किंतु ऐसा व्यक्ति वास्तव में धार्मिक नहीं होता। वास्तव में, धार्मिक वे लोग हैं जो संबंध को पूरी-पूरी तरह समझते हैं और इसीलिए उनमें न कोई समस्या शेष रह जाती है और न कोई द्वंद्व ही शेष रहता है। ऐसा नहीं है कि उन्हें उद्विग्नता का, परेशानी का सामना नहीं करना पड़ता, किंतु चूंकि वे कोई नियमबद्धता या निश्चितता की तलाश में नहीं रहते हैं, वे उद्विग्नता व परेशानी को समझते हैं, और इसीलिए वे सुरक्षा की इच्छा द्वारा रचे गए किसी खोल में बंद होने के जुगत में नहीं लगे रहते।

इस प्रश्न को अच्छी तरह समझ लेने की आवश्यकता है क्योंकि हम चर्चा कर रहे हैं संवेदन पर, सनसनी पर जो कि विचार ही है। अधिकतर लोगों के लिए यौनाचार एक अत्यधिक महत्त्वपूर्ण समस्या बन गया है। ठहरी हुई ज़िंदगी जीने, भयभीत होने, अपने ही खोल में बंद रहने और हर तरफ़ से स्वयं को कटा-कटा रखने के कारण, लोगों के लिए यौनाचार ही एक ऐसी चीज़ रह गई है जिसके माध्यम से वे स्वयं को उन्मुक्त अनुभव कर सकते हैं, एक ऐसी क्रिया जिसमें अहं कुछ पल के लिए तो तिरोहित हो ही जाता है। अहंरहितता वाली चंद लम्हों की उस अवस्था में, जिसमें कि अहं, यह 'मैं' अपनी तमाम उलझनों, भ्रांतियों और चिंताओं सहित नदारद रहता है; खुशी का, सुख का एहसास होता है। अहं को भूल जाने से शांति और चैन का भाव अवतरित हो जाता है, और चूंकि धार्मिक रूप से, आर्थिक रूप से, बल्कि कहें तो हर तरह से हम लोग सृजनहीन हैं, अनक्रिएटिव हैं, अतः यौनाचार हम पर पूरी तरह छा जाने वाली महत्त्वपूर्ण समस्या बन जाता है। अपने दैनिक जीवन में हम ग्रामोफ़ोन रिकार्ड की तरह हो गए हैं, हम उन्हीं जुम्लों को दोहराते रहते हैं जो हमने रट लिए हैं, धार्मिक रूप से हम स्वचालित मशीन बन गए हैं—पुजारी, पादरी, मौलवी के पीछे यंत्रवत चलते हुए; आर्थिक और सामाजिक रूप से हम चारों ओर के परिवेश द्वारा बंधे हुए और जकड़े हुए हैं। क्या इनमें से किसी में भी हमें उन्मुक्त होकर सांस लेने का मौका मिलता है? कभी नहीं; और जहां चैन की सांस नहीं मिलती वहां खिन्नता का

वास रहता है। इसीलिए यौनाचार जिसमें मुक्त-उन्मुक्त होने का भाव रहता है हम में से अधिकतर के लिए भारी समस्या बन गया है। किंतु समाज इसे विज्ञापनों, पत्रिकाओं, सिनेमाओं द्वारा और अन्य तरह से भी प्रोत्साहित करता रहता है, उकसाता रहता है, उभाड़ता रहता है।

मन, जो कि इन सब चीज़ों का परिणाम ही है, सनसनाहट का केंद्र ही है, यौनाचार को जब तक अहं से रिहा होने के साधन के रूप में देखता रहेगा, तब तक यौनाचार निश्चित ही समस्या बना रहेगा, और यह समस्या तब तक जारी रहेगी जब तक कि हम किसी एक दिशा में नहीं बल्कि हर पहलू से और पूरी तरह से सृजनशील नहीं हो जाते। सृजनशील होने का सनसनाहट से कोई लेना-देना नहीं होता। यौनाचार तो मन की चीज़ है, किंतु सृजन मन की चीज़ नहीं है। रचनात्मकता कभी भी मन की, विचार की उपज नहीं होता, और इस अर्थ में यौनाचार जो कि वैचारिक सनसनाहट ही है कभी रचनात्मक नहीं हो सकता। यौनाचार बच्चे पैदा कर सकता है, किंतु वह तो सृजनशील होना नहीं है। अहं से रिहाई के लिए जब तक हम वैचारिक सनसनाहट पर या किसी भी प्रकार की उत्तेजना या उद्दीपन पर निर्भर रहेंगे तब तक हममें खिन्नता अवश्य रहेगी क्योंकि तब मन यह जानने-समझने में अक्षम हो जाता है कि *सृजनात्मकता* क्या होती है।

किसी नियम-धरम में या किसी निषेध में स्वयं को बांध लेने से, सामाजिक फ़रमान-फ़तवे जारी करने या इसे दंडनीय घोषित कर देने से इस समस्या का निराकरण नहीं हो सकता। इसका निराकरण तभी हो सकता है जब हम इस मन के पूरे प्रपंच को, इसकी पूरी प्रक्रिया को समझ लेंगे क्योंकि यह मन ही तो है जो कामुक है। मन द्वारा निर्मित छवियां, ललित कल्पनाएं, तरंगें और तस्वीरें ही तो हैं जो इसे कामुक हो उठने के लिए उकसाती और उत्तेजित करती हैं, और मन चूंकि इंद्रियों की सनसनाहट का पुतला है अतः यह केवल अधिक से अधिक विषयासक्ति की ओर ही जा सकता है। ऐसा मन कभी रचनात्मक नहीं हो सकता क्योंकि रचनात्मकता ऐंद्रिक सनसनाहट नहीं है। जब मन किसी भी प्रकार का उद्दीपन, किसी भी प्रकार की उत्तेजना न चाह रहा हो—न भीतरी, न बाहरी—केवल तभी वह पूरी तरह शांत और स्वतंत्र रह सकता है, और उस स्वतंत्रता में ही रचनात्मकता संभव होती है। यौनाचार को हमने एक अभद्र और भद्दी चीज़ बना डाला है क्योंकि हमारे पास ले-देकर बस यही अकेली निजी ऐंद्रिक सनसनाहट है; अन्य ऐंद्रिक सनसनाहटें तो सार्वजनिक हैं, खुली हैं। किंतु, जब तक हम इस

सनसनाहट को अहं से रिहाई पाने का ज़रिया बनाए रखेंगे तब तक यह हमारी समस्याओं को, हमारे भ्रम और परेशानियों को बढ़ाती ही रहेगी क्योंकि राहत या रिहाई कभी किसी परिणाम को चाहने के ज़रिए नहीं पाई जा सकती।

प्रश्नकर्ता यौनेच्छा का सदा-सदा के लिए ख़ात्मा कर देना चाहता है क्योंकि उसने यह अवधारणा पाल ली है कि तब वह उस अवस्था को पा लेगा जिसमें कि सारी उद्विग्नताएं, सारी परेशानियां ग़ायब हो जाएंगी, इसीलिए तो वह यह चाह रहा है, इसके लिए बेताब हो रहा है। उस अवस्था के लिए उसकी यह बेताबी ही उसे मन के प्रपंच और प्रक्रिया को समझने के लिए स्वतंत्र होने से रोक दे रही है। मन जब तक किसी ऐसी स्थाई अवस्था की जुगत में रहता है जिसमें उसे किसी तरह की कोई उद्विग्नता व परेशानी न रहे, तब तक वह बंद-बंद रहता है, और ऐसे में वह कभी रचनात्मक नहीं हो सकता। मन जब कुछ बनने की, कोई परिणाम पा लेने की लालसा से मुक्त हो जाता है, और इसी के फलस्वरूप भय से भी मुक्त हो जाता है, तभी वह नितांत शांत हो पाता है। केवल तभी उस सृजन की संभावना बनती है जो वास्तविकता है, असलीयत है।

प्रश्नकर्ता : मुझे कभी प्रेम नहीं मिला है किंतु मैं चाहता हूं कि कोई मुझे प्रेम करे क्योंकि इसके बिना जीवन का कोई अर्थ नहीं रह गया है। मैं अपनी इस चाहना को कैसे पूरा कर सकता हूं?

कृष्णमूर्ति : मैं आशा करता हूं कि आप केवल शब्दों को नहीं सुन रहे हैं, क्योंकि ऐसा होने पर वे एक और मन बहलाव का यानी समय बेकार करने का कारण बन जाएंगे। लेकिन जिस मुद्दे पर हम चर्चा कर रहे हैं, यदि आप उसे सचमुच महसूस करते चल रहे हैं तब यह सब बहुत सार्थक हो जाता है; क्योंकि आप शब्दों का अर्थ अपने सचेतन मन से भले ही समझते चलें, किंतु जो कहा जा रहा है उसे यदि आप महसूस भी करते चलें तब आपका अवचेतन भी आकर इसमें सहभागी बन जाता है। यदि अवचेतन मन को आप एक अवसर दे दें तो जो कुछ उसमें है उस सबको वह आपके सामने प्रकट कर देगा, और इस प्रकार हम स्वयं को पूरी तरह समझ पायेंगे। तो मैं उम्मीद करता हूं कि आप इस वार्ता को केवल सुन ही नहीं रहे हैं बल्कि जो कुछ यहां चल रहा है उसे सचमुच अनुभूत भी करते चल रहे हैं।

प्रश्नकर्ता जानना चाहता है कि प्रेम कैसे किया जाए और प्रेम कैसे पाया जाए? क्या यही हाल हम सबका भी नहीं है? हम सब भी तो यही चाहते हैं—प्रेम पाना और प्रेम करना। इस बारे में हम लंबी-चौड़ी बातें करते रहते हैं। सारे धर्म

और सारे उपदेशक इसी की चर्चा किया करते हैं। आइए देखें कि प्रेम से हमारा तात्पर्य क्या है?

प्रेम क्या ऐंद्रिक अनुभूति है? प्रेम क्या मन का कोई मामला है? क्या आप प्रेम के बारे में सोच सकते हैं? आप अपने प्रेम-पात्र के बारे में तो सोच सकते हैं किंतु आप प्रेम के बारे में नहीं सोच सकते, या सोच सकते हैं? मैं उस व्यक्ति के बारे में तो सोच सकता हूं जिसे मैं प्रेम करता हूं, उस व्यक्ति के बारे में कोई तस्वीर, कोई छवि, कोई धारणा अपने मन में संजोए रख सकता हूं, और उसके साथ अपने संबंध की अनुभूतियों और स्मृतियों को पाल सकता हूं। किंतु, क्या प्रेम अनुभूति है, एहसास है, स्मृति है? जब मैं यह कहता हूं, 'मैं प्रेम करना चाहता हूं, प्रेम पाना चाहता हूं,' तब क्या यह मात्र एक विचार नहीं होता है, मन का ही प्रतिबिंब नहीं होता है? क्या विचार प्रेम होता है? हम मानते हैं कि विचार प्रेम होता है, है न? हमारे लिए प्रेम अनुभूति होता है, इंद्रियों से महसूस होने वाला एहसास होता है यह। इसीलिए तो हम उन लोगों की तस्वीरें अपने पास रखते हैं जिन्हें हम प्रेम करते हैं, इसीलिए तो हम उनके बारे में सोचते रहते हैं, उनसे जुड़े रहते हैं। किंतु यह सब विचार का ही प्रपंच है, विचार की ही प्रक्रिया है, या नहीं है?

तो, विचार तरह-तरह से खिन्न-खिजा हुआ रहता है और इसीलिए कहता है, 'प्रेम में मुझे सुख मिलता है, इसलिए मुझे प्रेम चाहिए'। इसीलिए हम उस व्यक्ति के साथ लगे रहते हैं जिसे हम प्रेम करते हैं, इसीलिए उसे पा लेना चाहते हैं, उसे अपने अधिकार में, अपने कब्ज़े में रखते हैं—मनोवैज्ञानिक रूप से भी और शारीरिक रूप से भी। जिसे हम प्रेम करते हैं उस पर अपना कब्ज़ा और अधिकार अक्षुण्ण बनाए रखने के लिए हम कानून पारित करते हैं, वह चाहे वह व्यक्ति हो, पियानो हो, संपत्ति हो, या कोई अवधारणा अथवा विश्वास हो, क्योंकि अपने अधिकार में, अपने कब्ज़े में रखने में—जिसमें कि ईर्ष्या, भय, शक-संदेह और व्यग्रता तथा दुश्चिंता की जटिलताएं निहित रहती हैं—हम सुरक्षा महसूस करते हैं। इस प्रकार प्रेम को हमने मन का मामला बना लिया है, और मन के इस मामले से हम अपने हृदय को भरने लगते हैं। हृदय चूंकि रीता है, खाली है, अतः मन कहता है, 'मुझे तो वह प्रेम चाहिए', और फिर हम उसे पत्नी या पति के माध्यम से भरने की जुगत में लग जाते हैं। प्रेम के ज़रिए हम कुछ बनना चाहते हैं। यानी, प्रेम तब एक बड़े काम की चीज़ बन जाता है, उपयोगी हो जाता है और फिर किसी हेतु तक पहुंचने के लिए हम प्रेम का उपयोग करने लगते हैं।

इस प्रकार हमने प्रेम को मन का मामला बना दिया है। मन प्रेम का साधन बन जाता है किंतु मन तो मात्र सनसनाहट है। विचार किसी अनुभूति के प्रति स्मृति की प्रतिक्रिया ही तो है। किसी प्रतीक, किसी शब्द, किसी छवि, किसी धारणा के बिना न कोई स्मृति रहती है और न कोई विचार ही रहता है। हम तथाकथित प्रेम की अनुभूति को, उसकी सनसनाहट को ही तो जानते हैं, और उसी से चिपके भी रहते हैं; और जब कभी हम नाकामयाब हो जाते हैं तब उसी अनुभूति की पुनः अभिव्यक्ति चाहने लगते हैं। इस तरह हम अनुभूति को जितना अधिक पैदा करते जाते हैं, तथाकथित ज्ञान को जितना अधिक पैदा करते जाते हैं—जो कि स्मृति मात्र है—उतना ही प्रेम हम में घटता चला जाता है।

हम जब तक प्रेम पाने की चाहत में लगे रहेंगे तब तक हम खुद को अवश्य ही एक खोल में बंद रखने वाले सिलसिले को चलाते रहेंगे। प्रेम का निहितार्थ है—खुला होना, प्रेम का निहितार्थ है—संस्पर्श में होना, किंतु जब तक विचार की खुद को अपने ही खोल में बंद रखने वाली प्रक्रिया चलती रहेगी तब तक कोई संपर्क-संस्पर्श हो ही नहीं सकता, कुछ भी खुलापन हो ही नहीं सकता। विचार का प्रपंच स्वयं ही भय है, और जब भय मौजूद हो, जब विचार को हम किसी अगले उद्दीपन के लिए इस्तेमाल कर रहे हों, तब किसी और से गहन रिश्ता कैसे हो सकता है?

प्रेम केवल तभी हो सकता है जब आप मन की पूरी प्रक्रिया को, उसके पूरे प्रपंच को समझ लेते हैं। प्रेम मन का मामला नहीं है, और प्रेम के बारे में आप सोच नहीं सकते हैं। जब आप कहते हैं, 'मैं प्रेम चाहता हूं', तब आप प्रेम के बारे में बस सोच रहे होते हैं, प्रेम के लिए लालायित हो रहे होते हैं, जो कि एक इंद्रियजनित अनुभूति ही है, कहीं पहुंचने या कुछ पाने के लक्ष्य का साधन मात्र है। इसलिए जो आप चाह रहे होते हैं वह दरअसल प्रेम नहीं बल्कि एक उद्दीपन होता है, आप कोई एक ऐसा ज़रिया चाह रहे होते हैं जिसके सहारे आप स्वयं को भरना, अपने आपको पूरा करना चाह रहे होते हैं, वह चाहे कोई व्यक्ति हो, व्यवसाय हो या कोई ख़ास तरह की उत्तेजना। निश्चित रूप से यह प्रेम नहीं है। प्रेम तो केवल तभी हो सकता है जब स्व का, अहं का विचार मौजूद न हो। और, इस अहं से मुक्ति केवल स्वयं को जानने से ही मिल सकती है। स्वयं को जानने से ही आती है समझ, और जब मन का समूचा प्रपंच उजागर हो जाता है, समझ में आ जाता है तब आप यह जान पाते हैं कि प्रेम करना होता क्या है। तब आप देखेंगे कि प्रेम का ऐंद्रिक अनुभूतियों और सनसनाहटों से कुछ भी

लेना-देना नहीं है, कि यह कुछ पाने का माध्यम भी नहीं है। तब, प्रेम अपने आप ही बिना किसी कारण के होता है, बिना किसी परिणाम के होता है। प्रेम तो 'होने' की एक ऐसी अवस्था है जिसमें 'मैं' अपनी तमाम पहचानों, दावेदारियों, व्यग्रताओं सहित नदारद रहता है। जब तक 'स्व' की, 'मैं' की गतिविधियों का अस्तित्व बना रहता है—वह चाहे सचेतन मन की हों या अचेतन मन की—तब तक प्रेम आ ही नहीं सकता। इसीलिए यह महत्त्वपूर्ण हो जाता है कि अहं के प्रपंच को, स्वयं को किसी से जोड़ लेने के, तादात्म्य कर लेने के केंद्र बिंदु को समझा जाए, और वह केंद्र बिंदु है 'मैं'।

न्यूयॉर्क,
18 जून 1950

अकेलेपन का सिलसिला

प्रश्नकर्ता : मैं अकेलेपन से पार कैसे पाऊं?

कृष्णमूर्ति : क्या आप अकेलेपन से पार पा सकते हैं, उसे जीत सकते हैं? आप जिस भी ऐसी चीज़ को जीतते हैं, जिसे भी काबू में करते हैं उसे बारंबार और लगातार काबू में करते रहना पड़ता है। जिसे आप समझ लेते हैं, उसका तो अंत हो जाता है, किंतु जिसे आप जीतते हैं, जिसे आप काबू में करते हैं, उसका अंत कभी नहीं होता। लड़ने की, जूझने की प्रक्रिया उसे ही खुराक़ देती रहती है, उसे ही बल प्रदान करती रहती है जिससे आप लड़ रहे होते हैं, जूझ रहे होते हैं।

तो, यह अकेलापन होता क्या है जिसका अधिकतर लोगों को एहसास रहता है? हम सब इसे जानते हैं किंतु हम सब इससे बचकर भागते हैं। इससे बचकर हम किसी भी तरह की गतिविधि की तरफ़ लपक जाते हैं। हम खोखले हैं, खाली हैं, अकेले हैं, और हम इससे घबराए हुए हैं, इसलिए तो हम किसी न किसी विधा से, किसी न किसी विधि से उसे भरने, ढकने व ढांपने में लगे रहते हैं—वह चाहे ध्यान हो, भगवान की खोज हो, सामाजिक कार्यकलाप हों, रेडियो हो, नशा हो या कुछ और हो—इस अकेलेपन से रू-ब-रू होने, उसके साथ रहने, उसे समझने के अलावा हम कुछ भी करने को उद्यत रहते हैं। इससे दूर भागना भी वही बात है, वह चाहे पूजा के सहारे कर रहे हों या प्याले के सहारे। जब कोई अकेलेपन से बचकर भागने के लिए इन चीज़ों का सहारा ले रहा हो तब पूजा की आदत और पीने की लत में कोई ख़ास अंतर नहीं रह जाता। सामाजिक रूप से इनमें भले ही अंतर हो किंतु मनोवैज्ञानिक रूप से, जो व्यक्ति खुद से, खुद के अकेलेपन से बचकर भाग रहा हो, और जिसका पलायन उसकी ईश्वर-खोज बन गया हो, उसका स्तर वही है जो एक नशेड़ी का होता है।

तो महत्त्वपूर्ण यह है कि अकेलेपन पर काबू करने के बजाय उसे समझा जाए, और हम उसे तब तक नहीं समझ सकते जब तक कि हम उसका सामना नहीं कर लेते, उसको सीधे-सीधे देख नहीं लेते और उससे बचकर भागना बंद नहीं कर देते। लेकिन हमारा तो पूरा जीवन ही इस अकेलेपन से बचकर भागने का एक सिलसिला बनकर रह गया है, क्या ऐसा नहीं है? अपने संबंध में दूसरे को हम अपना अकेलापन दूर करने के लिए ही तो इस्तेमाल कर रहे होते हैं; ज्ञानार्जन के पीछे हमारा दौड़ना, अनुभूतियों-अनुभवों को हमारा बटोरना—हमारा ऐसा कुछ भी करना एक मन बहलाव ही तो है, मन को मुद्दे से हटाकर कहीं और अटकाना ही तो है, खालीपन से पलायन ही तो है। अतः इन बहकावों, भटकावों और पलायनों का अंत होना आवश्यक है। यदि किसी चीज़ को समझना है तो उस पर पूरा-पूरा ध्यान देना अनिवार्य है। किंतु हम इस अकेलेपन पर अपना पूरा ध्यान कैसे दे सकते हैं जब कि हम इससे घबराए हुए हों, जब कि हमारा ध्यान इससे बचकर भागने पर ही लगा हुआ हो—बचने का कोई भी तरीका अपनाकर? तो जब हम अकेलेपन को सचमुच समझना चाहते हैं, जब हमारी नीयत पूरी तरह इसकी गहराई में जाने की होती है—क्योंकि हम जान चुके होते हैं कि तब तक कोई रचनात्मकता आ ही नहीं सकती जब तक कि हम इस भीतरी खालीपन को समझ नहीं लेते जो कि भय का आधारभूत कारण बना हुआ है—जब हम इस मुकाम पर पहुंच जाते हैं, तब हर तरह के बहकाव और भटकाव का अंत हो जाता है। बहुत से लोग अकेलेपन की बात पर हँसते हैं और कह देते हैं, 'अरे, ये तो बड़े लोगों के चोंचले हैं, अपने आप को किसी न किसी काम में लगाए रखो और मस्त रहो, बस'। किंतु अकेलेपन को भुलाया नहीं जा सकता, इसे सरका कर एक तरफ़ नहीं किया जा सकता।

तो यदि हम इस आधारभूत चीज़ को सचमुच समझना चाहते हैं जिसे कि हम अकेलापन कहते हैं, तो सारे पलायनों को समाप्त कर देना होगा; किंतु चिंता से, कोई नतीजा पाने के प्रयास से या किसी इच्छाजनित कर्म के ज़रिए पलायन पर विराम नहीं लग सकता। हमें यह देखना होगा कि अकेलेपन को समझे बिना कोई भी कर्म केवल मन बहलाव का, पलायन का ही कोई न कोई रूप होगा, खुद को औरों से अलग-थलग समझने की ही एक प्रक्रिया होगा, जो कि क्लेश और कलह को ही बढ़ावा देने का काम करेगा। इस तथ्य को देख लेना अनिवार्य है, क्योंकि केवल तभी आप अकेलेपन का सामना कर सकते हैं, उसके रू-ब-रू हो सकते हैं।

यदि हम और गहराई में जाएं तो यह प्रश्न सामने आता है कि जिसे हम अकेलापन कहते हैं वह क्या एक वास्तविकता है या एक शब्द मात्र है? अकेलापन क्या एक वास्तविकता है या मात्र एक ऐसा शब्द है जो कि एक अवस्था को ढांपता है जिसे कि हम जानते ही न हों कि वह है क्या। अकेलापन क्या एक विचार नहीं है, सोच का ही परिणाम? सोच दरअसल, स्मृति पर आधारित रहने वाली शाब्दिक अभिव्यक्ति होती है; क्या हम इसी शाब्दिक अभिव्यक्ति, इसी विचार, इसी स्मृति की दृष्टि से ही उस अवस्था को भी नहीं देख रहे होते जिसे हम 'अकेलापन' कहते हैं? इस तरह, उस अवस्था को यह नाम दे देना ही उस भय का कारण बन सकता है जो हमें उसे नज़दीक से नहीं देखने देता, किंतु यदि हम उसे कोई नाम न दें—जो कि मन द्वारा ही रखा गया होता है—तो भी क्या वह अवस्था अकेलापन होती है?

निश्चित रूप से, अकेला और एकाकी होने में अंतर है। अकेलापन स्वयं को अलग कर लेने की प्रक्रिया की परिणति होता है। आप अपने ही बारे में जितना अधिक चौकस होते जाते हैं, उतना ही अलग-थलग होते चले जाते हैं क्योंकि अपने ही बारे में चौकस रहना स्वयं को अलग-थलग करने की प्रक्रिया ही तो है। किंतु एकाकीपन स्वयं को अलग-थलग करना नहीं है। एकाकीपन आता ही तब है जब अकेलापन ख़त्म हो गया होता है। एकाकीपन वह अवस्था है जिसमें बाहरी और भीतरी—सारे प्रभाव ख़त्म होने के साथ-साथ स्मृति का भीतरी प्रभाव भी ख़त्म हो गया होता है। मन जब ऐसे एकाकीपन जैसी अवस्था में पहुंच जाता है, केवल तभी वह उसे जान पाता है जिसे भ्रष्ट नहीं किया जा सकता। किंतु वहां तक पहुंचने के लिए हमें अकेलेपन को और स्वयं को अलग-थलग कर लेने वाली इस प्रक्रिया को अच्छी तरह समझ लेना होगा जो कि अहं और उसकी गतिविधि ही है। इस प्रकार, अहं को समझने के साथ ही अलग-थलग होने के, अलगाव के अंत का आरंभ हो जाता है. और इस तरह अकेलेपन के अंत का भी।

सीएटल,

6 अगस्त 1950

'मन के खालीपन को कैसे भरें?'

प्रश्नकर्ता : व्यक्ति में यदि कोई आदर्श न हो तो वह पूर्णता कैसे प्राप्त कर सकता है?

कृष्णमूर्ति : क्या पूर्णता जैसी कोई चीज़ होती है? हालांकि अधिकतर लोग इसके पीछे पड़े रहते हैं। हम सब जानते हैं कि हम परिवार के माध्यम से पुत्र, पत्नी, भाई, संपत्ति के माध्यम से, किसी देश या किसी समूह के माध्यम से, किसी आदर्श का अनुसरण करके या फिर 'मैं' की निरंतरता बनाए रखते हुए पूर्णता, परितृप्ति पाने के प्रयास में लगे रहते हैं। चेतना के विभिन्न स्तरों पर परितृप्ति के विभिन्न स्वरूप हैं।

क्या पूर्णता या परितृप्ति जैसी कोई चीज़ होती भी है? वह क्या है जिसकी परितृप्ति होती है? वह तत्त्व क्या है जो किसी चीज़ में या किसी चीज़ के माध्यम से होना चाह रहा है, अपना अस्तित्व चाह रहा है? पूर्णता की बात आप सोचते कब हैं? आप पूर्णता कब खोजते हैं?

जो कुछ बताया जा रहा है उसे यदि आप शाब्दिक स्तर पर ही ले रहे हैं तो आप बेकार यहां बैठे हैं और अपना समय बरबाद कर रहे हैं। किंतु यदि आप गहराई तक पहुंचना चाहते हैं तो इस खोज में लगे रहिए, सचेत रहिए और समझते चलिए क्योंकि हमें प्रज्ञा की आवश्यकता है न कि उन सूत्रों, सूक्तियों और शब्दों के तोता-रटंत की जो कि हमें सिखा-पढ़ा दिए गए हैं। हमें आवश्यकता है रचनात्मकता की, सृजन की, समाकलित सृजन की, जिसका अर्थ है—मन की प्रक्रिया को सीधे-सीधे खोज-परख कर स्वयं समझना। इस तरह, जो कुछ मैं कह रहा हूं उसका सुनना सीधे-सीधे आपसे ही संबंध रखता है, इसलिए मेरे कहे को अनुभूत करते चलिए। किंतु इसे आप मेरे शब्दों से अनुभूत नहीं कर सकते, बल्कि इसको आप अनुभूत तभी कर सकते हैं जब आप समर्थ हों, जब आप उत्सुक

व उत्साही हों, जब आप स्वयं अपनी सोच का, अपनी भावनाओं का अवलोकन कर रहे हों।

इच्छा की पूर्ति की नौबत कब आती है? कुछ होने की, कुछ बनने की, परितृप्ति की इस ललक के प्रति आप सचेत कब होते हैं? खुद में झांक कर देखिए। इस सबके प्रति अवगत आप कब होते हैं? क्या आप में ऐसी चैतन्यता तब नहीं आती जब आप उसके आड़े आते हैं? क्या इसका एहसास आपको तब नहीं होता जब आप बेहद अकेलापन महसूस कर रहे होते हैं, जब स्वयं एकदम कुछ न होने की अनुभूति होती है, निरर्थकता का एक ऐसा एहसास आप पर छाने लगता है जिसका कोई ओर-छोर न दीख रहा हो? पूर्णता की, भराव करने की यह ललक आप तब अनुभव करते हैं जब आप एकदम खालीपन, अकेलापन महसूस कर रहे होते हैं। और फिर आप उस अधूरेपन को पूरा करने, उस गड्ढे को भरने के लिए तरह-तरह से प्रयास करते हैं—यौनाचार द्वारा, संपत्ति के साथ जुड़ने के द्वारा, या सचेतन मन के विभिन्न स्तरों पर विद्यमान हर चीज़ द्वारा। कुछ होने की यह इच्छा, तादात्म्य करने या भराव करने की यह इच्छा रहती केवल तभी है जब तक 'मैं' के खाली और अकेले होने की चैतन्यता रहती है। भराव करने की इच्छा, जिसे हम अकेलापन कहते हैं उससे पलायन ही है। इसलिए हमारी समस्या यह है ही नहीं कि खालीपन को कैसे भरें या पूर्णता कैसे प्राप्त करें या जानें कि पूर्णता क्या होती है क्योंकि पूर्णता, परितृप्ति जैसा कुछ नहीं होता। यह 'मैं' कभी भर ही नहीं सकता, यह कभी पूर्णता प्राप्त कर ही नहीं सकता, यह सदा-सर्वदा खाली-खाली ही रहता है। कोई परिणाम पाने या कुछ सनसनाहट-गुदगुदाहट तो महसूस होगी किंतु ज्यों ही वह अनुभूति ख़त्म होती है त्यों ही आप खालीपन की अवस्था में वापस आ जाते हैं। और, फिर पहले की ही तरह, उस चक्र में घूमने की शुरुआत कर देते हैं।

तो यह 'मैं' ही है जो इस खालीपन का रचयिता है। यह 'मैं' ही खालीपन है, यह 'मैं' ही अपने चारों ओर चारदीवारी खड़ा कर लेने वाला प्रपंच है जिस के अंदर रहते हुए हम बेहद अकेले होते हैं, और जब उस घोर अकेलेपन से वास्ता पड़ता है तब हम तरह-तरह का सहारा लेते हुए उससे बचने का प्रयास करने लगते हैं। इन सहारों को हम उपलब्धि या परितृप्ति कह देते हैं। वास्तव में ऐसा कुछ नहीं होता क्योंकि यह मन, यह 'मैं' कभी भरा-पूरा या परितृप्त हो ही नहीं सकता, अपने आप को किसी खोल में, किसी चारदीवारी में अलग कर लेना ही तो 'मैं' का मूल स्वभाव है।

तो वह मन जो इस अकेलेपन से अवगत हो क्या करे? यही है आपकी समस्या, है न? अधिकतर लोगों के लिए अकेलेपन की पीड़ा बहुत उत्कट होती है। इससे बचने के लिए हम कुछ भी कर डालते हैं। कोई भी भ्रम कारगर हो जाता है, और भ्रांति का स्रोत भी तो यही है। मन को माया रचने की कला में महारत हासिल है। तो जब तक हम उस अकेलेपन को, खुद के बनाए खोल को, अपने ही घेरे के खालीपन को समझ नहीं लेते तब तक आप कुछ भी कर लें, भराव का कोई भी साधन अपना लें, विभाजनकारी चारदीवारी रहेगी ही जिसका पूर्णता से कोई रिश्ता नहीं।

तो हमारी समस्या है—इस खालीपन, इस अकेलेपन के प्रति सजग होना। हम कभी इससे रू-ब-रू नहीं होते, कभी इसका सामना नहीं करते। हम तो यह भी नहीं जानते कि यह दिखता कैसा है, इसके गुण-दोष क्या हैं क्योंकि हम तो हमेशा इससे बचकर भागने की, इससे अलग हो जाने की, खुद को अलग-थलग कर लेने की और किसी से तादात्म्य कर लेने की फ़िराक में ही रहते हैं। उससे हम कभी रू-ब-रू नहीं होते, कभी उसके संस्पर्श में नहीं रहते। हम ही अवलोकनकर्ता हैं, द्रष्टा हैं और हम ही दृश्य हैं, अर्थात् यह मन, यह 'मैं' उस अकेलेपन का अवलोकन करता है, और फिर यह 'मैं', यह विचारक ही उस अकेलेपन से मुक्त होने के या पलायन करने के उपाय भी खोजता फिरता है।

तो क्या यह खालीपन, यह अकेलापन उस अवलोकनकर्ता से भिन्न कुछ है? क्या ऐसा नहीं है कि वह अवलोकनकर्ता स्वयं ही खाली है, खोखला है? क्योंकि यदि वह उस अवस्था को पहचानने की स्थिति में न होता जिसे वह अकेलापन कहता है तो फिर उसे इसका कोई अनुभव भी न हुआ होता। वह स्वयं खोखला है, वह इसमें कोई बदलाव नहीं ला सकता, इसके लिए वह कुछ नहीं कर सकता, क्योंकि यदि वह करता है—चाहे जो कुछ—वह अवलोकित पर कार्रवाई करने वाला अवलोकनकर्ता ही रहेगा, और यह एक झूठा संबंध होगा, एक गलत रिश्ता।

तो मन जब यह जान लेता है, समझ लेता है, इससे अवगत हो जाता है कि वह खाली है, खोखला है और वह इस बारे में कुछ नहीं कर सकता तब वह अकेलापन जिसे हम बाहर-बाहर से ही देखते आए हैं, वह नहीं रहता, उसके अर्थ बदल जाते हैं। अभी तक हम उसे अवलोकनकर्ता की नज़र से ही देखते आए हैं। लेकिन वह अवलोकनकर्ता तो स्वयं खाली है, अकेला है। तो क्या वह इस बारे में कुछ कर सकता है? नहीं, कुछ भी नहीं। जब वह यह जान जाता

है, तब उसका इससे संबंध अवलोकनकर्ता वाला न रह कर बिल्कुल भिन्न हो जाता है। तब उसमें एकाकीपन आ जाता है। वह ऐसी अवस्था में पहुंच जाता है जहां ये शब्द शोर नहीं मचा रहे होते कि 'मैं खाली हूं'। जब भी वह ऐसे शब्द बोलता है या इसे कोई मूर्त रूप देने लगता है, तब वह इस अवस्था से इतर हो जाता है। तो, जब यह शाब्दिकता थम जाती है, जब यह अनुभवकर्ता अकेलेपन का अनुभव करना बंद कर देता है, जब वह इससे बचकर भागना बंद कर देता है, तब वह पूरी तरह अकेला हो जाता है। उसके संबंध अपने आप में अकेलापन लिए हुए हैं, वह स्वयं ही अकेलापन है, किंतु जब वह यह बात भली-भांति समझ जाता है, तब वह खालीपन, वह अकेलापन, निश्चित रूप से तिरोहित हो जाता है।

अकेलापन—एकाकीपन से बिल्कुल भिन्न होता है। एकाकी होने के लिए अकेलेपन से गुज़रना पड़ता है। अकेलेपन की तुलना एकाकीपन से नहीं की जा सकती। जो अकेला है वह तो एकाकीपन को कभी जान ही नहीं सकता। क्या आप उस एकाकीपन की अवस्था में हैं? हमारा मन एकाकी होने के लिए बना ही नहीं है। उसके तमाम तौर-तरीके तो विभाजनकारी ही रहते हैं। और, जो विभाजन करता है, अलगाव करता है उसके हाथ तो अकेलापन ही आता है।

किंतु एकाकीपन अलगाव पैदा नहीं करता। यह कुछ ऐसा है जिसमें अनेकता नहीं है, जिसमें अनेकों के प्रभाव, परिणाम की बात नहीं है, इसका हाल मन की तरह नहीं है जो कई चीज़ों के जमा जोड़ से बनता है, मन तो अनेकता का अंबार है। सदियों से जोड़-तोड़कर रचे जाने, गढ़े जाने और बनाए जाने के कारण यह मन एक ऐसी चीज़ नहीं रह गया है जो एकाकी हो। मन कभी एकाकीपन को जान ही नहीं सकता। किंतु अकेलेपन में रहते हुए, उसमें से गुज़रते हुए यदि आप उससे अवगत हो जाते हैं तो उस एकाकीपन का आविर्भाव होता है, और साथ ही उसका भी जो असीम है, अपरिमेय है।

दुर्भाग्य से हम लोग प्रायः निर्भरता तलाशते हैं। हम संगी-साथी चाहते हैं, हम मित्र मंडली चाहते हैं, हम एक अलगाव वाली अवस्था में रहना चाहते हैं—एक ऐसी अवस्था जो कि द्वंद्व पैदा करती है। जो एकाकी है वह कभी द्वंद्व की अवस्था में नहीं रह सकता। किंतु मन तो कभी उस अवस्था की कल्पना भी नहीं कर सकता, उस अवस्था को कभी समझ ही नहीं सकता, वह तो बस अकेलेपन को ही जान पाता है।

प्रश्नकर्ता : आपने कहा है कि सत्य तभी आ सकता है जब हम एकाकी

हों और दुख को प्रेम कर सकते हों। कृपया तनिक विस्तार से बताइए कि एकाकी होने और दुख को प्रेम करने से आपका क्या तात्पर्य है?

कृष्णमूर्ति : हम में से अधिकतर लोग किसी भी चीज़ के संस्पर्श में नहीं रहते हैं। हम अपने मित्रों के साथ, अपनी पत्नी और बच्चों के साथ भी सीधे-सीधे संपर्क-संस्पर्श में नहीं रहते हैं। सीधे-सीधे संपर्क में तो हम किसी भी चीज़ के साथ नहीं रहते। बीच में हमेशा ही कोई न कोई *बैरियर* रहता ही है—मानसिक, काल्पनिक या फिर वास्तविक। और यह अलगपन ही वास्तव में दुख का कारण होता है। ऐसा न कहें कि 'हां, हमने यह पढ़ रखा है, शाब्दिक रूप से हम यह जानते हैं'। यदि आप इसे सीधे-सीधे, प्रत्यक्षतः अनुभव करने योग्य हो जाएं तो आप समझ लेंगे कि मन की किसी भी प्रक्रिया द्वारा दुख का अंत नहीं किया जा सकता। आप दुख की दास्तान सुना सकते हैं—जो कि मन का ही प्रपंच होता है—किंतु दुख तो तब भी बना ही रहता है, भले ही आप उसे दबाने व ढांपने में कितना भी लगे रहते हों।

तो दुख को समझने के लिए, निश्चय ही, आपको उससे प्रेम तो करना ही होगा, यानी उसके सीधे-सीधे संपर्क में रहना होगा। आप जिसको भी समझना चाहते हैं—वह चाहे आपका पड़ोसी हो, आपकी पत्नी हो या अन्य कोई संबंध हो—तो आपको उसके निकट तो रहना ही पड़ेगा। किंतु, उसके निकट आपको बिना किसी आपत्ति के, बिना किसी पूर्वाग्रह के, बिना किसी आलोचना या अरुचि के रहना होगा, उसे ध्यानपूर्वक देखना होगा। यदि मैं आपको समझना चाहता हूं तो मुझमें आपके प्रति कोई दुराग्रह नहीं होना चाहिए। अपने पूर्वाग्रह तथा प्रभावों के *बैरियर या स्क्रीन* के बिना आपको देख सकने की क्षमता मुझमें होनी चाहिए। मुझे आपके संपर्क-संस्पर्श में रहना चाहिए, अर्थात् मुझे आपसे प्रेम होना चाहिए। इसी प्रकार, यदि मुझे दुख को समझना है तो मुझे उससे प्रेम करना होगा, उसके संस्पर्श में रहना होगा। मैं ऐसा कर नहीं पाता हूं क्योंकि मैं तो उससे बचकर भाग रहा होता हूं—व्याख्याओं के सहारे, सिद्धांतों के सहारे, आशाओं के सहारे और उसे टालने के सहारे, और यह सब शब्दों का मायाजाल ही होता है। इस प्रकार शब्द मुझे दुख के संस्पर्श में आने से रोकते हैं। शब्द चाहे व्याख्याओं के हों या औचित्य सिद्ध करने के, ये सब शब्द ही रहते हैं, मानसिक प्रपंच ही रहते हैं और ये ही दुख के प्रत्यक्ष संपर्क में आने में मेरे आड़े आते हैं। दरअसल जब मैं दुख के प्रत्यक्ष संपर्क में आ जाता हूं, केवल तभी मैं उसे समझ पाता हूं।

अगला चरण है : इस दुख का अवलोकन करने वाला 'मैं' क्या इस दुख से अलग है? विचार करने वाला, अनुभव करने वाला 'मैं' क्या इस दुख से अलग है? मैंने ही तो इसे मूर्त रूप दे दिया है ताकि मैं इसके बारे में कुछ कर सकूं, इसे अनदेखा कर सकूं, इस पर जीत हासिल कर सकूं, इससे दूर भाग सकूं। क्या मैं उससे भिन्न या अलग हूं जिसे कि मैं दुख कह रहा हूं? ऐसा बिल्कुल नहीं है। तो, दुख तो मैं ही हूं—ऐसा बिल्कुल नहीं है कि दुख है किंतु मैं उससे अलग हूं, भिन्न हूं, बल्कि मैं ही दुख हूं। यह समझ लेने पर ही यह संभव है कि दुख का अंत हो जाए।

जब तक मैं दुख का अवलोकनकर्ता बना रहूंगा तब तक दुख का अंत होने वाला नहीं है। किंतु जब यह बोध आ जायेगा कि यह दुख तो 'मैं' ही हूं, कि अवलोकनकर्ता तो स्वयं ही दुख है, मन को जब यह बोध हो जायेगा कि वह स्वयं ही दुख है, कि यह स्वयं ही दुख को रचने वाला है और फिर स्वयं ही उससे संतप्त होने वाला है, तब दुख का अंत हो जाता है। किंतु, इस बात से अवगत होना और इसे अनुभूत करना आसान नहीं है क्योंकि सदियों से हम इस चीज़ को अपने से अलग मानते आए हैं। इसके लिए परंपरागत सोच के बजाय बहुत सचेत, सजग, सतर्क और प्रबुद्ध प्रज्ञा की आवश्यकता होती है। ऐसी प्रज्ञापूर्ण और अविकल अवस्था ही एकाकीपन होती है। जब अवलोकनकर्ता ही अवलोकित हो जाता है तब जाकर यह सर्वसमावेशी अवस्था आती है। और ऐसी अलोननैस में, एक ऐसी पूरी तरह एकाकी, परिपूर्ण और सर्वसमावेशी अवस्था में जिसमें कि मन कुछ चाह न रहा हो, कुछ तलाश न रहा हो, न किसी ईनाम की जुगाड़ में लगा हो और न ही सज़ा से बचने की कोई जुगत कर रहा हो, मन जब सचमुच ठहरा हुआ हो, शांत हो, केवल तभी उस अवस्था का अवतरण होता है जो मन के मापतोल से परे है।

मद्रास,
3 फरवरी 1952

अकेलापन महसूस करने का मतलब
है—प्रेम का अभाव

उस महिला के बेटे का हाल ही में देहांत हो गया था और उसे अब सूझ नहीं रहा था कि वह अब क्या करे। अब उसको अपना सारा समय खाली-खाली लगता था जिससे वह इतनी ऊब गई थी, विरक्ति और दुख से इतनी भरी कि वह मर जाना चाहती थी। उसने अपने बेटे को बड़ी वात्सल्यपूर्ण देखभाल और समझ-बूझ के साथ पाल-पोस कर बड़ा किया था और उसे अच्छे से अच्छे स्कूल-कॉलेज में भेजा था। आवश्यकता की सारी चीज़ें उसे मुहैया कराते हुए भी उसे कभी बिगड़ैल नहीं बनने दिया था। उस महिला की सारी आशाएं और आकांक्षाएं उसी बेटे पर टिकी हुई थीं, उस पर उसने अपना सारा प्रेम न्यौछावर कर दिया था क्योंकि पति से अलग हो जाने के बाद ऐसा कोई और था ही नहीं जिस पर वह अपना प्रेम उड़ेलती। उस बेटे की मृत्यु ग़लत रोग-निदान तथा ऑपरेशन के कारण हुई थी, हालांकि चिकित्सकों ने ऑपरेशन को 'सफ़ल' बताया था। अब वह अकेली रह गई थी और अपना जीवन उसे निरर्थक और निरुद्देश्य लग रहा था। बेटे के मरने पर वह बहुत रोई थी और तब तक रोती रही थी जब तक कि उसकी आंखों के आंसू ही ख़त्म नहीं हो गए और फिर उन आंसुओं की जगह उदासी और नीरस खालीपन ने ले ली थी। उसने दोनों के लिए बहुत सारे सपने संजोए थे किंतु अब वह पूरी तरह किंकर्तव्यविमूढ़ अवस्था में थी।

समुद्र की ओर से आ रही बयार में ठंडक और ताज़गी थी, और उस पेड़ के नीचे एकदम शांति थी। पर्वतों पर बिखरी रंगों की छटा सजीव लग रही थी, और नीलकंठ निरंतर बतिया रहे थे। कुछ दूर ही एक गाय जा रही थी और उसका बछड़ा उसके पीछे-पीछे चल रहा था। एक गिलहरी ज़ोर-ज़ोर से टिट्-टिट् करती

हुई तेज़ी से पेड़ पर चढ़ती चली गई थी। वह ऊपर जाकर एक टहनी पर बैठ गई और बहुत देर तक अपनी ही बोली में ऐसे बोलती रही जैसे धमका रही हो। बोलते समय उसकी दुम में एक झटकेदार लहर आती थी। उसकी आंखें बहुत चमकदार थीं और पंजे बहुत नुकीले थे। एक गिरगिट खुद को गरमाहट देने के लिए बाहर निकल आया था और उसने एक मक्खी को हड़प भी लिया था। पेड़ों के ऊपरी छोर हौले-हौले हिल रहे थे और एक सूखा पेड़ आकाश की पृष्ठभूमि में सीधा और शान से खड़ा हुआ था। धूप ने उस पेड़ की रंगत बदल डाली थी। उसके बराबर में एक और सूखा पेड़ था—अपने गहरे रंग और घुमावदार टहनियों वाला—वह हाल ही में सूख गया था। दूर पहाड़ों पर कुछ बादल लेटे हुए आराम फ़रमा रहे थे।

यह अकेलापन भी कितनी विचित्र चीज़ है, लेकिन कितनी डरावनी भी! हम कभी इसके निकट जाना नहीं चाहते, और इत्तफ़ाक से कभी इसके निकट चले भी जाते हैं तो जितना जल्दी हो सके, इससे दूर भागने का प्रयास करते हैं। हम अकेलेपन से दूर जाने के लिए, इसे दबाने-ढांपने के लिए जो भी कर सकते हैं वह करते हैं। लगता है कि इससे बचने या इसे पछाड़ने को लेकर हमारे सचेतन और अवचेतन मन का एक पूर्व निर्धारित कार्यक्रम बना रहता है। अकेलेपन से बचने का या फिर इसे जीतने का प्रयास करना, दोनों ही निरर्थक रहते हैं क्योंकि पीड़ा और समस्या तब भी बनी ही रहती है—भले ही वह दमित या उपेक्षित रूप में रह रही हो। आप चाहे खुद को किसी भीड़ का हिस्सा बना लें, लेकिन फिर भी, भरी भीड़ में भी आप निपट अकेले हो सकते हैं; आप खुद को चाहे कितना ही व्यस्त कर लें लेकिन अकेलापन उसमें भी चुपके से चला आयेगा, अकेलेपन को दूर करने के लिए उठा ली गई किताब को आप ज्यों ही बंद करेंगे त्यों ही अकेलेपन को आप अपने सामने खड़ा पायेंगे। भले ही आप एक महत्त्वाकांक्षी और सफल व्यक्ति बन जाएं, भले ही आप बहुत सारे लोगों के ऊपर सत्तासीन हो जाएं, भले ही आप बड़े ज्ञानवान हो जाएं, भले ही आप पूजा-पाठ में रम जाएं और कर्मकांड की निरर्थकता में खुद को भुला दें—आप कुछ भी कर लें किंतु अकेलेपन की पीड़ा आपको हमेशा सालती रहेगी। आप भले ही अपना जीवन अपने पुत्र के प्रति, अपने गुरु के प्रति, या अपनी कला-अभिव्यक्ति के प्रति समर्पित कर दें लेकिन अंधेरे की तरह अकेलापन आपको कहीं न कहीं से आकर छू ही लेगा। अकेलेपन से आप चाहे प्रेम करें या घृणा करें, या अपने मिज़ाज के मुताबिक तथा मानसिक मांगों के अनुसार इससे पलायन करें, किंतु अकेलापन तो रहेगा

ही—जा जा कर वापस आने के लिए प्रतीक्षा करता हुआ, आप पर नज़र रखता हुआ।

अकेलापन होता है—पूरी तरह दूसरों से अलग होने का भान, किंतु क्या हमारी हर गतिविधि अपने आपको दूसरों से अलग कर लेने वाली ही नहीं है? हमारे विचार और हमारी भावनाएं भले ही विस्तारशाली प्रतीत होती हों किंतु क्या वे संकीर्ण और विभाजनकारी नहीं हैं? क्या अपने संबंधों में, अपने अधिकारों में और अन्य मामलों में हम अपनी ही प्रमुखता, अपना ही प्रभुत्व रखना नहीं चाहते हैं और इस तरह प्रतिरोध ही नहीं खड़े करते रहते हैं? क्या काम को हम 'तेरा' और 'मेरा' नहीं मानते हैं? क्या किसी बड़े समूह, देश या फिर किसी छोटे समूह के साथ हम स्वयं को तादात्म्य नहीं कर देते हैं? क्या हमारी सारी फ़ितरत अपने को कुछ अलग समझने और अलग कर लेने की नहीं है? हर स्तर पर, अपने को अलग कर लेने वाली कोई न कोई गतिविधि करते रहना ही अहं का मूल व्यापार रहता है, और अकेलापन होता है—उसी अहं को अपने निठल्लेपन का भान होना। कोई भी गतिविधि, चाहे वह शारीरिक हो या मानसिक, अहं के विस्तार का ही एक साधन होती है, किंतु जब किसी भी प्रकार की कोई गतिविधि नहीं रहती तब अहं को अपने खालीपन का भान होने लगता है। यही वह खालीपन है जिसे भरने में हम हमेशा लगे रहते हैं, और इसे ही भरते-भरते अपना पूरा जीवन खपा देते हैं—वह जीवन चाहे उन्नत व श्रेष्ठ स्तर का रहा हो या क्षुद्र व तुच्छ स्तर का। सामाजिक रूप से, उन्नत व श्रेष्ठ जीवन के स्तर पर इस अकेलेपन को भरने में भले ही कोई बुराई प्रतीत न होती हो किंतु भ्रम और भ्रांति कुछ ऐसे अनकहे दुख और विनाश पैदा कर देते हैं जो तत्काल नज़र नहीं आते। इस खालीपन को भरने की ललक हो या इससे पलायन करने की ललक—दोनों बातें एक ही हैं, और उस ललक को बढ़ाया या दबाया नहीं जा सकता क्योंकि वह कौन है जो इसे बढ़ाने वाला या दबाने वाला है? क्या वह ललक व लालसा का ही दूसरा रूप नहीं है? लालसा की चीज़ें भिन्न-भिन्न हो सकती हैं किंतु क्या सारी लालसाएं एक जैसी नहीं होतीं? आप अपनी ललक को मदिरा के बजाय ख़याली पुलाव से जोड़ सकते हैं, किंतु इस ललक के पूरे प्रपंच को समझे बिना भ्रम व भ्रांति का बना रहना निश्चित समझिए।

ललक से अलग कोई और हस्ती नहीं होती, केवल ललक होती है, ललक करने वाला कोई नहीं होता। ललक अपनी रुचि के अनुसार समय-समय पर तरह-तरह के मुखौटे लगा लेती है। इन बदलती रुचियों की स्मृति की मुलाकात

जब किसी नई रुचि से हो जाती है तब दुविधा उठ खड़ी होती है और इस प्रकार चयन करने वाला यानी पसंद-नापसंद करने वाला अस्तित्व में आ जाता है जो कि अपने अस्तित्व को ललक करने वाले से अलग और एक भिन्न हस्ती के रूप में स्थापित कर लेता है। किंतु हस्ती अपने गुणों से भिन्न कुछ नहीं हुआ करती। जो हस्ती खालीपन को, अधूरेपन को, अकेलेपन को भरने का या उससे भागने का प्रयास कर रही होती है वह उससे भिन्न नहीं होती है जो कि इन सबसे बचना चाह रही होती है; वह वही होती है। वह अपने आप से कैसे भाग सकती है, वह बस इतना कर सकती है कि वह स्वयं को समझे। वह ही खुद ही अकेलापन है, अपना खालीपन है, किंतु जब तक वह इन्हें स्वयं से भिन्न कोई चीज़ मानती रहेगी वह भ्रम और भ्रांति की अवस्था में रहेगी, अनंत दुविधा में रहेगी। जब वह सीधे-सीधे यह अनुभूत कर लेती है कि वह स्वयं ही अपना अकेलापन है केवल तभी उसे भय से मुक्ति मिल सकती है। भय केवल किसी धारणा से जुड़ कर ही आता है, और धारणा पैदा होती है—स्मृति से, यानी विचार से। विचार अनुभव का परिणाम होता है, और हालांकि यह खालीपन के बारे में सोच सकता है, इसके प्रति संवेदनशीलता रखता है, किंतु यह अकेलेपन को सीधे-सीधे जान नहीं सकता है। अपने दर्द और भय से भरी स्मृतियों वाला यह 'अकेलापन' शब्द स्वयं को ताज़ा तरीन देखने से, अर्थात् ठीक वैसा देखने से वंचित रखता है जैसा कि वह है। शब्द तो स्मृति होता है, किंतु जब शब्द का महत्त्व नहीं रह जाता तब अनुभव और अनुभवकर्ता के बीच का संबंध बिल्कुल बदल जाता है, तब संबंध सीधे-सीधे हो जाता है न कि शब्द के या स्मृति के माध्यम से, तब अनुभवकर्ता ही अनुभव बन जाता है, और यही अवस्था भय से मुक्त कर देने वाली होती है।

प्रेम और अकेलापन साथ-साथ नहीं रह सकते। यदि आपको अकेलेपन का एहसास हो रहा है तो समझ लीजिए कि आप में प्रेम नहीं है। आप खालीपन को 'प्रेम' शब्द से ढांप सकते हैं, किंतु जब आपका प्रेम पात्र व्यक्ति या कुछ और आपके पास नहीं रहता या बदले में प्रेम नहीं करता, तब आप पुनः अकेलापन महसूस करने लगते हैं, खिन्न हो उठते हैं। 'प्रेम' शब्द को हम अपने आप से, अपने आधे-अधूरेपन से पलायन करने के माध्यम के रूप में इस्तेमाल करते हैं। जिससे हम प्रेम करते हैं उससे हम चिपके रहते हैं, हम ईर्ष्यालु रहते हैं, जब वह हमारे पास नहीं रहता तब उसका न होना हमें खलता है, अखरता है, और यदि वह मृत्यु को प्राप्त हो जाए फिर तो हम पागल ही हो जाते हैं, और फिर हम

किसी अन्य स्वरूप में, किसी विश्वास में, किसी अन्य विकल्प में वैसी ही राहत पाने की तलाश करने में लग जाते हैं। क्या यही होता है प्रेम? प्रेम कोई अवधारणा नहीं होता, किसी से जुड़ाव होने से यह नहीं उपजता; प्रेम कोई ऐसी चीज़ भी नहीं होता जिसे अपने वीराने से बच कर भागने के लिए हम एक साधन की तरह इस्तेमाल कर लें, किंतु जब हम इसका इस तरह इस्तेमाल करते हैं तब ऐसी समस्याएं उठ खड़ी होती हैं जिनका कोई समाधान भी नज़र नहीं आता। प्रेम कोई कपोल कल्पित चीज़ नहीं है, किंतु इस वास्तविकता का भान तभी हो सकता है जब विचार, अवधारणा, मन—ये प्रमुख और परम कारक नहीं रह जाते।

'कॉमेंट्रीज़ ऑन लिविंग' के प्रथम भाग से

क्या विचार प्रेम होता है?

मॉरिस विल्किंस : मुझे ऐसा लगता है कि विचार रचनात्मक संबंधों का एक हिस्सा है, किंतु यह पूरी मशीन का एक पुर्ज़ा मात्र है।

कृष्णमूर्ति : जी हां, किंतु क्या विचार प्रेम होता है?

मॉरिस विल्किंस : नहीं, प्रेम तो नहीं होता, किंतु मुझे ज़रा संदेह है कि क्या प्रेम में विचार का थोड़ा-बहुत भी स्थान नहीं है? मेरा मतलब है कि यह तो है ही, किसी हद तक।

कृष्णमूर्ति : नहीं, मुझे नहीं लगता कि विचार प्रेम होता है।

मॉरिस विल्किंस : नहीं, यह प्रेम तो निश्चित रूप से नहीं होता।

कृष्णमूर्ति : तो क्या बिना विचार के ही किसी को प्रेम करना संभव है? किसी को प्रेम करने का अर्थ है—उसके बारे में कोई विचार न रखना। ऐसी अवस्था में होने वाला संबंध बिल्कुल भिन्न तरह का होता है, तब होने वाला कर्म बिल्कुल भिन्न होगा।

मॉरिस विल्किंस : सो तो है, किंतु मैं समझता हूं कि प्रेमपूर्ण संबंध में विचार काफ़ी मात्रा में रह सकता है किंतु वह आधार नहीं होता।

कृष्णमूर्ति : नहीं, ऐसा नहीं है। यदि प्रेम है तो विचार का प्रयोग किया जा सकता है, न कि विचार द्वारा प्रेम।

मॉरिस विल्किंस : बिल्कुल सही है, किंतु असल दिक्कत यही है कि विचार द्वारा प्रेम करना ही हमारी फ़ितरत होती है। हम तो इन कंप्यूटरों जैसे हैं जो कि किसी प्रोग्राम के अनुसार काम करते हैं। संबंध में विचार के अवसान की जो बात आप कह रहे हैं, उसे कुछ पल के लिए तो मैं उलटा ही किए दे रहा था और आश्चर्य कर रहा था कि विचार के बिना भला कोई संबंध हो कैसे सकता है?

कृष्णमूर्ति : विचार के न रहने पर क्या होता है, तनिक यह देखिए। अपने भाई या अपनी पत्नी के साथ मेरा एक संबंध है और वह संबंध विचार पर आधारित न हो कर मूल रूप से और गहराई से प्रेम पर आधारित है। उस प्रेम में, उस अद्भुत संवेदनशीलता में, मुझे कुछ भी विचार करने की आवश्यकता क्या है? प्रेम सर्वव्यापी और सर्वसमावेशी (कॉम्प्रीहैंसिव) होता है, किंतु जब विचार इसमें प्रवेश कर जाता है तब यह विभाजनकारी हो जाता है और प्रेम के सहज गुण को, उसकी विशिष्टता को विनष्ट कर देता है।

मॉरिस विल्किंस : किंतु क्या प्रेम सर्वसमावेशी होता है? क्या वह सर्वसमावेशी होने के बजाय सर्वव्यापी नहीं होता? क्योंकि यह तो निश्चित बात है कि विचार के बिना तो यह अपने आप को ठीक तरह अभिव्यक्त भी नहीं कर सकता।

कृष्णमूर्ति : सर्वसमावेशी यहां संपूर्ण के अर्थ में प्रयोग किया जा रहा है। मेरा मतलब है कि प्रेम घृणा का विलोम नहीं है।

मॉरिस विल्किंस : ठीक है।

कृष्णमूर्ति : अतः स्वयं इसमें द्वैत का कोई भाव नहीं रहता।

मॉरिस विल्किंस : मुझे लगता है कि प्रेम दरअसल संबंध का गुण अधिक है, जीवन का एक ऐसा गुण जो संबंध में प्रवेश कर जाता है।

कृष्णमूर्ति : जी हां, जब विचार इसमें प्रवेश करता है तब मैं वे तमाम बातें याद करने लगता हूं जो मेरी पत्नी मुझसे अब तक बोल चुकी है, या जो कुछ वह कर चुकी है, तब तमाम उलझनें, तमाम व्यग्रताएं रेंगती हुई अंदर आ जाती हैं। सबसे बड़ी दिक्कत यह है कि हमने सचमुच इस प्रेम को न तो समझा है और न ही महसूस किया है कि यह कोई स्वामित्व या मालिकाना भाव नहीं है। यह आसक्ति, मोह, ईर्ष्या, घृणा या इन जैसा कुछ भी नहीं है।

मॉरिस विल्किंस : क्या प्रेम व्यापक स्तर पर एकत्व की सजगता नहीं है?

कृष्णमूर्ति : क्या हम यह कह सकते हैं कि प्रेम में सजगता नहीं है; वह तो बस प्रेम है। ऐसा नहीं है कि प्रेम इस बात से अवगत है कि हम सब एक ही हैं। यह तो एक सुगंध की तरह होता है। आप सुगंध की चीर-फाड़ नहीं कर सकते, उसका विश्लेषण नहीं कर सकते। प्रेम तो एक अद्भुत सुगंध है, किंतु ज्यों ही आप उसका विश्लेषण करते हैं त्यों ही आप उसे बरबाद कर देते हैं।

मॉरिस विल्किंस : हां, यदि आप इसे सुगंध कहते हैं फिर तो यह किसी गुण के समान हो जाता है। किंतु तब गुण इस एकत्व के अर्थ के साथ जुड़ जाता है। क्या ऐसा नहीं है?

कृष्णमूर्ति : किंतु आप उसे एक अर्थ दे ही रहे हैं।

मॉरिस विल्किंस : मैं तो इसके बारे में बात कर रहा हूं! मैं इसे किसी ठिकाने पर लाकर खड़ा नहीं कर रहा हूं। किंतु, क्या इस एकत्व को जाने बिना प्रेम हो सकता है?

कृष्णमूर्ति : यह उससे भी कहीं अधिक कुछ होता है।

मॉरिस विल्किंस : ठीक है कि यह उससे भी कहीं कुछ अधिक होता है। किंतु एकत्व के उस एहसास के बिना भी क्या इसका अस्तित्व हो सकता है?

कृष्णमूर्ति : देखिए, क्या मैं एक कैथोलिक बने रहते हुए कह सकता हूं कि मैं प्रेम करता हूं, मैं करुणावान हूं? जब तक मुझमें यह विश्वास, यह अवधारणा, यह पूर्वाग्रह जड़ जमाए बैठा है, तब तक क्या मुझमें करुणा और प्रेम रह सकते हैं? जहां मुक्त-उन्मुक्त होने का भाव है, आज़ादी है, प्रेम वहीं है। स्वेच्छाचारिता वाली आज़ादी नहीं—वह तो बेकार की बात है, चुनने की या पसंद-नापसंद करने की स्वतंत्रता होने का हमारे इस विषय से कोई ताल्लुक नहीं है—परंतु प्रेम करने के लिए पूरी तरह से आज़ाद, उन्मुक्त होना आवश्यक है।

मॉरिस विल्किंस : हां, लेकिन कैथोलिकों में प्रेम तो शायद बहुत हो, बस कुछ मामलों में वह सीमाओं में बंधा होता है।

कृष्णमूर्ति : जी हां, ऐसा तो है।

मॉरिस विल्किंस : किंतु यह कुछ ऐसे पूछने जैसा है कि क्या ऐसा भी अंडा हो सकता है जो आंशिक रूप से सड़ा हो! एकत्व का यह भाव समूचे का हिस्सा है, क्या ऐसा नहीं है?

कृष्णमूर्ति : यदि हममें प्रेम है तो एकत्व भाव तो होगा ही।

मॉरिस विल्किंस : ठीक है, यह निश्चित रूप से होगा। मैं आपसे सहमत हूं कि ऐसा नहीं है कि एकत्व भाव के होने से प्रेम आ जाएगा।

कृष्णमूर्ति : देखिए, सारे धर्म और सारे धार्मिक मानसिकता वाले लोग हमेशा ही प्रेम और भक्ति को किसी वस्तु विशेष के साथ, या किसी विशेष अवधारणा, किसी विशेष प्रतीक के साथ जोड़ देते हैं। यह अबाध प्रेम नहीं है। और मुद्दा यही है, सर! यदि अहं हो तो क्या प्रेम हो सकता है? सवाल ही पैदा नहीं होता।

मॉरिस विल्किंस : लेकिन यदि आप यह कहते हैं कि अहं एक स्थापित छवि होती है, फिर तो प्रेम किसी ऐसी चीज़ के साथ रह ही नहीं सकता जो स्थापित व स्थिर हो क्योंकि प्रेम तो असीम होता है।

कृष्णमूर्ति : सही बात है।

मॉरिस विल्किंस : किंतु मुझे लगता है कि दो मनों के बीच होने वाले संवाद के चलते, उनके बीच हो रही गति, सरगर्मी के चलते—इस तरह के संबंध में जो सीमा के भाव में नहीं बंधा—और अनिवार्य रूप से काल से परे क्योंकि काल तो उन्हें सीमा में बांध देगा—कुछ नया उभर कर आ सकता है।

कृष्णमूर्ति : किंतु क्या दो मन कभी मिल सकते हैं? क्या वे समानांतर रेल की पटरियों की तरह नहीं रहते जो कभी मिलती नहीं हैं? इंसान के रूप में, पति-पत्नी के रूप में, या किसी भी अन्य रूप में दूसरों के साथ हमारे संबंध क्या हमेशा ही समानांतर नहीं रहते, हर एक अपनी ही लीक पर नहीं चल रहा होता है—एक-दूसरे के प्रति सचमुच प्रेम के अर्थ में कभी न मिलता हुआ? किसी ध्येय-हेतु के बिना बस प्रेम, इस अर्थ में क्या मिलना होता है?

मॉरिस विल्किंस : हां, व्यावहारिक रूप में तो अलगाव किसी हद तक रहता ही है।

कृष्णमूर्ति : जी हां, मैं यही कह रहा हूं।

मॉरिस विल्किंस : संबंध यदि एक भिन्न स्तर पर हो सकता हो तो उनमें यह समानांतरपन नहीं रहेगा।

कृष्णमूर्ति : बिल्कुल, किंतु उस स्तर तक पहुंचना तो असंभव-सा ही लगता है। मैं अपनी पत्नी से अनुरक्त हूं, मैं उसे बताता हूं कि मैं उसे प्रेम करता हूं, वह भी मुझसे अनुरक्त रहती है। क्या यह प्रेम है? मैं उस पर अधिकार और स्वामित्व भाव रखता हूं और वह मुझ पर, या वह मेरे अधिकार और स्वामित्व में रहना पसंद करती है, वगैरह-वगैरह, ये सब संबंध की जटिलताएं हैं। किंतु फिर भी हम एक दूसरे से कहते रहते हैं 'मुझे तुमसे प्रेम है', और यह बात हमें संतुष्टि देती प्रतीत होती है। मेरा प्रश्न है कि क्या इसमें लेशमात्र भी प्रेम है?

मॉरिस विल्किंस : फिर भी यह लोगों को कुछ देर के लिए तो सुखद एहसास दे ही देता है।

कृष्णमूर्ति : किंतु क्या यह सुखद एहसास प्रेम होता है?

मॉरिस विल्किंस : एक सीमा तक, किंतु उनमें से एक गुज़र जाता है तब दूसरा बड़ी पीड़ा महसूस करता है।

कृष्णमूर्ति : जी हां, अकेलापन, आंसू और पीड़ा से भरा हुआ। इस पर हमें वाकई सोच-विचार करना चाहिए। मैं एक ऐसे व्यक्ति को जानता हूं जिसके लिए पैसा ही भगवान था। उसके पास बहुत सारी धन-दौलत थी। जब वह मरने वाला था तब उसकी इच्छा हुई कि जो कुछ उसका है उसे वह एक नज़र भर

कर देख ले। अपनी सारी दौलत तो वह स्वयं था किंतु वह बाहरी दौलत के प्रति मरा जा रहा था, क्योंकि वह तो बाहरी धन-संपदा ही बन गया था। और, वह अपने जीवन का अंत सामने देख कर नहीं डर रहा था बल्कि उस धन-संपदा के छूट जाने का डर उसे सता रहा था। आप समझे? उसके लिए मसला था—धन-दौलत के छूटने का, न कि अपने छूट जाने का, और कुछ नया पाने का।

मॉरिस विल्किंस : क्या मैं मृत्यु के बारे में कुछ पूछ सकता हूं? वह क्या है कि जब कोई आदमी मर रहा हो तब वह मरने से पहले अपने सभी जानने वालों और मित्रों को देखना चाहता हो; क्या यह उन लोगों के प्रति उसकी आसक्ति है, मोह है?

कृष्णमूर्ति : हां, यह आसक्ति है, मोह है। वह मरने वाला है और मृत्यु तो एक अकेलापन होती है, यह सबसे अलग करने वाली चीज़ होती है, सबसे अलगावकारी क्रिया होती है। ऐसी अवस्था में मैं अपनी पत्नी, अपने बच्चों, अपने नाती-नातियों और पोते-पोतियों से मिलना चाहता हूं क्योंकि मैं जानता हूं कि ये सब मुझसे छूट जाएंगे, मेरी मृत्यु आ गई है, मेरा अंतकाल आ गया है। यह बड़ी भयावह अवस्था होती है। एक दिन मैंने एक व्यक्ति को देखा जो मरने वाला था। सर, मैंने अंत समय का इतना भय, इतना भयंकर भय कभी नहीं देखा। वह बोला, 'अपने परिवार से, मेरे द्वारा अर्जित की गई धन-दौलत से और जो कुछ मैंने किया है उससे अलग होने पर मुझे बड़ा डर लग रहा है। यह मेरा परिवार है, मैं इन्हें प्रेम करता हूं किंतु इनको खो देने के डर से मैं बुरी तरह घबराया हुआ हूं'।

मॉरिस विल्किंस : लेकिन शायद वह आदमी अपने सभी प्रियजनों को देखना चाहता हो और उनसे कहना चाहता हो...

कृष्णमूर्ति : 'अच्छा मित्रो, अब चलता हूं, उस पार मिलेंगे!' वह एक अलग बात है।

मॉरिस विल्किंस : शायद।

कृष्णमूर्ति : मैं एक ऐसे व्यक्ति को जानता हूं जिसने अपने परिवार को बता दिया था कि अगले साल जनवरी में अमुक तारीख़ को मरने वाला हूं। और, उस तारीख़ को उसने अपने सभी परिजनों और मित्रों को बुलाया और बताया 'मैं आज मरने वाला हूं' और उसने अपनी वसीयत की, फिर कहा 'मुझे अकेला छोड़ दीजिए', सभी लोग कमरे से बाहर चले गए और वह मर गया!

मॉरिस विल्किंस : अच्छा! तो यदि बुलाए गए सभी लोगों के साथ उसके

संबंध उसके लिए महत्त्वपूर्ण थे और चूंकि वह मरने वाला था इसलिए उन सबको अंतिम बार देखना चाहता था और फिर वह मर गया, तो यह तो मोह या आसक्ति नहीं है।

कृष्णमूर्ति : नहीं, बिल्कुल नहीं। मोह और आसक्ति के परिणाम पीड़ा पहुंचाने वाले और व्यग्र कर देने वाले होते हैं। उसमें संताप का, कुछ खो देने का भाव रहता है।

मॉरिस विल्किंस : असुरक्षा और भय का स्थाई भाव।

कृष्णमूर्ति : असुरक्षा का भाव और जाने क्या-क्या उसके साथ जुड़ जाता है। और उस सबको हम प्रेम कह देते हैं। मैं कहता हूं कि मैं अपनी पत्नी को प्रेम करता हूं किंतु अंदर गहराई तक मैं इस आसक्ति, लगाव और मोह की तड़पा देने वाली पीड़ा को भी जानता हूं, लेकिन मैं उसे छोड़ भी नहीं सकता हूं।

मॉरिस विल्किंस : किंतु फिर भी आप यह सोच-सोच कर दुखी होते रहते हैं कि आपके मरने पर वह दुखी होगी।

कृष्णमूर्ति : जी हां, यही तो तमाशा है, किंतु वह जल्दी ही दुख भूल जाती है और किसी और से शादी कर लेती है, और इस तरह तमाशा जारी रहता है।

मॉरिस विल्किंस : जी हां, हम खैर की उम्मीद करते हैं, किंतु कोई दूसरे लोगों के दुख से चिंतित और परेशान भी तो हो सकता है।

कृष्णमूर्ति : हां, हां।

मॉरिस विल्किंस : अपनी ही मृत्यु की संभावना को स्वीकार कर शायद दुख को कम किया जा सकता है।

कृष्णमूर्ति : नहीं। दुख क्या भय से जुड़ा रहता है? मैं मृत्यु से भयभीत हूं, मैं अपने पद-प्रतिष्ठा के ख़त्म हो जाने से भयभीत हूं, मैं इस बात से भयभीत हूं कि मैंने जो कुछ जोड़ा है, एकत्र किया है—भौतिक भी और मानसिक स्तर पर भी—उस सबका अंत हो जायेगा। भय तब पुनर्जन्म और इसी प्रकार के अन्य प्रपंच रच लेता है। क्या मैं मृत्यु के भय से सचमुच मुक्त हो सकता हूं? क्या मैं मृत्यु के साथ रह सकता हूं? इसका यह अर्थ नहीं है कि मैं आत्महत्या कर लूं, बल्कि मृत्यु के साथ जिऊं, चीज़ों के अंत होने पर पुलकित होऊं जैसे कि अपनी आसक्ति या मोह का अंत होने पर। यदि मैं अपनी पत्नी से कह दूं, 'मैंने तुम्हारे साथ अपनी आसक्ति को समाप्त कर दिया है' तो क्या वह यह बात सहन करेगी? तब तो एक जीने-मरने का झगड़ा खड़ा हो जायेगा। तब विचार द्वारा चेतना में कूट-कूट कर भर दी गई सारी सामग्री पर ही मैं प्रश्न चिन्ह लगा

रहा होऊंगा। विचार हमारे जीवन पर हावी रहता है, किंतु मैं स्वयं से पूछ रहा हूं कि क्या यह हो सकता है कि विचार बस अपना आवश्यक स्थान रखे तथा केवल उसी स्थान में रहे, और कहीं और दखल-अंदाज़ी न करे? अपने मित्र या अपनी पत्नी या अपनी प्रेयसी के साथ अपने संबंधों में कोई विचार मुझे क्यों पाल लेना चाहिए? मुझे अपने संबंध के विषय में विचार करना ही क्यों चाहिए? जब कोई कहता है, 'मैं तुम्हारे बारे में सोच रहा हूं' तो यह कितना हास्यास्पद लगता है।

मॉरिस विल्किंस : लेकिन किसी काम के लिए तो हमें दूसरे लोगों के बारे में सोचने की आवश्यकता पड़ती ही है।

कृष्णमूर्ति : वह एक अलग बात है। मैं तो यह कह रहा हूं कि जहां प्रेम है वहां विचार को रहना ही क्यों चाहिए? संबंधों में तो विचार विनाशकारी ही होता है। वहां यह आसक्ति बन जाता है, आधिपत्य या अधिकार जमाने वाला बन जाता है, और सुविधा, सुरक्षा व सुनिश्चतता के प्रयोजन से एक दूसरे से जुड़ा रहना बन जाता है, किंतु यह सब प्रेम तो नहीं है।

मॉरिस विल्किंस : नहीं, यह प्रेम नहीं है लेकिन जैसा कि आपने कहा है कि प्रेम विचार का प्रयोग कर सकता है, और यही वह है जिसे आप संबंध की विचारशीलता कहते हैं।

कृष्णमूर्ति : वह एक अलग विषय है, बिल्कुल अलग विषय। देखिए, यदि मैं अपनी पत्नी में, अपने पति में या अपने घर के सामान में आसक्ति रखता हूं तो मैं उस आसक्ति में प्रेम करता हूं, किंतु उससे होने वाले नुकसान का तो हिसाब भी नहीं लगाया जा सकता। क्या मैं अपनी पत्नी को बिना किसी आसक्ति के प्रेम कर सकता हूं? व्यक्ति से कुछ भी न चाहते हुए उसे प्रेम करना कितना अद्भुत, कितना चमत्कारपूर्ण होता है!

मॉरिस विल्किंस : यह तो सर्वश्रेष्ठ स्वतंत्रता है।

कृष्णमूर्ति : जी हां, तो प्रेम ही स्वतंत्रता है।

मॉरिस विल्किंस : किंतु आपकी बात में यह बात निहित लग रही है कि यदि पति और पत्नी में प्रेम है और उनमें से किसी एक की मृत्यु हो जाती है तो दूसरे को दुख नहीं होगा। मुझे लगता है कि यह बात सही है।

कृष्णमूर्ति : मुझे भी ऐसा ही लगता है। यह सही है।

मॉरिस विल्किंस : तब आप दुख से ऊपर उठ गए होते हैं।

कृष्णमूर्ति : दुख तो विचार होता है, दुख एक भावना होता है, दुख एक

आघात होता है, दुख कुछ खो जाने का या किसी के खो जाने का एहसास होता है, खुद के अचानक उजड़ जाने का और अकेला रह जाने का एहसास होता है दुख।

मॉरिस विल्किंस : जी हां, आपके कहने का मतलब है कि अकेलेपन की अवस्था प्रकृति के विपरीत है।

कृष्णमूर्ति : तो इस तरह यदि मैं अंत होने की प्रकृति को समझ सकूं—हर समय कुछ अंत होते जाना : अपनी महत्त्वाकांक्षा का अंत हो जाना, दुख का, भय का, इच्छा के जंजाल का अंत होते जाना—इस सबका अंत करने के लिए, जिसका अर्थ है मृत्यु—इसके लिए आवश्यक है कि आप हर उस चीज़ के प्रति मर जाएं जो आपने मानसिक रूप से जमा कर ली हैं, एकत्र कर ली है।

मॉरिस विल्किंस : और यह तो हर कोई मानता है कि मृत्यु ही मुक्ति है।

कृष्णमूर्ति : और वही वास्तविक मुक्ति है।

मॉरिस विल्किंस : यह बात तो बिल्कुल स्पष्ट है। आपका मतलब है कि आप उस परम मुक्ति को हर एक के जीवन में ले आना चाहते हैं।

कृष्णमूर्ति : जी हां महोदय, वरना तो हम गुलाम ही बने रहेंगे, अपनी पसंद-नापसंद के गुलाम, हर चीज़ के गुलाम।

मॉरिस विल्किंस : समय के मालिक नहीं बल्कि उसके भी गुलाम

कृष्णमूर्ति : हां, समय के गुलाम, सही कहा आपने।

प्रो. मॉरिस विल्किंस के साथ चर्चा, ब्रॉकवुड पार्क,
12 फ़रवरी 1982

मॉरिस विल्किंस यूनिवर्सिटी ऑव लंदन में प्रोफ़ेसर थे और जीव विज्ञान में नोबल पुरस्कार से सम्मानित किए गए थे।

इस पल में, 'अब' में कैसे जिया जाए?

हमें अपने संबंधों को ध्यान से देखना चाहिए—जैसे कि वे हैं, रोज़मर्रा की ज़िंदगी में—और वे जैसे हैं उनका वैसा ही अवलोकन करने पर आपको यह पता चलेगा कि उस हकीकत में बदलाव कैसे लाया जाए। इसलिए हम उसका वर्णन कर रहे हैं जो वास्तव में है। हर कोई अपनी ही दुनिया में जीता है, अपनी महत्त्वाकांक्षाओं की, लोभ, भय, सफल होने की तमन्ना की, और ऐसी ही अन्य बातों की दुनिया में। यदि मैं विवाहित हूं तो मेरी ज़िम्मेदारियां हैं—बच्चे हैं, रोज़गार पर जाना है; पति-पत्नी या प्रेमी-प्रेमिका एक दूसरे के साथ बिस्तर पर मिलते हैं। और इसी अलग तरह से जीवन बिताने को, अलग-थलग होने को, अपने चारों तरफ़ प्रतिरोध की दीवार खड़ी कर लेने को, अहं-केंद्रित गतिविधियों में लगे रहने को हम प्रेम कह देते हैं। हर कोई मनोवैज्ञानिक सुरक्षा की जुगत में लगा हुआ है, हर कोई सुविधा के लिए, सुख के लिए, संग-साथ के लिए किसी दूसरे पर निर्भर हो रहा है। क्योंकि हर कोई गहराई तक अकेला है इसलिए प्रेम पाने को, तवज्जो पाने को लालायित रहता है, हर कोई दूसरे पर हावी होने की फ़िराक में रहता है। यदि आप स्वयं का अवलोकन करें तो यह बात साफ़ तौर पर खुद ही देख सकते हैं। किन्हीं दो जनों में कोई संबंध है ही नहीं; भले ही उनके बच्चे हों, उनका मकान हो, किंतु वास्तव में वे संबंधमय नहीं रहते। यदि उनका कोई संयुक्त प्रयोजन है तो वह प्रयोजन ही उन्हें जोड़े रखता है, साथ-साथ थामे रखता है, किंतु यह तो कोई संबंध नहीं हुआ।

इस बात को समझ लेने पर आप देख सकते हैं कि यदि दो जनों के बीच कोई संबंध है ही नहीं तो वहां भ्रष्टता और विकृति पनपने लगते हैं—समाज के बाहरी ढांचे में या प्रदूषण के बाहरी परिदृश्य में नहीं बल्कि उसके भीतरी प्रदूषण में, विनाश में। इंसानों के बीच वास्तव में कोई संबंध है ही नहीं—जैसा कि आप

लोगों के बीच नहीं है। आप भले ही एक-दूसरे का हाथ थाम लेते हों, एक दूसरे का चुंबन कर लेते हों, एक साथ सो लेते हों, किंतु यदि आप सचमुच बहुत ध्यान से देखें तो क्या आप दोनों के बीच कोई संबंध पाते हैं? संबंधमय होने का अर्थ है—परस्पर निर्भर न होना, अपने अकेलेपन से बचने के लिए दूसरे का इस्तेमाल न करना, दूसरे के ज़रिए आराम, सुख-सुविधा, संग-साथ पाने की जुगत में न रहना। जब आप दूसरे के ज़रिए आराम और सुख-सुविधा की जुगाड़ में रहते हैं, और इसके लिए उस पर निर्भर रहते हैं, तब क्या आपके बीच किसी प्रकार का कोई संबंध रहता है? क्या तब आप दरअसल एक दूसरे को बस इस्तेमाल नहीं कर रहे होते हैं?

यहां हम दोषदर्शी या निंदक नहीं हो रहे हैं, बल्कि वास्तव में जो है, उसका अवलोकन कर रहे हैं और ऐसा करना दोषदर्शी या निंदक होना नहीं होता। यह पता लगाने के लिए कि किसी के साथ संबंधमय होने का वास्तविक अर्थ क्या है, हमें अकेलेपन की इस समस्या को समझना होगा क्योंकि अधिकतर लोग बुरी तरह अकेले हैं, बढ़ती उम्र के साथ-साथ हमारा अकेलापन और भी बढ़ता जाता है—विशेष रूप से इस देश में। क्या आपने ध्यान दिया है कि वयोवृद्ध लोग कैसे हो जाते हैं? क्या आपने उनके पलायनों पर, उनके मनोरंजनों पर ध्यान दिया है? वे अपने जीवन भर काम करते रहे हैं किंतु वे किसी न किसी मनोरंजन में पलायन करना चाहते हैं।

यह सब देखते हुए, क्या हम जीने का कोई ऐसा तरीका निकाल सकते हैं जिसमें हम दूसरे को इस्तेमाल न कर रहे हों, मनोवैज्ञानिक रूप से, भावनात्मक रूप से दूसरे पर निर्भर न हो रहे हों, अपने ही संतापों, अपनी ही हताशाओं और अपने ही अकेलेपन से बचने के माध्यम के रूप में दूसरे को इस्तेमाल न कर रहे हों?

इसको समझना ही अकेले होने के अर्थ को समझ लेना है। क्या आप कभी अकेले हुए हैं? क्या आपको पता है कि अकेले होने का अर्थ क्या है? इसका अर्थ है कि आप दूसरे के साथ कोई संबंध नहीं रखते, कि आप पूरी तरह से अलगाव में जी रहे हैं। भले ही आप अपने परिवार के साथ हों, भरी भीड़ में हों, कार्यालय में हों, कहीं भी हों, नितांत अकेलेपन का यह एहसास अपनी तमाम हताशा के साथ अचानक आपको दबोच ही लेता है। जब तक आप उसे नहीं सुलझा लेते तब तक आपके संबंध पलायन का माध्यम बने रहेंगे और इसीलिए भ्रष्टता की ओर, विकृति की ओर, कलह-क्लेश की ओर ले जाने वाले बने रहेंगे।

इस अकेलेपन को, नितांत अलगाव की इस अवस्था को कोई कैसे समझे? इसको समझने के लिए उसे अपने ही जीवन को ध्यान से देखना होगा। क्या आपका हर एक कार्यकलाप अहं-केंद्रित गतिविधि नहीं होता है? कभी-कभार आप भले ही दानी या उदार बन जाते हों, कोई काम बिना किसी निहित स्वार्थ के कर देते हों, किंतु ऐसे अवसर विरले ही होते हैं। इस हताशा का अंत पलायन का सहारा लेकर कभी नहीं किया जा सकता, केवल इसका अवलोकन करने के द्वारा ही किया जा सकता है।

तो हम उसी प्रश्न पर लौट आए हैं कि हम ऐसा अवलोकन कैसे करें कि उस अवलोकन में कोई भी और कैसा भी अंतर्द्वंद्व न हो। क्योंकि यह द्वंद्व ही भ्रष्टता है, यह ऊर्जा का अपव्यय है, हमारे जन्म से लेकर हमारी अंतिम सांस तक यही हमारे जीवन का कुरुक्षेत्र बना रहता है। क्या यह संभव है कि हम एक पल भी द्वंद्व में गंवाए बिना जी सकें? ऐसा करने के लिए, उस अवस्था को पाने के लिए हमें सीखना होगा कि हम अपने हर पल का अवलोकन कैसे करें। वही अवलोकन वास्तव में अवलोकन होता है जिसमें कोई अवलोकनकर्ता नहीं होता, केवल अवलोकन होता है।

जहां कोई संबंध ही न हो, वहां क्या प्रेम रह सकता है? हम प्रेम के बारे में बातें तो बहुत करते हैं किंतु प्रेम को यौनाचार से, सुख-उपभोग से जोड़ कर ही देखते हैं, है न? आपमें से कुछ लोग 'ना' कह रहे हैं। यदि आप ना कहते हैं तो फिर आपमें कोई महत्त्वाकांक्षा नहीं रहनी चाहिए, फिर आपमें कोई प्रतिस्पर्धा नहीं रहनी चाहिए, 'तुम' और 'मैं' तथा 'हम' और 'वे' जैसा कोई विभाजन नहीं रह जाना चाहिए। राष्ट्रीयता का या किसी प्रकार का भी ऐसा विभाजन और अलगाव नहीं रह जाना चाहिए जो किसी विश्वास से या ज्ञान से पैदा हुआ हो। केवल तभी आप कह सकते हैं कि आप प्रेम करते हैं। किंतु अधिकांश लोगों के लिए तो प्रेम दरअसल यौनाचार से, सुख-उपभोग से और इनके साथ आने वाली तमाम अलामतों से ही जुड़ा होता है जैसे ईर्ष्या, कुढ़न, वैरभाव—पुरुष और स्त्री के बीच इस सारे चलन को आप जानते ही होंगे। संबंध जब सच्चे न हों, वास्तविक, गहरे और पूरी तरह साम्जस्यपूर्ण न हों तब आप इस संसार में शांति कैसे पा सकते हैं? युद्ध पर पूर्णविराम कैसे लगा सकते हैं?

इस प्रकार, संबंध हमारे जीवन की सबसे अधिक महत्त्वपूर्ण चीज़ों में से एक है—बल्कि यही सबसे महत्त्वपूर्ण चीज़ है। इसका अर्थ यह हुआ कि हमें यह समझना ही होगा कि प्रेम क्या है। निश्चय ही, हम इस तक यकायक ही पहुंचते

हैं, और वह भी ऐसा करने की चाहत के बिना ही। जब आप स्वयं यह खोज लेते हैं कि प्रेम क्या नहीं है, तभी आप जान पाते हैं कि प्रेम क्या है। सैद्धांतिक या शाब्दिक रूप से नहीं, बल्कि जब आप सचमुच यह जान लेते हैं कि यह क्या नहीं है अर्थात् ऐसा मन न होना जो प्रतिस्पर्धा करने वाला हो, जो महत्त्वाकांक्षी हो, एक ऐसा मन न होना जो जुगाड़ में हो, तुलना कर रहा हो, भेड़चाल में चल रहा हो, क्योंकि ऐसा मन तो शायद ही प्रेम कर सके।

क्या कोई ऐसा दिल, ऐसा दिमाग जो ठेस को, अपमान को याद रखे हुए हो, जो उन बातों को याद रखे हुए हो जो उसे असंवेदनशील और कुंठित करती हों—क्या ऐसा दिल, ऐसा दिमाग जानता है कि प्रेम क्या होता है? प्रेम क्या सुख-उपभोग होता है? किंतु हम तो इसी की ललक में रहते हैं, इसी के पीछे दौड़ते रहते हैं—अनजाने भी और जानबूझ कर भी। हमारे भगवान भी तो हमारे सुख-उपभोग के ही परिणाम हैं। हमारे विश्वास, हमारी सामाजिक संरचना, हमारे समाज की नैतिकता, जो कि वास्तव में अनैतिकता ही है, यह सब हमारी सुख-उपभोग की ललक का ही तो परिणाम है। और, जब आप कहते हैं, 'मैं अमुक को प्रेम करता हूं' तो क्या वह प्रेम होता है? प्रेम का तो अर्थ होता है—कोई अलगपन नहीं, कोई आधिपत्यता या हावी होना नहीं, कोई अहं-केंद्रित गतिविधि नहीं। प्रेम को पाने के लिए हमें यह सब नकारना होगा, इसके असत्य को और मिथ्यात्व को देख लेने के अर्थ में इसे नकारना होगा। आप जब किसी चीज़ के असत्य को, मिथ्यापन को देख लेते हैं, जिसे कि आप पहले सत्य, स्वाभाविक और मानवीय मान चुके होते हैं, तो फिर आप उसकी तरफ़ लौटते नहीं हैं, वैसे ही जैसे कि आप जब एक ख़तरनाक सांप या ख़तरनाक जानवर को देख लेते हैं तो फिर आप उसके साथ खिलवाड़ नहीं करते, उसके निकट भी नहीं जाते। इसी प्रकार, जब आप वास्तव में यह देख लेते हैं कि इन चीज़ों में से कोई भी चीज़ प्रेम नहीं है, आप इसे अनुभूत कर लेते हैं, इसका अवलोकन कर लेते हैं, इस पर मनन-मंथन कर लेते हैं, इस तथ्य के साथ जीने लगते हैं, इसके प्रति पूरी तरह गंभीर होते हैं, तब आप जान जाते हैं कि प्रेम क्या होता है, करुणा क्या होती है—जिसका अर्थ होता है—सबके लिए उत्कटता का, *पैशन* का होना।

पैशन तो हम में है ही नहीं, हम में तो कामुकता है, सुख-उपभोगिता है, परंतु *पैशन* नहीं है। *पैशन* शब्द का मूल अर्थ है—दुख। हम सभी को किसी न किसी प्रकार का दुख मिल चुका है, किसी को खो देने का दुख, अपने आप पर तरस खाने का दुख, मानव जाति का दुख—सामूहिक भी और व्यक्तिगत भी।

हम जानते हैं कि दुख क्या होता है, जैसे कि किसी ऐसे व्यक्ति की मृत्यु हो जाना जिसे आप समझते हैं कि आप प्रेम करते थे। जब हम उस दुख के साथ रहते हैं—पूरी तरह से, उसका कोई कारण या औचित्य ठहराए बिना, किसी भी रूप से उससे बचकर भागे बिना, न शब्दों के माध्यम से, न क्रियाओं के माध्यम से—जब आप विचारों की चलायमानता के बिना उसके साथ बने रहते हैं, तब आप देखेंगे कि उस दुख में से *पैशन* उभरता है। उस *पैशन* में प्रेम की गुणवत्ता विद्यमान रहती है, किंतु प्रेम में कोई दुख नहीं होता।

क्या आप पता लगा सकते हैं कि जीवन को 'अब' में, आज में कैसे जिएं जिसमें कि हर उस चीज़ का अंत भी होता जाए जिसकी आप शुरुआत करते हैं? ज़ाहिर है कि अपने कामकाज का नहीं बल्कि अपने भीतर, उस सारे ज्ञान का जो कि आपने एकत्र कर लिया है; यहां ज्ञान से तात्पर्य है—आपकी अनुभूतियां, आपकी स्मृतियां, आपकी ठेस, जीने का तुलनात्मक ढंग, हर समय किसी न किसी से अपनी तुलना करते रहना। हर दिन इस सबका अंत कर देना ताकि अगले दिन आपका मन ताज़ा, कोरा और शिशु समान हो। ऐसे मन को कभी ठेस नहीं लग सकती, और यही होता है नादान व निर्दोष मन।

आपको अपने तई यह खोजना होगा कि मरने का मतलब क्या है, फिर आपको कोई भय नहीं रहेगा, और इसीलिए फिर हर दिन एक नया दिन होगा—और आप सचमुच ऐसा कर सकते हैं ताकि आपका मन और आपकी आंखें जीवन को एकदम नए रूप में देख पाएं। यही है मरणोपरांत जीवन। यह मन की वह गुणवत्ता है जो इस कालातीत अवस्था में पहुंच गई होती है, क्योंकि इसने जान लिया होता है कि दिन के दौरान एकत्र कर ली गई हर चीज़ के प्रति हर दिन मर जाने का अर्थ क्या होता है। निश्चय ही, इसी में प्रेम का वास होता है। प्रेम हर दिन भरपूर कुछ नयापन लिए रहता है, किंतु सुख-उपभोग के साथ ऐसा नहीं है, उसमें तो निरंतरता रहती है। प्रेम नित नूतन होता है और इसीलिए इसकी अपनी ही नित्यता होती है।

क्या आप कोई प्रश्न पूछना चाहते हैं?

प्रश्नकर्ता : वैसे तो आप मेलजोल और साझेदारी में विश्वास करते प्रतीत होते हैं किंतु साथ ही यह भी कहते हैं कि दो प्रेमी या पति-पत्नी एक दूसरे को सुख-सुविधा देने पर अपने प्रेम को आधारित नहीं कर सकते, बल्कि उन्हें ऐसा

करना भी नहीं चाहिए। एक दूसरे को कोई सुख या कोई सुविधा देने में मैं तो कोई बुराई नहीं समझता। मेलजोल और साझेदारी यही तो होती है।

कृष्णमूर्ति : आप क्या साझा करते हैं? इस समय आप क्या साझा कर रहे हैं? हमने मृत्यु के बारे में बात की, हमने प्रेम के बारे में बात की, हमने संपूर्ण क्रांति के बारे में, संपूर्ण मनोवैज्ञानिक बदलाव के बारे में, सिद्धांतों व सूत्रों के पुरातन ढर्रे में न जीने, संघर्ष, पीड़ा, नकल व भेड़चाल के बारे में, और उन तमाम चीज़ों के बारे में बात की जिनमें मानव हज़ारों वर्षों से जीता आया है और जिनके चलते यह विचित्र संसार, यह अव्यवस्थित संसार अपने इस रूप तक पहुंचा है! हमने मृत्यु के बारे में बात की। हम यह सब साथ-साथ कैसे साझा करते हैं? यह बात समझने में साझा कीजिए न कि इसके शाब्दिक कथन में, न कि इसके वर्णन में, न कि इसकी व्याख्या में। समझ को साझा करने का अर्थ क्या होता है, उस सत्य को साझा करने का अर्थ क्या होता है जो समझ के साथ आता है? और समझ का अर्थ क्या होता है? आप मुझे कोई बात बताते हैं जो कि गहन-गंभीर बात है, जो कि मेरे जीवन से जुड़ी है, मुझ से जुड़ी है और महत्त्वपूर्ण है, और मैं उसे पूरी तरह सुनता हूं क्योंकि यह मेरे जीवन से जुड़ी है। उसे पूरा महत्त्व देते हुए सुनने के लिए मेरा मन शांत और अनुद्विग्न रहना चाहिए, है न? यदि मेरा मन बतिया रहा है, यदि मैं कुछ और सोच रहा हूं, जो आप कह रहे हैं उसकी तुलना यदि उससे करने में लगा हूं जो कि मैं जानता हूं, तो मेरा मन शांत नहीं कहा जा सकता। जब मेरा मन शांत हो और पूरी तवज्जो से सुन रहा हो, केवल तभी संभव है कि कही जा रही बात का सत्य समझ में आ जाए। तब हम उसे साथ-साथ साझा कर रहे होते हैं। हम शब्दों को साझा नहीं कर सकते, हम तो केवल किसी बात के सत्य को साझा कर सकते हैं। आप और मैं किसी बात के सत्य को केवल तभी देख सकते हैं जबकि मन पूरी तरह उसके अवलोकन के प्रति प्रतिबद्ध हो।

आप सूर्यास्त का सौंदर्य देखते हैं, मनोरम पहाड़ियों, परछाइयों और चांदनी को निहारते हैं। इसे आप अपने किसी मित्र के साथ कैसे साझा करते हैं? क्या यह कहते हुए कि 'उस मनोरम पहाड़ी को तो देखो'? आप ऐसा कह सकते हैं किंतु क्या यह साझा करना है? जब आप किसी के साथ कोई चीज़ सचमुच साझा करते हैं तो इसका अर्थ होता है कि आप उस चीज़ को, उस बात को उसी समय, उसी स्तर पर और उसी शिद्दत के साथ महसूस करें। अन्यथा आप साझा नहीं कर सकते, या कर सकते हैं? आप दोनों की समान अभिरुचि होनी चाहिए, समान

स्तर पर होनी चाहिए, और समान *पैशन* के साथ होनी चाहिए; वरना आप किसी चीज़ को, किसी बात को साझा कैसे कर पायेंगे? आप परांठे का एक हिस्सा साझा कर सकते हैं, आपस में बांटकर खा सकते हैं किंतु यहां हम ऐसे साझापन की बात नहीं कर रहे हैं।

मिलजुल कर देखने के लिए, यानी मिलजुल कर साझा करने के लिए, हम दोनों को देखना होगा—सहमत या असहमत होते हुए नहीं—साथ-साथ बस देखना होगा कि वास्तविकता क्या है, न कि अपने पूर्व प्रभावों और संस्कारों के अनुसार उसका अर्थ बताते हुए या उसकी व्याख्या करते हुए, बल्कि जो है, उसे साथ-साथ बस वैसा ही देखना। किंतु साथ-साथ देखने के लिए आपको अवलोकन करने में स्वतंत्रता होनी चाहिए, सुनने में स्वतंत्रता होनी चाहिए। इसका अर्थ है कि जब आप देखें या सुनें तब आप पूर्व प्रभावों या संस्कारों से ग्रस्त न हों। केवल तभी, और प्रेम की ऐसी गुणवत्ता में ही, साझापन संभव होता है।

प्रश्नकर्ता : सर, जब आप संबंधों की बात करते हैं तब हमेशा ही पुरुष-स्त्री, या प्रेमी-प्रेमिका की बात करते हैं। क्या आपकी कही ये बातें पुरुष-पुरुष और स्त्री-स्त्री के संबंधों में भी लागू होंगी?

कृष्णमूर्ति : समलैंगिकता?

प्रश्नकर्ता : सर, आप यदि इसे यह नाम देना चाहते हैं तो हां।

कृष्णमूर्ति : देखिए, जब हम प्रेम के बारे में बात कर रहे होते हैं—वह चाहे पुरुष-पुरुष के बीच हो, स्त्री-स्त्री के बीच हो या फिर पुरुष-स्त्री के बीच हो—तब हम किसी विशेष प्रकार के संबंध की बात नहीं कर रहे होते हैं, बल्कि हम समूचे संबंध की बात कर रहे होते हैं, संबंध के पूरे अभिप्राय की बात कर रहे होते हैं, न कि किसी एक या अनेक के साथ संबंध के बारे में। क्या आप जानते हैं कि संसार के साथ संबंधमय होने का क्या अर्थ होता है, कब आप ऐसा महसूस करते हैं कि आप ही संसार हैं? किसी अवधारणा के रूप में नहीं क्योंकि वह तो भयंकर चीज़ होती है, बल्कि आप वास्तव में महसूस करें कि आप ज़िम्मेदार हैं, कि इस ज़िम्मेदारी के प्रति आप समर्पित हैं, प्रतिबद्ध हैं। यही एक प्रतिबद्धता हो सकती है, न कि बम फेंकने के प्रति प्रतिबद्धता, या कुछ ख़ास-ख़ास गतिविधियों के लिए प्रतिबद्धता, बल्कि यह महसूस करना कि आप ही यह संसार हैं और यह संसार आप ही हैं। जब तक आप पूरी तरह नहीं बदल जाते, जब तक आपमें आमूल-चूल परिवर्तन नहीं हो जाता, और अपने आप में आप एक मुकम्मल *म्यूटेशन* नहीं ले आते, तब तक आप बाहरी तौर पर कुछ

भी टीम-टाम करते रहें किंतु मानव के लिए शांति नहीं ला सकते। यदि यह बात आप अपने खून-मज्जा में महसूस करते हैं, तब आपका प्रश्न पूरी तरह वर्तमान से जुड़ा होगा, वर्तमान में परिवर्तन लाने से जुड़ा होगा, न कि किसी कपोल-कल्पित आदर्श के साथ जुड़ा हुआ।

न्यूयार्क,
'अवेकनिंग ऑव इंटेलिजेंस' से
24 अप्रैल 1971

प्रेम के मुद्दे पर स्वयं से एक संवाद

कृष्णमूर्ति : अपने तमाम अनुभवों, सारे ज्ञान और इतनी सारी सभ्यताओं के होते हुए भी—जिनके कि आप परिणाम हैं—ऐसा क्यों है कि आपके दिन-प्रतिदिन के जीवन में करुणा लेशमात्र भी नहीं है? यह पता लगाने के लिए कि यह आप में क्यों नहीं है, मानव मन, मस्तिष्क और दृष्टिकोण में इसका वास क्यों नहीं है, क्या आप खुद से यह प्रश्न भी नहीं करते : क्या आप किसी को प्रेम करते हैं?

प्रश्नकर्ता : सर, मुझे शायद यह पता भी नहीं है कि प्रेम होता क्या है।

कृष्णमूर्ति : देखिए सर, मैं पूरे अदब के साथ आपसे यह प्रश्न कर रहा हूं कि क्या आप किसी को भी प्रेम करते हैं? हो सकता है कि आप अपने कुत्ते को प्रेम करते हों, किंतु वह कुत्ता तो आपका गुलाम है। क्या जानवरों, मकानों, किताबों, कविताओं और ज़मीन के प्रेम के अलावा किसी व्यक्ति को भी आप प्रेम करते हैं? इसका अर्थ है कि जिन व्यक्ति से आप प्रेम करते हैं उससे आप बदले में कुछ भी न चाहते हों, कुछ भी अपेक्षा न करते हों, उस पर निर्भर न रहते हों। क्योंकि यदि आप उस पर निर्भर करते हैं या वह आपकी आवश्यकता बन जाता है, तब वहां भय, ईर्ष्या, व्यग्रता, घृणा, रोष, आक्रोश पनपने लगते हैं। यदि आप किसी व्यक्ति के प्रति आसक्त हैं, उसके मोह में हैं, तो क्या यह प्रेम है? खोज कर देखिए! और, यदि यह सब प्रेम नहीं है—मैं केवल पूछ रहा हूं, यह नहीं कह रहा हूं कि यह है या नहीं है—तो यदि यह सब प्रेम नहीं है तो फिर आपमें करुणा भी कैसे हो सकती है? हम एक ऐसी चीज़ के बारे में बात कर रहे हैं जो प्रेम से भी कहीं अधिक बड़ी है जबकि हम दूसरे इंसान के लिए साधारण सा प्रेम भी नहीं रखते हैं।

प्रश्नकर्ता : आप उस प्रेम को पाते कैसे हैं?

कृष्णमूर्ति : मैं उस प्रेम को पाना नहीं चाहता। मैं तो केवल उस सारे

ताम-झाम को हटाना चाहता हूं जो प्रेम नहीं है—मैं तो ईर्ष्या से, मोह-आसक्ति से मुक्त होना चाहता हूं।

प्रश्नकर्ता : यानी हम में विखंडन नहीं होना चाहिए।

कृष्णमूर्ति : सर, यह तो सूत्र-सिद्धांत वाली बात है। पता लगाइए कि क्या आप किसी को प्रेम करते हैं? आप प्रेम कर कैसे सकते हैं जबकि आप अपने से, अपनी समस्याओं से और अपनी महत्त्वाकांक्षाओं से, अपनी सफलता की तमन्ना से, जाने किस किस चीज़ के लिए ललकती अपनी इच्छाओं से, और स्वयं को प्रथम और दूसरे को दोयम रखने से ही सरोकार रखते हैं?—या फिर दूसरे को प्रथम और स्वयं को दोयम रखने से, क्योंकि यह भी वही बात है।

हमने बहुत सारे प्रश्न सामने रख लिए हैं। क्या हम साथ बैठ कर इस खोज में उतर सकते हैं कि क्या मैं मोह-आसक्ति से मुक्त हो सकता हूं या नहीं? शब्दों में ही सही, क्या हम यह समझने का प्रयास कर सकते हैं कि जहां मोह, आसक्ति और ईर्ष्या हो वहां प्रेम नहीं रह सकता? मैं स्वयं से संवाद करूंगा, क्या मैं ऐसा करूं और आप सुनेंगे?

यह सब सुनने से मुझे यह वास्तविकता पता चलती है कि मैं प्रेम करता ही नहीं हूं। यह तथ्य है। मैं स्वयं को धोखा नहीं दूंगा। मैं अपनी पत्नी के सामने—या किसी स्त्री, प्रेमी या प्रेयसी के सामने—यह स्वांग नहीं भरूंगा कि मैं उसे प्रेम करता हूं। पहली बात तो यह है कि मैं यही नहीं जानता कि प्रेम होता क्या है। किंतु मैं यह भी नहीं जानता कि मैं ईर्ष्यालु हूं, कि मैं किसी के प्रति बुरी तरह आसक्त हूं, और यह भी कि उस मोह-आसक्ति में ही भय रहता है, ईर्ष्या रहती है, व्यग्रता रहती है, निर्भरता का भाव रहता है। मैं निर्भर होना पसंद नहीं करता हूं किंतु मैं इसलिए निर्भर हो जाता हूं क्योंकि मैं अकेला हूं, लेकिन मुझे घर से बाहर, दफ्तर में, फ़ैक्ट्री में धक्के खाने पड़ते हैं तो घर आकर मैं राहत का एहसास व संग-साथ चाहता हूं ताकि अपने आप से पलायन कर पाऊं। इसलिए मैं उस व्यक्ति पर, साथी पर निर्भर हो जाता हूं, उससे मोहग्रस्त हो जाता हूं। अब मैं स्वयं से पूछ रहा हूं कि मैं इस आसक्ति, इस मोह से कैसे मुक्त होऊं—यह बिना जाने कि प्रेम क्या होता है? मैं यह नाटक नहीं करूंगा कि मुझमें ईश्वर के प्रति, जीसस के प्रति, कृष्ण के प्रति प्रेम है, मैं इन सब व्यर्थ बातों को निकाले दे रहा हूं। मैं इस मोह-आसक्ति से मुक्त कैसे होऊं? इसे मैं केवल उदाहरण स्वरूप ले रहा हूं।

मैं इससें दूर नहीं भागूंगा। मुझे नहीं पता कि मेरी पत्नी का तब क्या होगा

जब मैं उससे सचमुच अनासक्त हो जाऊंगा, शायद उसके साथ मेरे संबंधों में बदलाव आ जाए। हो सकता है कि वह तो मेरे प्रति आसक्त रहे किंतु मैं उसके प्रति या किसी भी स्त्री के प्रति अनासक्त ही रहूं। आप समझ रहे हैं न? ऐसी बात नहीं है कि मैं उससे अनासक्त होकर किसी और स्त्री के प्रति आसक्त हो रहा हूं, यह तो बेहूदा बात होगी। तो मैं क्या करूंगा? मैं पूरी तरह अनासक्त होने के परिणामों से बच कर नहीं भागूंगा। मैं छानबीन करने जा रहा हूं। मैं नहीं जानता कि प्रेम क्या होता है, लेकिन यह बात मैं बिल्कुल साफ़ तौर पर, निश्चित रूप से और बिना किसी संदेह के देख रहा हूं कि किसी व्यक्ति के प्रति मोह या आसक्ति का अर्थ है—भय, व्यग्रता, ईर्ष्या, आधिपत्यता और इसी तरह की तमाम बातें। तो मैं खुद से पूछ रहा हूं कि मैं मोह-आसक्ति से मुक्त कैसे होऊं? मैं कोई तरीका नहीं चाह रहा हूं बल्कि मैं तो इससे मुक्त हो जाना चाहता हूं, किंतु मैं वाकई नहीं जानता कि यह कैसे हो। यह मैं स्वयं से संवाद कर रहा हूं।

इसलिए मैं दूसरों से पूछता हूं। तब मैं किसी प्रणाली या पद्धति के चक्रव्यूह में फंस जाता हूं। मैं किसी गुरु के चक्कर में पड़ जाता हूं जो कहता है,'अनासक्त होने में मैं तुम्हारी मदद करूंगा; ऐसा ऐसा करो, यह अभ्यास करो, यह साधना करो।' चूंकि मैं इससे मुक्त होना चाहता हूं इसलिए वह मूर्ख आदमी जो कुछ भी कहता है मैं वह सब स्वीकार कर लेता हूं क्योंकि मैं मुक्त होने के महत्त्व को जान चुका हूं और उसने आश्वासन दिया है कि यदि मैं ऐसा ऐसा करूंगा तो मुझे इसका प्रतिफल मिलेगा, लाभ मिलेगा। अतः, मैं प्रतिफल और लाभ के लालच में मुक्त होना चाहता हूं। आप समझ रहे हैं न? मैं प्रतिफल को, लाभ को देख रहा हूं। इस तरह मैं पाता हूं कि मैं कितना मूर्ख हूं : मैं तो मुक्त होना चाहता था लेकिन अब मैं प्रतिफल और लाभ के चक्कर में पड़ गया हूं।

मैं सारी मानव जाति का प्रतिनिधित्व कर रहा हूं—और यह बात मैं पूरी गंभीरता से कह रहा हूं—इसीलिए यदि मैं स्वयं से संवाद करता हूं तो मेरी आंखों में आंसू आ जाते हैं। यह मेरे लिए *पैशन* है।

मैं आसक्त व मोहग्रस्त होना नहीं चाहता, मगर फिर भी किसी न किसी अवधारणा के प्रति स्वयं को आसक्त, मोहग्रस्त पाता हूं। यानी, मुझे मोह-आसक्ति से मुक्ति चाहिए और मुझे कोई ग्रंथ या अवधारणा बता भी देती है, 'ऐसा करो तो तुम्हें मुक्ति मिल जायेगी'। इस प्रकार उस करने के प्रतिफल से मुझे आसक्ति हो जाती है। तब मैं स्वयं से कहता हूं, 'देखो तुम किस चक्कर में पड़ गए हो।

सावधान, इस जाल में न फंसो। यह चाहे स्त्री की हो या अवधारणा की, आख़िर है तो आसक्ति ही।' मैं यह सीख ग्रहण करता हूं कि आसक्ति का पात्र बदल देने मात्र से कोई अंतर नहीं पड़ता, आसक्ति तो फिर भी आसक्ति ही रहती है। तो मैं बहुत सचेत हो जाता हूं और अपने आप से पूछता हूं, 'मोह-आसक्ति से मुक्त होने के लिए मुझे क्या करना चाहिए, क्या इसका कोई उपाय है? मेरा हेतु क्या है? इससे मुक्त होना मैं क्यों चाहता हूं? क्या इसलिए कि यह पीड़ाप्रद है? क्योंकि मैं ऐसी अवस्था चाहता हूं जिसमें कोई मोह-आसक्ति न हो, कोई भय इत्यादि न हो?' कृपया मेरे साथ चलते रहिए क्योंकि मैं आपका ही प्रतिनिधित्व कर रहा हूं। मुक्त होने की चाहत में मेरा हेतु क्या है? अचानक मुझे भान होता है कि यह हेतु तो एक दिशा दे देगा और फिर वही दिशा मेरी स्वतंत्रता की बागडोर अपने हाथ में ले लेगी। मैं कोई हेतु रखता ही क्यों हूं? यह हेतु होता क्या है? हेतु होता है एक संवेग, कुछ उपलब्ध कर लेने की आकांक्षा। तो, हेतु ही तो मेरा मोह, मेरी आसक्ति है। न केवल स्त्री, न केवल किसी लक्ष्य का विचार बल्कि यह हेतु ही मेरा मोह, मेरी आसक्ति बन बैठा है कि मुझे यह पाना ही चाहिए। इस प्रकार मैं हमेशा मोह-आसक्ति के दायरे में ही कार्यरत रहता हूं। मैं स्त्री के प्रति, भविष्य के प्रति और हेतु के प्रति आसक्त और मोहग्रस्त रहता हूं। इसीलिए मैं कह उठता हूं, 'हे मेरे भगवान, यह कितना उलझन भरा है! मुझे नहीं पता था कि मोह-आसक्ति से मुक्त होने के लिए यह सब देखना पड़ेगा।'

अब मुझे यह ऐसा स्पष्ट दीख रहा है जैसे मैं कोई नक्शा देख रहा हूं : गांव, मुख्य मार्ग, गलियां। तब मैं स्वयं से कहता हूं, 'मेरे लिए क्या यह संभव है कि मैं इस मोह-आसक्ति से और उससे मुक्त हो सकूं जिसके प्रति मैं आसक्त हूं, उस स्त्री से मुक्त हो सकूं जिसके प्रति मैं अत्यंत आसक्त हूं, और उस फल से भी मुक्त हो सकूं जिसे मुक्ति पा लेने पर मिल जाने की मुझे आस है? इस सबके प्रति आसक्त मैं क्यों हो रहा हूं? क्या इसलिए कि अपने आप में मैं आधा-अधूरा हूं? क्या इसलिए कि मैं बहुत-बहुत अकेला हूं, तन्हा हूं और अकेलेपन की इस विकराल अनुभूति से मैं बच निकलना चाहता हूं और इसीलिए किसी न किसी चीज़ से खुद को जोड़ लेता हूं—किसी व्यक्ति से, किसी स्त्री, किसी अवधारणा या फिर किसी हेतु से? क्या ऐसा है कि मैं अकेला हूं, और यह भी कि किसी के प्रति आसक्ति व मोह को पाल कर मैं इस विकराल अकेलेपन के एहसास से बचने का प्रयास कर रहा हूं?

तो आसक्ति में अब मेरी बिल्कुल रुचि नहीं है। मेरी रुचि अब यह समझने

में है कि मैं अकेला क्यों हूं जो कि मुझे आसक्ति की तरफ़ ले जाने का कारण बना हुआ है। मैं अकेला हूं और यह अकेलापन किसी चीज़ या किसी व्यक्ति के प्रति आसक्त व मोहग्रस्त हो जाने के माध्यम से बच निकलने के लिए मुझे बाध्य कर देता है। जब तक मैं अकेला हूं तब तक यही सिलसिला रहता है। तो मुझे यह पता लगाना चाहिए कि मैं अकेला क्यों हूं। अकेले होने का अर्थ और अभिप्राय क्या है? यह पैदा कैसे होता है? अकेलापन क्या हमारी सहज व नैसर्गिक वृत्ति है, क्या यह हमारे ही भीतर की उपज है, क्या यह आनुवांशिक होता है या फिर मेरी दिन-प्रतिदिन की गतिविधि इसे पैदा कर रही होती है?

मैं प्रश्न करता हूं क्योंकि मैं कुछ स्वीकार नहीं कर रहा होता हूं। मैं यह नहीं मान लेता कि यह मेरी सहज और नैसर्गिक वृत्ति है और इसलिए मेरा इस पर कोई ज़ोर नहीं। मैं यह बात भी स्वीकार नहीं करता हूं कि यह वंशानुगत है और यह भी कि इसलिए इसमें मेरा कोई दोष नहीं है। चूंकि मैं इनमें से किसी भी बात को स्वीकार नहीं करता हूं अतः मेरा प्रश्न बना रहता है, 'यह अकेलापन क्यों है?' मैं प्रश्न करता हूं और प्रश्न के साथ बस रहता हूं—उत्तर पाने के लिए बिना कोई प्रयास किए। मैंने स्वयं से प्रश्न किया है कि इस अकेलेपन का मूल कारण क्या है, और मैं ध्यानपूर्वक बस देख रहा हूं, मैं किसी बुद्धिमत्तापूर्ण उत्तर को खोजने का कोई प्रयास नहीं कर रहा हूं; मैं अकेलेपन को यह बताने का भी कोई प्रयास नहीं कर रहा हूं कि वह कैसा है या उसे कैसा होना चाहिए। मैं तो ध्यानपूर्वक उसे बस देख रहा हूं ताकि वही मुझे जवाब दे।

अकेलेपन को इस तरह ध्यानपूर्वक देखा जा रहा है ताकि वह अपनी बात स्वयं कह सके। यदि मैं उससे बचकर भागूंगा, उससे भयभीत रहूंगा या उसका प्रतिरोध करूंगा तब वह अपनी बात कभी नहीं बता पायेगा। अतः मैं बस अवलोकन करता हूं। मैं अवलोकन करता हूं ताकि कोई विचार हस्तक्षेप न करे क्योंकि यह कार्य विचार के आने की अपेक्षा कहीं अधिक महत्त्वपूर्ण है। मेरी सारी ऊर्जा उस अकेलेपन के अवलोकन पर केंद्रित हो गई है; अतः विचार बीच में नहीं आ रहा। मन को ही चुनौती दी गई है और उसे जवाब देना ही होगा। जब आपको चुनौती दी जाती है तब एक संकट सा खड़ा हो जाता है। संकट में आप में बहुत ऊर्जा आ जाती है और वह ऊर्जा आपमें बनी रहती है—बशर्ते उसमें हस्तक्षेप न किया जाए। यह एक ऐसी चुनौती है जिसका प्रत्युत्तर अनिवार्य है।

प्रश्नकर्ता : मैं उस ऊर्जा पर कैसे डटा रह सकता हूं? इस ऊर्जा के लिए हम क्या करें?

कृष्णमूर्ति : यह तो आयी है। आपने सब गड़बड़ कर दिया!

देखिए, मैंने स्वयं से संवाद करते हुए बात शुरू की थी। मैंने पूछा था, 'यह अद्भुत चीज़ क्या है जिसे प्रेम कहा जाता है?' हर कोई इसके बारे में बात करता है, इसके बारे में लिखता है, इसके बारे में रोमांटिक कविताएं, चित्र और बहुत कुछ रचा जाता है, यौनाचार, और भी जाने क्या-क्या किया जाता है। किंतु मैं पूछता हूं कि क्या प्रेम कही जाने वाली इस शै को मैं पा सकता हूं, क्या प्रेम जैसी कोई चीज़ होती भी है? मैं देखता हूं कि जब ईर्ष्या हो, घृणा हो, भय हो तब प्रेम नहीं रहता। अतः मैं अब प्रेम के बारे में नहीं सोच रहा हूं, अब मेरा सरोकार 'जो है' से है, यानी अपने भय, अपनी मोह-आसक्ति, और इस प्रश्न से कि मैं मोहग्रस्त क्यों हूं। मैं कहता हूं कि मेरा अकेला होना, बुरी तरह अलगाव में रहना इसका पूरा कारण न सही, एक कारण तो है ही। उम्र में मैं जितना आगे बढ़ता जाता हूं, मेरा अकेलापन भी उतना ही बढ़ता जाता है। अतः मैं इस का अवलोकन करता हूं। यह पता लगाना एक चुनौती बन जाता है, और चूंकि यह चुनौती है अतः इसके लिए आवश्यक ऊर्जा भी आ जाती है। यह बड़ी सीधी सी बात है कि जब घर में किसी की मृत्यु होती है तो वह एक चुनौती बनकर आती है। जब कोई विपदा आती है या कोई दुर्घटना होती है तो वह चुनौती बन जाती है और उसके लिए आप में ऊर्जा भी आ जाती है। तब आप यह नहीं पूछते हैं, 'मैं इतनी ऊर्जा कहां से लाऊं?'। यदि किसी के घर में आग लग जाए तो भाग-दौड़ के लिए उसमें ऊर्जा आ ही जाती है—भरपूर ऊर्जा आ जाती है। वह बैठे-बैठे यह नहीं कहता है, 'अरे, इसे बुझाने के लिए मुझमें ऊर्जा तो आने दो', और न ही उसके आने की वह प्रतीक्षा ही करता है, क्योंकि तब तक तो पूरा घर जल कर राख हो चुका होगा।

तो हममें इस प्रश्न का उत्तर देने के लिए भरपूर ऊर्जा है कि हममें अकेलापन क्यों है। मैंने अवधारणाओं को, अटकलों व अनुमानों को, वंशानुगतता या नैसर्गिकता के सिद्धांतों को नकार दिया है। मेरे लिए उन सब का कोई मतलब या महत्त्व नहीं रह गया है। महत्त्व तो 'जो है' का है। तो, मैं अकेला क्यों हूं—मैं नहीं—वह अकेलापन है ही क्यों जिसमें से हर व्यक्ति को गुज़रना पड़ता है—सतही तौर पर या गहराई तक? यह अस्तित्व में आता कैसे है? क्या मन कुछ ऐसा करता है जिसके चलते यह अस्तित्व में आ जाता है? आप समझ रहे हैं न? सिद्धांतों, नैसर्गिक वृत्तियों, वंशानुगतताओं जैसी तमाम बातों को नकार कर मैं पूछ रहा हूं कि क्या यह मन की उपज होता है?

क्या यह मन की कारगुज़ारी है? अकेलेपन का मतलब है—पूरा अलगाव। क्या मन, मस्तिष्क यह कर रहा है? मन अंशतः विचार का प्रवाह है। क्या विचार यह कर रहा है? क्या दिन-प्रतिदिन के जीवन में विचार अकेलेपन के इस एहसास को बना रहा है, पैदा कर रहा है? क्या मैं ही खुद को अलग-थलग किए ले रहा हूं क्योंकि मैं कार्यालय में और बड़ा बनना चाहता हूं, *एग्ज़ीक्यूटिव*, बिशप या पोप बनना चाहता हूं? यह सब हमेशा खुद को अलग करने में जुटे रहना है। क्या आप इस सबका अवलोकन कर रहे हैं?

प्रश्नकर्ता : मुझे लगता है कि यह खुद को उतने ही अनुपात में अलग करता है जितनी भीड़ इसने इकट्ठी की होती है।

कृष्णमूर्ति : जी हां।

प्रश्नकर्ता : एक प्रतिक्रिया की तरह?

कृष्णमूर्ति : जी सर, सही कहा आपने। मैं इस पर और आगे चर्चा करना चाहता हूं। मैं देखता हूं कि विचार, यह मन, हमेशा ही स्वयं को श्रेष्ठतर, महानतर बनाने की जुगत में लगा रहता है। उसका ऐसा करना ही उसे अकेलेपन की ओर ले जाने वाला होता है।

तो समस्या अब यह है : विचार ऐसा क्यों करता है? क्या यह विचार का स्वभाव है कि वह अपने ही लिए कार्य करे? क्या यह विचार की प्रकृति है कि वह इस अकेलेपन की रचना करे? या क्या समाज इस अकेलेपन को रचने वाला होता है? क्या शिक्षा इस अकेलेपन को रचती है? शिक्षा इस अकेलेपन को पैदा करती है; यह हमें किसी ख़ास पद-प्रतिष्ठा के लिए तैयार करती है। मैंने देखा है कि विचार हमेशा ही विगत ज्ञान, अनुभव और स्मृति की उपज होता है, इसीलिए मैं जानता हूं कि विचार ससीम होता है, समय से बंधा होता है। तो यह सब विचार ही कर रहा होता है। तो मेरा सरोकार इस बात से है कि विचार यह क्यों करता है? क्या ऐसा करना ही इसका मूल स्वभाव है, इसकी मूल प्रकृति है?

प्रश्नकर्ता : जो कुछ असल में भीतर है हर समय छिपा ही रहता है, इसीलिए विचार लगता है छल और धोखाधड़ी का खेल खेलता है, हमें अकेलेपन की ओर ले जाता है, क्योंकि 'मन में कुछ और, और मुख पर कुछ और' के चलते कोई नहीं जान पाता कि दूसरे के मन में क्या चल रहा है।

कृष्णमूर्ति : इस पर हम चर्चा कर चुके हैं, सर। अब हम उस बिंदु पर आ रहे हैं जहां मन में कुछ और व मुख पर कुछ और नहीं रहता।

संवाद में मैंने कहा था कि हम नहीं जानते कि प्रेम क्या होता है। मैं जानता हूं कि जब हम 'प्रेम' शब्द का प्रयोग करते हैं तब थोड़ा-बहुत 'मन में कुछ और व मुख पर कुछ और' रहता ही है, थोड़ा-बहुत दिखावा-आडंबर रहता ही है, एक प्रकार का मुखौटा रहता ही है। हम यह सब देख चुके हैं। अब हम यह पूछ रहे हैं कि विचार खंड-खंड होते हुए भी इस अकेलेपन को पैदा क्यों कर देता है—यदि वही इसे पैदा कर रहा है तो! मैंने पाया है कि अपने साथ संवाद करने में वह ऐसा करता है क्योंकि मैंने देख लिया है कि विचार सीमित होता है, कि विचार समय से बंधा होता है, कि वह जो कुछ भी करता है वह भी सीमित ही रहता है और यह भी कि उस दायरे में ही उसने सुरक्षा तलाश ली है। उसने यह कहने में सुरक्षा तलाश ली है, 'जीवन में मेरा एक ख़ास करियर है, मेरी पद-प्रतिष्ठा है'। उसने यह कहने में सुरक्षा तलाश ली है, 'मैं एक प्रोफ़ेसर हूं, और इसलिए पूरी तरह सुरक्षित हूं'। आप ऐसी ही किसी सुरक्षा से आजीवन चिपके रहते हैं। तथ्य वाली सुरक्षा के साथ-साथ इसमें बड़ी भारी मनोवैज्ञानिक सुरक्षा रहती है।

इस तरह, विचार ही यह कर रहा है। तो अब समस्या यह है : क्या विचार यह असलियत समझ सकता है कि वह सीमित है, और इसलिए जो कुछ भी वह करता है सीमित ही रहता है, इसीलिए खंड-खंड रहता है और इसीलिए अलगावकारी भी? चाहे जो कुछ करे वह होगा ऐसा ही? यह एक बहुत महत्त्वपूर्ण बिंदु है : क्या विचार अपने सीमित व ससीम होने की असलियत को समझ सकता है, या विचार अपने आप को बताता है कि 'मैं सीमित हूं'? आप इन दोनों बातों का अंतर समझ रहे हैं न? विचार यानी मैं, क्या मैं यह कहता हूं कि विचार ससीम है, या विचार ही यह असलियत समझ लेता है कि वह सीमित है? ये दोनों बातें बिल्कुल भिन्न हैं। एक तो थोपना है और इसीलिए द्वंद्व पैदा करने वाला है; किंतु जब विचार स्वयं यह कहता है 'मैं तो ससीम हूं' तो वह दायरे से भागता नहीं है। यह बात समझ लेना बहुत महत्त्वपूर्ण है क्योंकि यही इस मुद्दे का सार है। हम विचार पर यह थोप रहे होते हैं कि वह क्या करे। विचार ने तो 'मैं' की रचना की है, फिर 'मैं' ने स्वयं को विचार से अलग कर लिया है और अब 'मैं' ही कह रहा है कि वह विचार को बतायेगा कि उसे क्या करना चाहिए। किंतु यदि विचार स्वयं ही अपनी यह असलियत जान जाए कि वह सीमित है तो फिर कोई रोध-प्रतिरोध नहीं रहता, कोई द्वंद्व नहीं रहता, वह कहता है 'मैं ऐसा हूं, मैं तब निपट लेता हूं '।

अपने स्वयं से संवाद में, मैं पूछ रहा हूं कि क्या विचार को अपनी इस असलियत का भान स्वयं हो जाता है या मैं उसे बताता हूं कि वह सीमित है। यदि मैं उसे बता रहा होता हूं कि वह सीमित है तो मैं उस दायरे से हटकर अलग हो जाता हूं। तब मैं दायरे को पार करने के लिए संघर्ष करता हूं, अतः द्वंद्व पैदा होता है, जो कि हिंसा है, जो कि प्रेम नहीं है। तो क्या विचार स्वयं अपनी यह असलियत समझता है कि वह ससीम है, दायरे में बंद? मुझे पता लगाना होगा। यह मेरे लिए चुनौती है। मुझमें अब ऊर्जा आ गई है क्योंकि मेरे सामने चुनौती खड़ी है।

इसी बात को एक और तरह देखा जाए। क्या चेतना को भान रहता है कि उसमें क्या-क्या भरा हुआ है? क्या चेतना को यह भान है कि वह केवल वही कुछ है जो कि उसमें भरा हुआ है? क्या मैंने किसी को यह कहते सुन लिया है, 'चेतना अपनी अंतर्वस्तु ही है, और इसकी अंतर्वस्तु ही इसे बनाती है', और इसीलिए मैं कह देता हूं, 'हां, यही बात है'; या चेतना—मेरी चेतना, यह चेतना ही—अपनी अंतर्वस्तु को देख-समझ लेती है और इसलिए यह साफ़ हो जाता है कि मेरी चेतना की अंतर्वस्तु ही इसका कुल जमा-जोड़ है। क्या इन दोनों के बीच के अंतर को आप देख रहे हैं? एक को तो 'मैं' थोप रहा होता है, वह 'मैं' जो विचार द्वारा रच लिया गया है, किंतु यदि 'मैं' विचार पर कुछ थोपता है तो द्वंद्व पैदा हो जाता है। यह कुछ ऐसा ही है जैसे कोई अत्याचारी सरकार मुझ पर अत्याचार थोप रही हो—किंतु वह सरकार बनाई गई भी मेरे ही द्वारा हो।

मेरा प्रश्न है कि क्या विचार अपनी ही क्षुद्रता व संकीर्णता की, अपनी ही कूपमंडूकता की असलियत समझ चुका है? या क्या यह खुद को कोई असाधारण, श्रेष्ठ और दिव्य दिखाने का स्वांग भर रहा है? वह तो निरर्थक है, बेमानी है क्योंकि विचार दरअसल स्मृति और अनुभव ही तो है। मेरे संवाद से इस बारे में तो स्पष्टता हो ही जानी चाहिए : विचार पर ऐसा कोई बाहरी प्रभाव नहीं थोपा गया है कि वह सीमित है। चूंकि कुछ थोपा नहीं गया है अतः कोई द्वंद्व नहीं है, और इसीलिए इसे अपनी इस असलियत का भान हो जाता है कि यह सीमित है। वह यह भी देख लेता है कि वह जो कुछ भी करता है, यहां तक कि भगवान की पूजा भी, वह सब भी छोटे से दायरे में है, भद्दा और तुच्छ है, भले ही पूरे यूरोप में इसने भव्य गिरजाघर खड़े कर लिए हों।

अपने स्वयं से संवाद में, एक बात से तो पर्दा हटा है कि अकेलापन विचार द्वारा रचा जाता है। और, विचार को स्वयं अपनी इस असलियत का पता चल गया है कि वह सीमित है, और यह कि वह अकेलेपन की समस्या का हल नहीं निकाल सकता। तो यदि वह अकेलेपन की समस्या का हल नहीं निकाल पाता है, तो क्या अकेलेपन का वजूद रहता है? सोच ने, विचार ने ही तो अकेलेपन के इस एहसास को रचा है। विचार इस वास्तविकता को जान जाता है कि वह सीमित है, और यह भी कि चूंकि वह सीमित है, खंड-खंड है, विभाजित है, अतः इस खालीपन को, इस अकेलेपन को भी उसने ही रचा है। तो जब उसे इस असलियत का भान हो जाता है, फिर अकेलापन टिक नहीं पाता है।

फिर मोह-आसक्ति तिरोहित हो जाती है। मैंने कुछ किया नहीं है बल्कि मोह-आसक्ति को ध्यान से देखा भर है। किंतु, मोह-आसक्ति में बसता क्या है—लोभ, भय और अकेलापन—और इसका पता लगाने के द्वारा, इसे देखने व इसका अवलोकन करने के द्वारा—न कि इसका विश्लेषण व परीक्षण करके—बल्कि केवल देखने, देखने और देखने के दौर में ही इस तथ्य पर पड़ा पर्दा हट जाता है कि यह सब विचार की ही कारगुज़ारी है। विचार चूंकि खंड-खंड होता है अतः वह ही यह मोह-आसक्ति रचता है। जब उसे इस वास्तविकता का भान हो जाता है तब मोह और आसक्ति तिरोहित हो जाते हैं। इसमें कोई प्रयास नहीं होता, क्योंकि ज्यों ही कोई प्रयास किया जाता है त्यों ही मोह और आसक्ति वापस आ धमकते हैं।

हमने कहा है कि यदि प्रेम है तो मोह-आसक्ति नहीं होंगे, और यदि मोह-आसक्ति हैं तो प्रेम नहीं होगा। इस प्रकार, जो नहीं है उसे नकारने के द्वारा उस प्रमुख कारक को हटा दिया गया जो प्रेम नहीं है। क्या आप जानते हैं कि आपके जीवन में इसका क्या अर्थ है : जो कुछ मेरी पत्नी ने, मेरी प्रेमिका ने या मेरे पड़ोसी ने कहा हो उसकी स्मृति न रहे, अपनी ठेस की कोई स्मृति न रहे, उसके बारे में बना ली गई छवि से, धारणा से कोई लगाव, कोई मोह-आसक्ति न रहे। विचार द्वारा उसके बारे में बना ली गई छवि से, धारणा से मुझे मोह-आसक्ति हो गई थी—कि उसने मुझे ठेस पहुंचाई है, कि उसने मुझे धकियाया है, कि उसने मुझे यौन-सुख दिया है—ऐसी ही दसियों बातें; और यह विचार की ही तो गतिविधि है जिसने ये छवियां, ये धारणाएं रच डाली हैं, और ये ही वे छवियां हैं जिनके प्रति मैं आसक्त व मोहग्रस्त हो गया था। तो इस प्रकार मोह व आसक्ति समाप्त हो जाते हैं।

कुछ अन्य कारक भी हैं : उस व्यक्ति या विचार के होते पैदा होने वाला भय, विषय-सुख, सुविधा और आराम। तो क्या मैं उन्हें एक-एक करके लूं, कदम-दर-कदम चलूं या इन सभी का निपटारा हो गया है? जिस तरह मैंने मोह-आसक्ति की छानबीन की, क्या उसी तरह अब भय और सुविधा की इच्छा की छानबीन भी करनी होगी? क्या मुझे देखना होगा कि मैं सुविधा क्यों चाहता हूं? क्या इसलिए कि मैं आधा-अधूरा हूं, मैं सुविधा चाहता हूं, कि मैं आराम कुर्सी चाहता हूं, आराम देने वाली स्त्री या पुरुष चाहता हूं, या आराम देने वाली कोई अवधारणा चाहता हूं? मुझे लगता है कि अधिकतर लोग तो कोई आराम और सुरक्षा देने वाली ऐसी अवधारणा चाहते हैं जो कभी हिलाई न जा सकती हो। उस अवधारणा से मैं प्रबल रूप से बंध जाता हूं, मोहग्रस्त व आसक्त हो जाता हूं, और यदि कोई कह देता है कि यह तो बेकार है तो मैं क्रुद्ध हो उठता हूं, जल उठता हूं, भड़क जाता हूं क्योंकि ऐसा कह कर वह मेरे घर को हिला रहा होता है। मैं देख रहा हूं कि इन सभी कारकों की छानबीन करने की आवश्यकता मुझे नहीं है। एक ही नज़र में यह सब मेरी पकड़ में आ जाता है।

तो यदि हम उन बातों को निकाल बाहर कर दें जो कि प्रेम नहीं है फिर जो शेष रहेगा वह प्रेम ही तो होगा। फिर मुझे यह पूछने की आवश्यकता नहीं रह जाती कि प्रेम क्या होता है। मुझे उसके पीछे भागने की आवश्यकता भी नहीं रह जाती। यदि मैं उसके पीछे भाग रहा हूं तो वह प्रेम नहीं है, वह कोई फल, कोई पुरस्कार हो सकता है, प्रेम नहीं। आहिस्ता-आहिस्ता, संभल-संभल कर, निर्विकार और बिना किसी भ्रम-भ्रांति के की जा रही अपनी इस जिज्ञासा यात्रा में, अपनी इस खोज मे, मैंने उस हर उस चीज़ को नकार दिया, निकाल बाहर कर दिया जो प्रेम नहीं है, और फिर जो बचा रहा, वह था—प्रेम!

ब्रॉकवुड पार्क,
30 अगस्त 1977

अव्यवस्था के मूल कारण

देखिए, हम एक ऐसे विषय पर चर्चा करने जा रहे हैं जो थोड़ा कठिन है। मैं नहीं कह सकता कि हम इसमें कहां पहुंचेंगे। यह जटिलता की ओर भी जा सकता है, इसलिए कृपया थोड़ा ध्यान दीजिए।

आपने देखा होगा कि यदि घर में कोई छोटा बच्चा है तो आप उसके रोने पर ध्यान देते हैं, उसके शब्दों और उसकी बुदबुदाहट को ध्यान से सुनते हैं। आप उसके लिए कितने चिंतित, कितने फ़िक्रमंद रहते हैं, भले ही आप सोए हुए हों किंतु जैसे ही वह रोता है, आप तुरंत जाग उठते हैं। आप हर समय अवधान में रहते हैं, चौकस रहते हैं क्योंकि वह बच्चा आपका है, अतः आप उसकी देखभाल अवश्य ही करेंगे, उससे प्रेम अवश्य ही करेंगे, आप उसे गोद में अवश्य ही लेंगे। आप उसके प्रति इतने अधिक सजग-सावधान रहते हैं कि उसके थोड़ा से कुलबुलाने पर भी आप जाग उठते हैं। तो अवधान के, स्नेह के, तवज्जो और फ़िक्रमंदी के ऐसे ही गुणधर्म के साथ—जैसे कि उस बच्चे की एक-एक गतिविधि के प्रति आप कर रहे हैं—क्या आप उस दर्पण को भी पूरे ध्यान से देख सकते हैं जो कि स्वयं आप हैं। मुझे नहीं, आप मुझे न सुनें, आप उसी असाधारण ध्यान-केंद्रित स्नेह और तवज्जो से उस दर्पण को देखें-सुनें जो कि आप स्वयं हैं, और उस पर भी उतनी ही तवज्जो से ग़ौर करें कि वह कह क्या रहा है। क्या आप ऐसा करेंगे?

मेरा सवाल यह है कि मानव इतना मशीनी क्यों हो गया है। मशीन जैसा आचरण, निश्चय ही अव्यवस्था और गड़बड़ी पैदा करता है क्योंकि ऊर्जा का संकरी सीमा में चलना तो फूट पड़ने के लिए जूझना हो जाता है, और द्वंद्व का सार यही है। क्या आप समझ रहे हैं कि दर्पण क्या कह रहा है—मैं नहीं, अब यहां कोई वक्ता नहीं है। क्या आप अवधान से, तवज्जो से, स्नेह की उत्कृष्ट भावना

से उस पर ध्यान दे सकते हैं जो कुछ आप सुन रहे हैं?

हम अव्यवस्था के बारे में बात कर रहे हैं। हम आदतों, विश्वासों, निष्कर्षों और अभिमतों की अव्यवस्था में रहते हैं। यही वह ढर्रा है जिसमें हम जीते हैं, जो कि सीमित-संकुचित होने के कारण अव्यवस्था ही पैदा करता है। तो जब कोई अव्यवस्था में हो तब व्यवस्था चाहना या तलाशना बेकार है क्योंकि जो मन भ्रमित हो, अस्पष्ट हो, उसकी व्यवस्था की तलाश भी भ्रांतिपूर्ण और अस्पष्ट ही होगी। यह बात एकदम साफ़ है। किंतु, यदि आप अव्यवस्था को ध्यान से देखें, यदि आप उस अव्यवस्था को समझें जिसमें आप रह रहे हैं, और उस अव्यवस्था के कारणों की गति को भी समझ लें, तब उस समझने में ही व्यवस्था सहज रूप से, सरलता से, खुशी-खुशी, बिना किसी दबाव के, बिना किसी नियंत्रण के, आ जायेगी। दर्पण आपको बता रहा है कि आप स्वयं में अव्यवस्था के चलन के कारण को जान सकते हैं—शाब्दिक, बौद्धिक या भावनात्मक तौर पर नहीं बल्कि तत्काल ही—और यह भी कि यह पैदा क्यों होती है, बशर्ते आप पूरी तवज्जो दे रहे हों, वैसी ही तवज्जो जैसी आप उस छोटे और असहाय बच्चे को देते हैं। यही है—अव्यवस्था के भीतर देखना।

अव्यवस्था का मूल कारण क्या है? अव्यवस्था के अनेक कारण होते हैं: तुलना करना—अपनी तुलना किसी दूसरे से करना या किसी ऐसे से करना जैसा कि किसी को 'होना चाहिए', किसी उदाहरण का या किसी संत का अंधानुकरण करना, संस्कारग्रस्त होना, जो है उससे परे की कल्पित चीज़ के अनुसार जीवन को संयोजित करना। 'जो है' और 'जो होना चाहिए' के बीच हमेशा द्वंद्व रहता है, टकराव रहता है। तुलना करना विचार का चलन है : मैं ऐसा था, या मैं सुखी था और कभी न कभी फिर से सुखी हो जाऊंगा। 'जो कभी था' या 'जो है' और 'जो होना चाहिए' के बीच नाप-तोल निरंतर चलती रहती है, और यही निरंतर नाप-तोल द्वंद्व लेकर आती है। अव्यवस्था और गड़बड़ी के मूल कारणों में से यह एक कारण है।

अव्यवस्था का दूसरा कारण है—अतीत से संचालित होना। क्या प्रेम समय की, विचार की, स्मृतियों की गतिविधि है? जिस दर्पण में आप देख रहे हैं, वह जो प्रश्न पूछ रहा है, उसे क्या आप समझ रहे हैं? जिसे हम 'प्रेम' कह देते हैं क्या वह हमारे संबंधों में भयंकर अव्यवस्था पैदा नहीं करता? अपने आप को देखिए।

अव्यवस्था का मूल कारण क्या है? आप कोई एक कारण देख सकते हैं

और हम उसमें कुछ और कारण जोड़ सकते हैं; यह सब बेतुकापन है। इसके मूल कारण का अध्ययन-परीक्षण करने में इसका विश्लेषण मत कीजिए। बस देखिए। यदि आप बिना विश्लेषण, बिना व्याख्या किए देखते हैं तो आप में तत्क्षण एक सूक्ष्म दृष्टि आ जाती है जिससे आप उसके भीतर झांकते हैं। यदि आप कहते हैं, 'मैं परीक्षण करूंगा, मैं परिणाम निकालूंगा', या घटा-बढ़ा कर बाहरी तौर पर इसका विश्लेषण करते हैं तो भी यह विचार की ही कारगुज़ारी रहती है जबकि, यदि आप ध्यानपूर्वक और ऐसे अवधान के साथ अवलोकन करें जिसमें अत्यंत सौम्यता व स्नेह शामिल हो तो आपको सूक्ष्म दृष्टि प्राप्त हो जाती है। आगे बढ़िए, परखते चलिए।

हमारी अव्यवस्था का मूल कारण क्या है—भीतरी अव्यवस्था का और फिर बाहरी अव्यवस्था का भी? आप देख सकते हैं कि संसार में कितनी भयंकर और संतप्त कर देने वाली अव्यवस्था फैली हुई है, लोग एक दूसरे को मार रहे हैं, सहमत न होने वालों को जेल में डाल दिया जाता है, उन्हें यातनाएं दी जाती हैं। हम यह सब इसलिए सहन कर लेते हैं क्योंकि हमारे मन हालात को स्वीकार कर लेते हैं, परिवर्तन करते भी हैं तो बस थोड़ा इधर, थोड़ा उधर। अव्यवस्था के मूल कारण को देखने के लिए आपको इस प्रश्न में उतरना होगा : हमारी चेतना क्या है? जब आप उस विकार विहीन और स्पष्ट दर्पण में स्वयं को देखते हैं, तब आपकी चेतना क्या रहती है? वही इस अव्यवस्था का सार हो सकती है। हमें मिलकर छानबीन करनी होगी कि यह चेतना क्या है?

हमारी चेतना एक जीवंत चीज़ है, एक सचल व सक्रिय चीज़ है, न कि कोई गतिहीन, बंद या बंधी हुई चीज़। यह एक ऐसी चीज़ है जो सतत परिवर्तनशील है, किंतु केवल एक छोटे और सीमित दायरे में परिवर्तित होती हुई। यह उस आदमी की तरह है जो किसी कोने में ही थोड़ा-बहुत बदलाव करके सोचने लगता है कि उसमें बदलाव आ गया है और फिर बाकी क्षेत्र को यथावत रहने देता है। हमें अपनी चेतना की संरचना को समझना होगा। ऐसा हम यह जानने के लिए कर रहे हैं कि कहीं यही तो हमारी अव्यवस्था का मूल कारण नहीं है। हो सकता है कि यह न भी हो। हम परखने जा रहे हैं। हमारी चेतना क्या है? क्या यह वही सब नहीं है जो कि विचार ने इकट्ठा कर लिया है : आकार, शरीर, नाम, वे अनुभूतियां जिनके साथ विचार ने तादात्म्य कर लिया है; विश्वास, पीड़ाएं, यातनाएं, संताप, परेशनियां, अवसाद, उमंग, ईर्ष्याएं, व्यग्रताएं, भय, सुख, मेरा देश व तेरा देश, ईश्वर में विश्वास और अविश्वास, यह कहना कि जीसस सबसे

अधिक महत्त्वपूर्ण है, कृष्ण उससे भी अधिक महत्त्वपूर्ण है, वगैरह, वगैरह, वगैरह। क्या यह सब ही आपकी चेतना नहीं है? इसमें आप थोड़ा-बहुत कुछ और जोड़ सकते हैं : मैं सांवला हूं, काश कि मैं गोरा होता, मैं काला हूं तो क्या हुआ? काला ही तो सुंदर होता है, वगैरह, वगैरह। अतीत, आनुवांशिकता या विरासत, पौराणिकता, मानव की समूची परंपरा अनिवार्य रूप से इसी पर आधारित रहते हैं। यह सब इसमें भरा हुआ है, यही इसकी अंतर्वस्तु है; और जब तक कोई व्यक्ति इसकी अंतर्वस्तु से अनभिज्ञ रहते हुए कार्य करता रहता है तब तक वह कार्य सीमाबद्ध ही होगा और इसीलिए अव्यवस्थाकारी ही होगा। विचार जब तक अपना सही स्थान नहीं पहचान लेता है तब तक उसकी हर गतिविधि अव्यवस्था ही पैदा करती रहती है। ज्ञान सीमित होता है और इसीलिए उसका एक निश्चित स्थान रहता है। यह बात तो स्पष्ट है।

विचार चाहे कल ही का हो या हज़ारों लाखों साल पहले वाले कल का, वह सीमित ही होता है, और हमारी चेतना की अंतर्वस्तु भी इसीलिए सीमित ही रहती है। विचार कितना भी कहे कि यह चेतना सीमित नहीं है, या कि एक उच्चतर चेतना भी होती है, किंतु वह सब होता तो चेतना का ही एक प्रकार है। इस प्रकार, विचार जिसने कि अपना सही स्थान नहीं पहचाना है, इस अव्यवस्था की असल जड़ होता है। यह बात कोई कपोल कल्पित, अनिश्चित या निरर्थक नहीं है, इसे आप स्वयं देख सकते हैं—यदि आपकी सोच तर्कसंगत, विवेकशील और स्पष्ट है—कि विचार सीमित होने के कारण अव्यवस्था पैदा करता ही है। जो व्यक्ति कहता है, 'मैं यहूदी हूं' या 'मैं अरब हूं' वह सीमित ही है और इसीलिए अपने आप को एक बाड़े में बंद कर रहा है, प्रतिरोध कर रहा है, और इसीलिए युद्ध और तमाम तरह की मुसीबतें आती रहती हैं। क्या आप इस तथ्य को सचमुच देख रहे हैं, किसी धारणा के नाते नहीं, किसी ऐसी बात की तरह भी नहीं कि आपको कोई बता रहा हो, बल्कि इसे आप स्वयं देख रहे हैं, जैसे आप अपने बच्चे का रोना सुनते हैं। तब आप झटपट उठ जाते हैं, और जो करना होता है वह करते हैं।

जीने का हमारा मशीनी ढंग इसी सीमित चेतना के गर्भ से पैदा होता है। क्या यह संभव है कि चेतना में और अधिक चीज़ें, और अधिक ज्ञान, और अधिक अनुभव न जोड़ते हुए इसके एक छोर से दूसरे छोर तक इसे बढ़ाया न जाए, बड़ा न किया जाए? कुछ ऐसी विचार पद्धतियां हैं जो अभ्यास द्वारा, अनुशासन व नियंत्रण द्वारा चेतना का विस्तार करने का प्रयास करती हैं। जब आप चेतना

का विस्तार करने का प्रयास कर रह होते हैं तब उस नाप-तोल का एक केंद्र रहता है। जब आप किसी भी चीज़ का आकार बढ़ा रहे होते हैं—किसी मकान का आकार बढ़ा रहे हों, कम दायरे की नींव को बड़े दायरे में बदल रहे हों—तब कोई एक केंद्र तो रहता ही है जहां से आप बढ़ा रहे होते हैं। तो, कोई एक केंद्र तो रहता ही है जहां से विस्तार किया जाता है, जहां से विस्तार को मापा जाता है। स्वयं को देखिए। क्या आप अपनी चेतना का विस्तार करने का प्रयास नहीं कर रहे हैं? भले ही आप इस शब्द का प्रयोग न कर रहे हों। हो सकता है कि आप कह रहे हों, 'मैं बेहतर बनने का प्रयास कर रहा हूं', 'मैं और अधिक ऐसा या वैसा बनने का प्रयास कर रहा हूं, या अमुक उपलब्धि का प्रयास कर रहा हूं'। जब तक कोई ऐसा केंद्र रहेगा जहां से आप 'कर' रहे होते हैं, तब तक अव्यवस्था रहेगी ही।

फिर समस्या आती है : बिना किसी केंद्र के, बिना चेतना के साज़ो-सामान को साथ लिए सहज-स्वाभाविक रूप से और खुशी-खुशी कार्य करना क्या संभव है? मैं एक बिल्कुल बुनियादी सवाल कर रहा हूं। हो सकता है कि आप ऐसे बुनियादी सवालों के आदी न हों। लोग सवाल अधिकतर बस यूं ही पूछ लिया करते हैं, वे उत्तर के प्रति भी उदासीन रहते हैं। किंतु हम वे प्रश्न पूछ रहे हैं जिनका उत्तर आपको देना ही चाहिए, स्वयं उसका उत्तर खोजने के लिए उस प्रश्न की गहराई में जाना चाहिए। तो, क्या यह संभव है कि किसी केंद्र से बंधे बिना हम अपना दैनिक जीवन जी सकें? यह केंद्र ही सारी अव्यवस्था की जड़ है। किसी दूसरे के साथ अपने संबंध में, चाहे वह कितना भी घनिष्ठ क्यों न हो, यदि आप हमेशा स्वयं से, स्वयं की ही महत्त्वाकांक्षाओं से, स्वयं के ही व्यक्तित्व, सुंदरता और आदतों से सरोकार रखेंगे, और वह दूसरा भी यही कर रहा होगा तो द्वंद्व होना, टकराव होना सहज-स्वाभाविक है।

क्या यह संभव है कि इस केंद्र से—जो कि अपनी तमाम अंतर्वस्तुओं भरी चेतना ही है, वह चेतना जिसमें विचार ने जाने कितनी बातें भर दी हैं, अपनी सनसनाहटें, अपनी तमन्नाएं, अपने डर, वगैरह, वगैरह—ऐसे केंद्र से आप कोई काम न करें? ऐसा कौन सा कर्म होता है जिसमें कोई विरोधाभास न हो, कोई पश्चात्ताप न हो, कोई ईनाम न हो, कोई सज़ा न हो, और इसीलिए वह कार्य सकल व संपूर्ण होता हो? हम यही पता लगाने जा रहे हैं। ऐसा नहीं है कि मैं पता लगाने जा रहा हूं और फिर आपको बता दूंगा, बल्कि हम साथ-साथ इसका पता लगाने जा रहे हैं, यह याद रखते हुए कि यहां कोई वक्ता नहीं है, बल्कि

एक दर्पण है जिसमें आप देख रहे हैं। इसे समझने के लिए हमें इस प्रश्न में जाना होगा कि प्रेम क्या है। क्योंकि यदि हम इस बात का सत्य जान लें कि प्रेम क्या होता है तो वह इस केंद्र को पूरी तरह गला सकता है, इसका अंत कर सकता है और एक सकल, संपूर्ण कर्म को जन्म दे सकता है। अतः यदि आप इसे सुनने में रुचि रखते हैं तो आइए, इसमें बहुत-बहुत सावधानीपूर्वक प्रवेश करें। प्रेम के बारे में आपकी अपनी राय है, अपने निष्कर्ष हैं। आप कहा करते हैं कि ईर्ष्या के बिना प्रेम रह ही नहीं सकता, प्रेम तभी टिक सकता है जब यौनाचार हो, प्रेम तभी रह सकता है जब आप अपने सभी पड़ोसियों से प्रेम करते हों, पशु-पक्षियों से प्रेम करते हों। आपने इस बारे में कोई एक धारणा, एक विचार, एक निष्कर्ष बना लिया है कि प्रेम क्या है। यदि ऐसा है तो फिर आप आगे छानबीन नहीं कर सकते। यदि आप पहले ही कह देते हैं, 'यह ऐसा है' तो आप वहीं ठहर जाते हैं। यह उन गुरुओं में से एक होने जैसा है जो कहता है, 'मैं जानता हूं, मैंने ज्ञान प्राप्त कर लिया है', और आप बुद्धू होने के कारण उसके पीछे चल पड़ते हैं। आप उससे न सवाल करते हैं न उसकी बात पर संदेह करते हैं।

यहां कोई *ऑथोरिटी* नहीं है, कोई वक्ता नहीं है, बल्कि हम वह बहुत-बहुत गंभीर प्रश्न उठा रहे हैं जो द्वंद्व को, टकराव को और खुद तथा दूसरों के बीच अनवरत चलने वाली लड़ाई को सुलझा सकता है। उसे खोज निकालने के लिए, हमें इस प्रश्न में गहरा उतरना होगा कि प्रेम क्या होता है। अभी तक हम केवल उसकी बात करते रहे हैं जिसे इंसान 'प्रेम' कह देता है : अपने जानवरों के लिए प्रेम, अपने पालतू पशु-पक्षियों के लिए प्रेम, अपने बाग-बगीचों के लिए प्रेम, अपने मकान के लिए प्रेम, अपने घरेलू सामान के लिए प्रेम, अपने लड़के या लड़की के लिए प्रेम, अपने देवी-देवताओं के लिए प्रेम, अपने देश के लिए प्रेम—इसी सबको 'प्रेम' कह दिया जाता है, हालांकि इस पर बहुत कुछ लाद दिया गया है, फिर भी यह एक ऐसा रास्ता है जिस पर ज़माना चलता रहा है। हम यह पता लगाने जा रहे हैं कि यह होता क्या है?

छोटा बच्चा रो रहा है, इसलिए कृपया उस पर ध्यान दीजिए। आपको मालूम है कि बच्चा कब रोता है, आप उसकी तरफ़ अपने कान चौकन्ने रखते हैं। आपके इस सुनने में सुनने की कला रहती है। कला का अर्थ होता है—जहां हर एक चीज़ हो अपनी जगह ठिकाने से। यदि आप इस शब्द के अर्थ को समझ लें तो वास्तविक कला आपको कोई चित्र बना लेने में नहीं बल्कि अपने जीवन में

हर चीज़ को उसकी सही जगह पर रखने की कला में नज़र आयेगी, जिसका अर्थ है—जीवन को सामंजस्यपूर्ण शैली में जीना। जब आप स्वयं में हर चीज़ को उसके सही ठिकाने पर रख देते हैं तब आप स्वतंत्र हो जाते हैं। हर एक चीज़ को उसकी जगह ठिकाने से रखना प्रज्ञा का हिस्सा है। आप कहेंगे कि इस 'प्रज्ञा' शब्द को मैं एक नया ही अर्थ दे रहा हूं। हमें देना चाहिए। प्रज्ञा में निहित है दो लाइनों के बीच के, दो शब्दों के बीच के, दो ख़ामोशियों के बीच के, दो बोलों के बीच के छिपे अर्थ को समझ लेना; सुनने के लिए हमेशा सजग-सचेत रहने वाले मन से सुनना, आप केवल कान से ही न सुनें, बल्कि बिना कान के भी सुनें।

मेरा सवाल है : प्रेम का अर्थ और उसका सौंदर्य—यदि है तो—क्या है? क्या आपने कभी ध्यान दिया है, गौर किया है कि सौंदर्य क्या होता है? सौंदर्य का अर्थ क्या होता है? क्या यह इच्छा से जुड़ा होता है? इंकार मत कीजिए, इसे ध्यान से देखिए, ध्यान से सुनिए और पता लगाइए। सौंदर्य क्या इच्छा का हिस्सा है? क्या सौंदर्य इंद्रियों की अनुभूतियों से जुड़ा है? आप कोई भव्य भवन देखते हैं, उसकी सुंदरता से आप में भावनाएं जागती हैं। तो क्या सौंदर्य भावनात्मक संवेगों का मसला है? सौंदर्य क्या रंग में, रूप में, चेहरे की बनावट में, आंखों की चमक में, बालों की रंगत में, किसी पुरुष या स्त्री की भाव-भंगिमाओं में होता है? या सौंदर्य की एक कोई और गुणवत्ता होती है जो इन समस्त सुंदरताओं से पार और परे होती है, और जब वह सौंदर्य जीवन का अंग बन जाता है तब आकार-प्रकार, चेहरा-मोहरा हर एक चीज़ अपनी जगह ठिकाने पर आ जाती है? और उसके न होने पर, उसे न समझे जाने पर बाहरी टीम-टाम ही सब-कुछ हो रहती है। हम आगे पता लगाने जा रहे हैं कि वह सौंदर्य क्या है, बशर्ते इसमें आप भी रुचि लें।

जब आप आकाश की नीलिमा की पृष्ठभूमि में खड़े अद्भुत पर्वत को, चटकीली, चमकदार, साफ़ और बेदाग़ बर्फ़ को देखते हैं, तो उसकी भव्यता आपके विचारों, आपकी चिंताओं और आपकी समस्याओं को आपसे दूर कर देती है। क्या आपने इस बात पर ध्यान दिया है? आप कह उठते हैं, 'वाह, कितना सुंदर है यह!' और कुछ पलों के लिए, या कुछ मिनटों के लिए ही सही, आप निःशब्द हो जाते हैं। उन पलों में उसकी भव्यता, उसकी महानता हमारी तुच्छता को हमसे कोसों दूर कर देती है। इस प्रकार वह विशालता, वह महानता हम पर तारी हो जाती है जैसेकि कोई बच्चा किसी जटिल खिलौने में घंटे भर के लिए व्यस्त हो

जाता है, न वह चलता-फिरता है, न कोई शोर-शराबा करता है, वह पूरी तरह बस उसी में रमा रहता है। खिलौने ने उसे रमा लिया होता है। इसी तरह पर्वत ने आपको रमा लिया होता है, और इसीलिए उस पल में, या उस मिनट में, आप पूरी तरह शांत रहते हैं, अर्थात् तब आप अहंरहित रहते हैं। तो, किसी चीज़ में रमे बिना, चाहे वह खिलौना हो, पर्वत हो, चेहरा हो या कोई अवधारणा, अपने आप में अहं को लेशमात्र भी महसूस किए बिना रहना ही सौंदर्य का सार है।

हम पता लगाने जा रहे हैं कि प्रेम क्या होता है। यदि हम ऐसा कर सकें तो हमारा जीवन बिल्कुल भिन्न हो सकता है, तब हम बिना किसी द्वंद्व के, बिना किसी नियंत्रण के, बिना किसी प्रयास के जी सकते हैं। हम वही पता लगाने जा रहे हैं।

सकारात्मक कर्म के अलावा भी एक कर्म होता है जो कि अकर्म होता है। जिस कर्म को सकारात्मक माना जाता है वह किसी के बारे में कुछ करना होता है जिसमें शामिल रहता है—नियंत्रण, दमन, प्रयास, हावी होना, अनदेखा करना, व्याख्या करना, औचित्य सिद्ध करना, विश्लेषण करना, आदि। मेरा कहना है कि एक अकर्म भी होता है जो कि सकारात्मक कर्म से संबद्ध नहीं रहता और न ही उसका कोई विलोम होता है, और वह है—बिना कोई कर्म किए अवलोकन करना। फिर, यह अवलोकन ही उसमें आमूल रूपांतरण ले आता है जिसका कि अवलोकन किया जा रहा होता है, यही है अकर्म। हम सकारात्मक कर्म के कितने आदी हो गए हैं : ‘मुझे करना चाहिए’, ‘मुझे नहीं करना चाहिए’, ‘यह सही है’, ‘यह ग़लत है’, ‘यह ठीक नहीं है’, ‘यह होना चाहिए’, ‘यह नहीं होना चाहिए’, ‘मैं इसका दमन करूंगा’, ‘मैं इसे नियंत्रित करूंगा’। यह सब ‘मैं’ से जूझना ही तो है, वह ‘मैं’ जो कि इस अव्यवस्था की जड़ है, द्वंद्व की जड़ है। यदि आप यह सब देख लें, शाब्दिक तौर पर य बौद्धिक तौर पर या केवल नज़रों से नहीं बल्कि वास्तव में यदि इसका सत्य देख लेते हैं, तब आयेगा अकर्म, जिसमें कोई प्रयास करना नहीं रह जाता। मात्र अवलोकन ही उसे परिवर्तित कर देता है जिसका अवलोकन किया जा रहा होता है।

मेरा प्रश्न है : प्रेम क्या है? जैसा मैंने अभी कहा, उसके बारे में हमारे पास बहुत सारी राय हैं, विशेषज्ञों की राय, गुरुओं की राय, पादरियों की राय। आपकी पत्नी या प्रेमिका कहती है, ‘वह प्रेम है’ या आप कहते हैं, ‘वह प्रेम है’, आप यह भी कहते हैं कि यह संभोग से जुड़ा है, वगैरह, वगैरह। क्या ऐसा है? क्या यह इंद्रियों से संबंध रखता है? इंद्रियों से इच्छाएं उपजती हैं। इंद्रियों की

हरकतें ही इच्छा बन जाती हैं। मैं कोई सुंदर चीज़ देखता हूं, इंद्रियां जाग जाती हैं और मैं उस चीज़ को चाहने लगता हूं। आप स्वयं इसे देखिए। मेरा कहना है कि जब इंद्रियों की समग्र गति होती है—किसी एक की नहीं बल्कि समस्त इंद्रियों की—तब इच्छा का अस्तित्व नहीं रहता। आप स्वयं पूरी तरह सोच-विचार कर देखिए।

प्रेम क्या इंद्रियों की इच्छा के साथ होने वाली गति है? या इसे यूं कह लें कि प्रेम क्या इच्छा है? इंद्रियां हर समय यौनाचार में लिप्त रहती हैं : उसकी स्मृति, उसके चित्र, उसकी छवियां, उसकी सनसनाहटें। इस सबका चलना प्रेम मान लिया जाता है। आमतौर पर यही माना जाता है कि इच्छा तो प्रेम का ही हिस्सा है। आहिस्ता चलिए। हम इस बात की गहराई में जा रहे हैं। मैं अपनी प्रेमिका या प्रेमी के प्रति आसक्त हूं। मैं उस पर अपना अधिकार, अपना हक़ समझता हूं। आसक्ति क्या प्रेम होती है? हमारा सारा जीवन आसक्ति पर आधारित रहता है, संपत्ति के प्रति आसक्ति, किसी व्यक्ति के प्रति आसक्ति, किसी विश्वास, किसी मत-सिद्धांत के प्रति आसक्ति, ईसा या बुद्ध के प्रति आसक्ति। क्या यह प्रेम है? आसक्ति में तो पीड़ा का, भय का, ईर्ष्या और व्यग्रता का वास रहता है। तो फिर जहां आसक्ति हो वहां क्या प्रेम रह सकता है? यदि आप इसे देख लें, और गहराई व गंभीरता से यह जानने से सरोकार रखें कि प्रेम क्या होता है, तब आसक्ति अपना महत्त्व खो देती है, उसका कोई मूल्य नहीं रह जाता क्योंकि वह प्रेम नहीं है।

प्रेम इच्छा नहीं होता। यह याद करना या याद आना भी नहीं होता। यह आसक्ति भी नहीं है। ऐसा नहीं है कि मैं यह कहूं और आप मान लें, यह ऐसा ही है। क्या प्रेम सुख-उपभोग होता है? इसका अर्थ यह नहीं है कि आप किसी का हाथ अपने हाथ में नहीं थाम सकते। देखिए, इच्छा इंद्रियजनित सनसनाहट की उपज होती है, यह सनसनाहट विचार से जुड़ी रहती है और विचार इस सनसनाहट से जुड़ा रहता है, अतः उस सनसनाहट से इच्छा का जन्म होता है, फिर वह इच्छा पूरा होना चाहती है, और इसको हम प्रेम कह देते हैं। क्या यह प्रेम है? क्या आसक्ति प्रेम होती है? आसक्ति में द्वंद्व रहता है, अनिश्चतता रहती है, और जितनी अधिक अनिश्चतता होगी उतना ही अधिक अकेलेपन का भय रहेगा जिसके चलते आप और अधिक आसक्त, हक़ जमाने वाले, हावी होने वाले, दावा करने वाले, और तक़ाज़ा करने वाले होते चले जाते हैं, और इस प्रकार संबंधों में द्वंद्व और टकराव बना रहता है। और, आप सोचते हैं कि यह द्वंद्व, यह टकराव

प्रेम का ही हिस्सा है। मेरा प्रश्न है : क्या यह प्रेम है?

क्या विषय-सुख प्रेम होता है? सुखभोग तो यादों की बारात होता है। इसे सूक्ति की तरह रट मत लीजिए, ध्यान से सुनिए। मैं याद रखता हूं कि आप मुझसे कितनी अच्छी तरह पेश आए थे, कितनी खुशमिज़ाजी से मिले थे, कितने सौम्य और सुखद रहे थे, किस तरह रतिरत रहे थे, और मैं कह उठता हूं, ‘प्रिये, मैं तुम्हें प्रेम करता हूं’। क्या यह प्रेम है? किंतु क्या विषय-सुख को नकारा जा सकता है? आपको यह प्रश्न उठाना चाहिए, पूछना चाहिए और पता लगाना चाहिए। क्या किसी जलधारा को देखना आपको सुख नहीं देता? सुख में बुरी बात क्या है? किसी खुले मैदान में किसी अकेले खड़े पेड़ को देखकर क्या आपको एक सुखद अनुभूति नहीं होती? क्या पर्वतों के ऊपर से झांकते हुए चमकते चंद्रमा को देखकर आपको सुख महसूस नहीं होता—जैसा कि कल रात शायद आपने देखा भी हो? कितना सुंदर दृश्य था वह! इसमें बुरा क्या है? किंतु दिक्कत तब शुरु होती है जब विचार कहता है, ‘यह कितना सुंदर है, यह मुझे मिलते रहना चाहिए, मुझे इसे याद रखना चाहिए, इसे पूजना चाहिए। मैं चाहता हूं कि यह मुझे और मिले, बार-बार मिले।’ तब विषय-सुख की पूरी कवायद शुरू हो जाती है। और उस सुख को हम प्रेम कह देते हैं।

मां अपने बच्चे को गोद में लिए हुए एक सौम्य ममता से ओतप्रोत रहती है। क्या यह प्रेम है? या यह प्रेम आपको आनुवांशिकता में मिले हुए गुणों का ही एक भाग है? या, कभी आपने बंदरों को अपने बच्चों को चिपटाए देखा है, हाथियों को अपने शावक की लगातार देखभाल करते देखा है? बहुत संभव है कि अपने बच्चे के प्रति यह सहज स्वभाव हमें आनुवांशिकता में मिला हो, किंतु फिर आ जाता है यह मानना और कहना, ‘यह ‘मेरा’ बच्चा है, यह मेरा खून है, मेरा ही हाड़-मांस है, मैं इसे प्रेम करता या करती हूं।’ किंतु यदि आप अपने बच्चे को इतना अधिक प्रेम करते हैं तो आप यह भी ध्यान रखेंगे कि वह समुचित रूप से शिक्षित हो, आप ध्यान देंगे कि वह उग्र व हिंसक न हो, वह मारा न जाए या वह किसी को न मारे। आप उस छोटे बच्चे की संभाल उसकी लगभग पांच वर्ष की आयु तक करते हैं और फिर उसे भेड़ियों के बीच भेज देते हैं।

तो क्या यही प्रेम है? यहां सकारात्मक कर्म कहेगा, ‘नहीं, मैं अब यौनाचार नहीं करूंगा’, ‘मैं मोह व आसक्ति से मुक्त होऊंगा’, ‘मैं मोह-आसक्ति पर हर समय नज़र रखूंगा’ जबकि नकारात्मक कर्म इसको समूचेपन में देखेगा और इसलिए एक गहन दृष्टि पाएगा। तब आप देखेंगे कि प्रेम का इस सबसे कोई लेना-देना

नहीं है, किंतु यदि प्रेम है तो उसी प्रेम के तहत सभी संबंधों में बदलाव आ जाता है। आप वैरागियों को जानते ही होंगे, भारत के संन्यासी, पश्चिम के 'मौंक' और दुनिया भर के वैरागी कहते हैं, 'कोई इच्छा मत करो, यौनाचार मत करो, किसी सुंदरी को मत देखो, देखो भी तो उसे बहन या मां की तरह देखो, या उसे एक दिव्य रूप में देखो।' किंतु अंदर ही अंदर वे तो खुद ही धधक रहे होते हैं। ऊपर-ऊपर से वे इसे मना करते हैं किंतु भीतर तो वे उबल रहे होते हैं। और इस सबको वे धार्मिक जीवन कहते हैं, किंतु उसका अर्थ तो यही निकलता है कि उनमें कोई प्रेम नहीं है। उनके पास बस एक अवधारणा है कि प्रेम क्या होता है। किंतु अवधारणा तो प्रेम नहीं है। कोई अवधारणा, कोई शब्द प्रेम नहीं होता। किंतु जब आपने इच्छा, मोह-आसक्ति, सुखभोग—इन सबकी गति पूरी तरह देख ली हो, केवल तभी उस देखने की गहराई में से अपनी असाधारण सुरभि के साथ वह अद्भुत पुष्प प्रकट होता है। यही है—प्रेम।

ज्ञानेन,
18 जुलाई 1978

व्यक्तिगत ही नहीं, क्या मानव मात्र के दुख का अंत हो सकता है?

हम क्या-क्या हैं? एक नाम, एक शक्ल, शायद एक बैंक खाता, शायद एक हुनर—इनके अलावा हम क्या हैं? क्या हम दुख नहीं हैं? या दुख आपके जीवन में व्याप्त नहीं है? क्या आपके जीवन में भय है? व्यग्रता, लोभ-लालच, ईर्ष्या-डाह है? क्या हम किसी ऐसी छवि की पूजा करते हैं जो विचार द्वारा रच ली गई है? मृत्यु से भयभीत हम क्या किसी अवधारणा से चिपक गए हैं? कुछ कहते हुए किंतु कुछ और करते हुए क्या हम स्वयं में ही विरोधाभास नहीं हैं? यही सब तो हैं हम। अपनी आदतें, अपना खालीपन, मन में अनवरत चलने वाली बातें ही बातें—यही सब तो हैं हम। चेतना में जो कुछ भी भरा होता है वही तो चेतना को बनाता है, और वही चेतना समय के साथ चलते-चलते असंख्य अनुभवों, पीड़ाओं, दुखों को ग्रहण करते-करते खुद को बढ़ा रही होती है। क्योंकि जहां भय होगा वहां प्रेम नहीं होगा। जहां अहं-केंद्रित गतिविधि रहेगी वहां संवेदनशीलता नहीं रहेगी, और उस संवेदनशीलता के बिना प्रेम नहीं रहेगा। और, जब सौंदर्य न हो तब भी प्रेम नहीं रहता, क्योंकि सौंदर्य का पुष्प केवल भलेपन में ही खिलता है।

आइए, देखें कि सौंदर्य क्या होता है, रंग-रूप-आकार वाला सौंदर्य नहीं, हालांकि वह भी आनंददायी होता है, बल्कि किसी मनोरम वृक्ष का सौंदर्य, हरे-भरे मैदान का सौंदर्य, पर्वतों का सौंदर्य, नीले आकाश की पृष्ठभूमि में खड़ी उनकी भव्यता का सौंदर्य, सूर्यास्त का सौंदर्य, किसी खड़ंजे में उग आए पौधे पर अकेले खिले फूल का सौंदर्य। हम *रोमांटिक* या भावुक नहीं हो रहे हैं। हम तो साथ-साथ यह जानने का प्रयास कर रहे हैं कि सौंदर्य होता क्या है। क्या आपके जीवन

में सौंदर्य की यह समझ, यह भाव है, या फिर वह जागने से सोने तक का एक औसत दर्जे का, निरर्थक और कभी न ख़त्म होने वाला एक खटराग मात्र है? सौंदर्य क्या होता है? यह कोई विषयासक्त प्रश्न नहीं है और न ही यौनाचार से जुड़ा कोई प्रश्न है। यह एक बहुत गंभीर प्रश्न है क्योंकि आपके हृदय में सौंदर्य का वास हुए बिना आपमें भलमनसाहत का खिलना हो ही नहीं सकता। क्या आपने किसी पर्वत को या नीले समुद्र को अपने दिमाग़ में चलती रहने वाली चख़-चख़ के बिना, उसके शोर-शराबे के बिना देखा है, क्या कभी नीले-नीले समुद्र को और उसकी जलराशि पर झिलमिलाते प्रकाश के सौंदर्य को अपना पूरा ध्यान देकर देखा है? नदियों, झीलों और पर्वतों वाली इस धरती के अद्भुत सौंदर्य को जब आप देखते हैं तब वास्तव में क्या होता है? क्या होता है जब आप किसी ऐसी चीज़ को देखते हैं जो सचमुच अनूठी सुंदरता से संपन्न हो—कोई मूर्ति, कोई कविता, किसी तालाब में खिला हुआ कोई कमल, करीने से संवार कर रखा गया कोई लॉन? ऐसे पल में पर्वत की वह भव्यता आपके मन का आपा भुला देती है। क्या आप कभी ऐसी अवस्था में पहुंचे हैं? यदि कभी पहुंचे हैं तो आपने देखा होगा कि उन पलों में आप तो जैसे रहते ही नहीं, केवल वह भव्यता ही रहती है। किंतु वह पल गुज़रते ही चख़-चख़ का, उलझन का वही सिलसिला पुनः चालू हो जाता है। तो, सौंदर्य 'तब है' जब आप नहीं हैं। आप यदि इस बात को देख नहीं पा रहे हैं तो यह आपका दुर्भाग्य है। सत्य 'तब है' जब आप नहीं हैं। सौंदर्य तब है, प्रेम तब है जब आप नहीं हैं। इस असाधारण सत्य को देख पाने की क्षमता शायद हममें नहीं है।

क्या मानवजाति दुख का खात्मा कर सकती है, केवल किसी के व्यक्तिगत दुख का खात्मा नहीं बल्कि मानव मात्र के दुख का? हज़ारों युद्धों में अपंग और आहत हुए तमाम लोगों के बारे में तनिक सोचिए। संसार में दुख है—वैश्विक दुख, और आपका अपना निजी दुख भी, ये दोनों दुख कोई अलग-अलग नहीं हैं। कृपया इसे देखिए। मैं अपने बेटे की मृत्यु हो जाने के कारण दुखी हो सकता हूं और, मैं यह भी जानता हूं कि मेरे पड़ोसी की पत्नी का देहांत हो गया है। सारे संसार में यही हो रहा है। हज़ारों-हज़ारों सालों से यह ऐसा ही चल रहा है किंतु हम इसका कुछ समाधान नहीं कर पाए हैं। हम इससे पलायन भले ही कर लें, कर्मकांडों और रीति-रिवाज़ों का तामझाम भले ही कर लें, चाहे तरह-तरह के सिद्धांतों को ईजाद कर लें, चाहे यह कह लें कि ये तो हमारे कर्मों का फल है, या यह कि हम अपने करे को भर रहे हैं, किंतु दुख है कि बना ही रहता

है, केवल आपका ही दुख नहीं बल्कि समूची मानवजाति का दुख। क्या इस दुख का कभी अंत हो सकता है, या यह मानव की नियति है कि जाने कब से आरंभ हुआ है यह दुख जिसका अंतिम छोर कहीं नज़र नहीं आता? यदि आप इस नियति को स्वीकार कर लेते हैं—हालांकि मुझे आशा है कि आप ऐसा नहीं करेंगे—फिर तो आप अनंत काल तक दुख झेलते ही रहेंगे। फिर आप इसके आदी हो जाते हैं, जैसे कि अधिकतर हो भी गए हैं। किंतु यदि आप उसे स्वीकार नहीं करते हैं तब आप की स्थिति क्या रहेगी? क्या आप दुख को दूर करने में समय लेंगे? आप ही अतीत हैं, आप ही वर्तमान हैं और आप ही भविष्य हैं। यह सब आप ही तो हैं। आप ही समय के स्वामी हैं और आप ही समय को सुदीर्घ भी कर सकते हैं और संक्षिप्त भी। यदि आप उग्र व हिंसक हैं और कहते हैं, 'मैं शांत व अहिंसक बनूंगा' तो आप समय को लंबा खींच रहे होते हैं। उस दौरान आप बीच-बीच में अनेक बार उग्र व हिंसक होते रहते हैं और इस प्रकार आपके उस आचरण और व्यवहार का अंत हो ही नहीं पाता है। यदि आप इस वास्तविकता को जान जाते हैं कि आप ही समय के स्वामी हैं, कि समय आपके हाथों में है—जिसे जान-समझ लेना निहायत ज़रूरी है—तो इसका अर्थ है कि आप उग्रता के, हिंसा के तथ्य को रू-ब-रू देख लेते हैं। फिर आप अहिंसा के पीछे नहीं दौड़ते, बल्कि हिंसा के तथ्य को प्रत्यक्ष देखते हैं, और उस देखने में कोई समय बीच में नहीं आता है क्योंकि उस देखने में, उस अवलोकन में न तो कोई अवलोकनकर्ता रहता है और न ही अतीत का कोई संचय, तब केवल और केवल अवलोकन रहता है। तब वहां समय भी नहीं रहता है।

क्या आप इसे कर रहे हैं? वक्ता द्वारा यह सब बताए जाने के दौरान क्या आप इस बात के सत्य को भी सचमुच देख रहे हैं और इसलिए वैसा करते भी जा रहे हैं? मान लीजिए कि मुझमें कोई आदत है—चाहे वह शारीरिक हो या मानसिक—क्या उस आदत का, उस लत का तत्काल अंत किया जा सकता है? या फिर उसका अंत करने में मैं समय लूंगा? मान लीजिए कि आप धूम्रपान करते हैं, क्या अपनी इस लत को तत्काल छोड़ सकते हैं? निकोटिन के लिए शरीर की तलब होने में और इस बात का प्रत्यक्ष दर्शन होने में कि आप समय के स्वामी हैं, बड़ा अंतर है। चूंकि आप समय को संक्षिप्त कर सकते हैं अतः वह प्रत्यक्ष दर्शन धूम्रपान न करने का कोई संकल्प नहीं रह जाता।

देखिए, जब दुख का अंत हो जाता है, *पैशन* केवल तभी आ पाता है। *पैशन* वासना नहीं होता। वासना तो शारीरिक, ऐंद्रिक तथा यौनसुख से संबंधित

व्यक्तिगत ही नहीं, क्या मानव मात्र के दुख का अंत... / 119

होती है, वह कामनाओं, तमन्नाओं, चित्रों, सुखविलास जैसी चीज़ों से भरी होती है। *पैशन* अलग बात है। आपको *पैशन* चाहिए कुछ रचने के लिए, कुछ बनाने के लिए—बच्चे नहीं—एक भिन्न संसार का सृजन करने के लिए, संसार में भिन्न तरह का मानव रचने के लिए, जिस समाज में आप रह रहे हैं उसे बदलने के लिए। बिना उस ज़बरदस्त बदलाव के हम औसत दर्जे के, दुर्बल और अस्पष्ट ही रहेंगे, समग्रता से विहीन ही रहेंगे।

मेरे बेटे की मृत्यु हो गई है और मैं दुखी हूं। मैं आंसू बहाता हूं। मैं दुनिया भर के मंदिरों के चक्कर लगाता हूं। मैंने अपनी सारी उम्मीदें उस बेटे से लगा रखी थीं किंतु वह नहीं रहा। और मुझमें यह ज़बरदस्त विश्वास है कि वह संसार में कहीं न कहीं तो जन्म लेगा ही और अगले जन्म में या कहीं न कहीं और कभी न कभी तो वह मुझे मिल ही जायेगा। हम ऐसी ही धारणाओं के साथ खेलते रहते हैं। दुख बहुत दर्द भरा होता है। आंसू, दूसरों की राहत और उस राहत के लिए की जाने वाली मेरी अपनी ही तलाश उस दर्द का, अकेलेपन की विकरालता का कोई निराकरण नहीं कर पाती है। तो, क्या मैं इसका सामना कर सकता हूं—वह भी किसी भी तरह का कोई भी पलायन किए बिना, अपने बेटे की मृत्यु को ग़लत या सही की किसी भी परिभाषा में ढाले बिना क्या मैं इस तथ्य के साथ जी सकता हूं? पुनर्जन्म या ऐसे ही किसी विश्वास को पाले बिना क्या मैं उस भारी दुख के साथ पूरी-पूरी तरह रह सकता हूं? फिर क्या होता है?

मैं आशा करता हूं कि आप मेरे साथ-साथ यह करते चल रहे होंगे। इसे केवल सुनते ही मत रहिए। आपको यह नहीं बताया जा रहा है कि आपको क्या करना है। यह कोई बौद्धिक खेल नहीं है; यह हमारा जीवन है, दिन-प्रतिदिन का हमारा जीना है यह। इसमें ईर्ष्या, व्यग्रता, घृणा हो सकते हैं, और जिसे आप प्रेम करते हों वह आपसे दूर भी जा सकता है। यही तो है हमारा जीवन जो कि दुख ही है।

यदि मेरा बेटा मर जाता है तो मैं यह बात सहन ही नहीं कर पाता हूं कि वह चला गया है। किसी भावना, किसी भावुकता को बीच में लाए बिना क्या मैं उस दुख के साथ, अकेलेपन की उस पीड़ा के साथ जी सकता हूं? लगभग हम सभी अकेलेपन से परिचित तो हैं ही। यह अकेलापन तब आता है जब आप सारे संबंधों से स्वयं को पूरी तरह अलग-थलग महसूस करते हैं। भरी भीड़ में आप स्वयं को निपट अकेला महसूस करते हैं। ऐसा महसूस करना दुख का एक

अंग है। यदि मेरा बेटा मर जाता है तो मैं अकेला पड़ जाता हूं। क्या मैं उस अकेलेपन को देख सकता हूं, अतीत की किसी स्मृति के बिना, किसी अवलोकनकर्ता के बिना क्या उस अकेलेपन को मैं देख सकता हूं? हम इसी पर चर्चा करेंगे।

जब किसी को गुस्सा आता है—जो कि एक प्रतिक्रिया ही होती है—तो गुस्से के उन पलों में न तो कोई अवलोकनकर्ता रह जाता है और न ही कोई अवलोकित। तब केवल वह प्रतिक्रिया रह जाती है जिसे हम गुस्सा कहते हैं। कुछ पलों या कुछ मिनटों बाद अवलोकनकर्ता कहता है, 'मुझे गुस्सा आ गया था'। इस तरह अवलोकनकर्ता गुस्से से स्वयं को अलग कर लेता है और कहता है, 'मुझे गुस्सा आ गया था'। किंतु अवलोकनकर्ता स्वयं ही तो अवलोकित है, द्रष्टा स्वयं ही तो दृश्य है। गुस्सा मुझसे कोई अलग चीज़ थोड़े ही था; मैं ही गुस्सा हूं, मैं ही लोभ हूं, मैं ही भयभीत हूं। मैं ही तो हूं यह सब। किंतु, विचार कहता है, 'मुझे इस पर नियंत्रण रखना चाहिए, मुझे भय से बच निकलना चाहिए'। इस प्रकार, तब विचार अवलोकनकर्ता की रचना अवलोकित अवस्था से एक अलग और भिन्न स्वरूप में कर देता है, और फिर उस अवस्था में द्वंद्व पैदा हो जाता है जबकि तथ्य यही है कि अवलोकित ही अवलोकनकर्ता है। गुस्सा आप ही तो हैं, गुस्सा आपसे कोई अलग या भिन्न थोड़े ही है? इसी प्रकार, जब मैं अपने बेटे को सदा के लिए खो देता हूं, तब मैं उस अवस्था में होता हूं, विचार की किसी गतिविधि को बीच में लाए बिना अवलोकन करता हुआ, यानी दुख-दर्द कही जाने वाली चीज़ पर अपना पूरा अवधान देता हुआ, अकेलापन कही जाने वाली उस चीज़ पर पूरी तवज्जो देता हुआ जो कि ऐसे दुख को, हताशा को, ऐसे पागलपन (न्यूरोटिक) की अवस्था को पैदा करता हुआ। क्या मैं उस गहन दुख, पीड़ा, व आघात के साथ विचार का लेशमात्र भी साया डाले बिना रह सकता हूं? इसका अर्थ होता है—उसे पूरा-पूरा अवधान देना। आप पूरा-पूरा अवधान तब नहीं दे सकते जब आप उससे पलायन करने का प्रयास कर रहे होते हैं, पलायन तो ऊर्जा को बरबाद करना है; जबकि यदि आप उसे पूरा-पूरा अवधान देते हैं तब आपकी सारी की सारी ऊर्जा उस एक केंद्र पर टिक जाती है जिसे आप दुख कहते हैं। जब आप ऐसा करते हैं, तब आप उस असाधारण व अद्भुत तथ्य का पूरा महत्त्व, पूरा अर्थ, पूरी गहराई और उसके संपूर्ण सौंदर्य को समझ पाते हैं। और तब वह दुख समाप्त हो जाता है। जब दुख का अंत हो जाता है तब उत्कटता का, *पैशन* का प्रवेश होता है। और, दुख का अंत होने के साथ ही प्रवेश होता है प्रेम का।

व्यक्तिगत ही नहीं, क्या मानव मात्र के दुख का अंत... / 121

प्रेम क्या होता है? क्या आपने कभी पूछा है? क्या आपने अपनी पत्नी या अपने पति से पूछा है कि प्रेम क्या होता है? आप हिम्मत ही नहीं करते यह पूछने की कि क्या मैं किसी को प्रेम करता हूं? क्या आप जानते हैं कि इसका अर्थ क्या है? प्रेम क्या इच्छा है? प्रेम क्या विषय-सुख है? क्या प्रेम मोह है, आसक्ति है? कृपया इस सब पर ग़ौर कीजिए। क्या प्रेम ईर्ष्या है? या क्या प्रेम अब बस यौनाचार बन कर रह गया है? हम मिलजुल कर उस मन का, उस मस्तिष्क का गुणधर्म देखने जा रहे हैं जो प्रेम करता है। क्या आप अपने बच्चों को प्रेम करते हैं या बस एक कर्तव्य की तरह उनके प्रति ज़िम्मेदारी महसूस करते हैं? क्या आपने कभी इस बात पर सोचा है कि क्या आप अपने बच्चों को प्रेम करते भी हैं? आप सब यही कहेंगे, 'हां, हां, वाक़ई करते हैं', किंतु हम यहां यह प्रश्न गंभीरतापूर्वक पूछ रहे हैं। यदि आप अपने बच्चों से प्रेम करते तो क्या आप चाहते हैं कि वे ऐसा बनें जैसे कि आप हैं? या आप चाहते हैं कि वे आपसे बिल्कुल भिन्न बनें? क्या आप चाहते हैं कि वे आपके वाला ही काम-धंधा करें? चूंकि आप एक उद्योगपति हैं तो क्या आप चाहते हैं कि आपका बेटा भी उद्योगपति ही बने? या आप चाहते हैं कि वह भलमनसाहत में, अच्छाई में बढ़े, सौंदर्य बोध में खिले? या क्या आप उसे फौज में भेजने की तैयारी कर रहे हैं—मारने के लिए या मारे जाने के लिए? क्या यह सब प्रेम है? मैं जानता हूं कि आप यही कहेंगे, 'इसके अलावा हम कुछ नहीं कर सकते। हम अपने बच्चों के लिए इतना ही तो कर सकते हैं। हमने उन्हें स्कूल भेजा है, यही तो हम कर सकते हैं।' आप तो बस इतना चाहते हैं कि उनकी शादी हो जाए और किसी रोज़गार में लगकर वे कहीं बस जाएं—जैसे आप बस गए—औसत दर्जे में, संपूर्णता व समग्रता का अभाव लिए हुए, कुछ कहते व कुछ और करते हुए, मंदिर जाते हुए और एक बेहतरीन वकील बनते हुए। यह सब विरोधाभासों से भरा हुआ जीवन है। क्या आप चाहते हैं कि आपके बच्चे भी ऐसे ही बनें? यदि आप उन्हें प्रेम करते तो क्या ऐसा करते?

इस संसार में कहीं प्रेम है क्या? क्या प्रेम ईर्ष्या होता है? क्या प्रेम मोह व आसक्ति होता है? यदि मैं अपनी पत्नी के प्रति आसक्त या मोहग्रस्त हूं तो यह कैसी त्रासदी है, नहीं क्या? इस मोह-आसक्ति के निहितार्थ क्या-क्या हैं? क्या यह प्रेम है? यदि मैं उसके प्रति आसक्त या मोहग्रस्त रहता हूं तो मैं उस पर निर्भर हो जाता हूं, वह मेरी आवश्यकता बन जाती है—शारीरिक रूप से भी और मानसिक रूप से भी। वह मेरी सहायता करती है और मैं उसकी सहायता

करता हूं। मुझे डर रहता है कि वह कहीं मुझे छोड़ कर न चली जाए। मुझे इस बात की चिंता और व्यग्रता रहती है कि उसे मुझे छोड़ कर नहीं जाना चाहिए, कि उसे पर-पुरुष की तरफ़ आंख उठा कर नहीं देखना चाहिए, कि उसे मेरे प्रति वफ़ादार रहना चाहिए, कि वह मेरे कब्ज़े में, मेरे अधिकार में रहे, कि मैं उस पर हावी रहूं। और वह भी मेरे कब्ज़े व अधिकार में रहना चाहती है, खुद पर मेरा हावी रहना उसे ठीक लगता है। क्या यह प्रेम है जिसमें भय है, ईर्ष्या है, घृणा है, विरोध-प्रतिरोध है? क्या यह सब प्रेम है?

उस हर चीज़ को अस्वीकार कर देना, नकार देना जो कि प्रेम न हो, यही प्रेम है। इसलिए हम पूरी तरह ईर्ष्या को नकार दें, मोह-आसक्ति को नकार दें, अधिकार, स्वामित्व व मलकियत के हर रूप को नकार दें। ऐसे समूचे नकार से प्रकट होता है—प्रेम। नकारात्मकता के माध्यम से सकारात्मकता आती है, और सबसे सकारात्मक चीज़ है—प्रेम। प्रेम के बारे में एक विचित्र बात यह है कि इसमें आप जो कुछ भी करेंगे वह सही ही होगा—यदि आप प्रेम करते हैं तो। यदि प्रेम है तो आपका हर कर्म हर परिस्थिति में सही ही होगा। और जब ऐसे गुणधर्म वाला प्रेम होता है तब करुणा का अवतरण होता है। करुणा का अर्थ है—सबके लिए उत्कटता, *पैशन* का होना। यदि आप किसी एक पंथ वाले, किसी एक वर्ग वाले या किसी एक संगठित धर्म वाले रहते हैं तब आप में न तो करुणा रह सकती है और न ही प्रेम। करुणा आयेगी ही तब जब आप इन सबसे मुक्त हो जाएंगे। ऐसी करुणा की अपनी ही असाधारण और असीम प्रज्ञा होती है। यदि प्रेम है तभी होगा सौंदर्य। अपनी प्रज्ञा के साथ प्रेम व करुणा ही अनंत सत्य है। उस सत्य तक पहुंचने के लिए कोई डगर नहीं होती—न कर्मयोग की, न भक्तियोग की या कुछ और की—सत्य तक पहुंचने का कोई बना-बनाया मार्ग नहीं है। जब करुणा का ऐसा अपरिमेय और असीम भाव आ जाए जो कि दुख के समाप्त हो जाने पर आता है, केवल तब जो कुछ रह जाए वह होता है—सत्य।

बंबई,

31 जनवरी 1982

हम जो हैं उसे कैसे समझें?

आइए, कुछ देर के लिए प्रेम के बारे में चर्चा करते हैं; पता लगाते हैं कि इस शब्द और इस एहसास के पीछे—जिसका कि हम सभी के लिए बड़ा भारी महत्त्व है—इसके पीछे किसी भय का, व्यग्रता का और उस अवस्था का क्या कोई विशेष तत्त्व मौजूद रहता है जिसे वयस्क लोग अकेलापन कहते हैं।

क्या आप जानते हैं कि प्रेम क्या होता है? क्या आप अपने पिता को, माता को, भाई को, अध्यापक को, मित्र को प्रेम करते हैं? क्या आप जानते हैं कि प्रेम करने का अर्थ होता क्या है? जब आप कहते हैं कि आप अपने माता-पिता को प्रेम करते हैं तो इसका अर्थ क्या है? आप उनके साथ सुरक्षित महसूस करते हैं, आप उनके साथ सहज महसूस करते हैं। आपके माता-पिता आपकी संभाल करते हैं, वे आपको पैसा, आश्रय, भोजन, कपड़े दे रहे हैं और आप उनके साथ घनिष्ठता का संबंध महसूस करते हैं, है न? आप यह भी महसूस करते हैं कि आप उन पर विश्वास कर सकते हैं—शायद न भी करते हों। जितने खुलेपन से और खुशी-खुशी आप अपने मित्रों से बात कर लेते हैं, उस तरह शायद अपने माता-पिता से नहीं करते हैं। किंतु आप उनका आदर करते हैं, आप उनके मार्ग-दर्शन में चलते हैं, आप उनकी आज्ञा का पालन करते हैं, उनके प्रति आप कुछ ज़िम्मेदारी का भाव रखते हैं, एक एहसास रखते हैं कि आपको उनकी बुढ़ापे की लाठी बनना है। इसके बदले में वे आपको प्रेम करते हैं, आपकी संभाल करना चाहते हैं, आपका मार्ग-दर्शन करना और आपकी सहायता करना चाहते हैं—कम से कम वे कहते तो यही हैं। वे आपका विवाह कर देना चाहते हैं ताकि आप तथाकथित नैतिक जीवन जिएं और परेशानियों से बचें रहें, ताकि आपका एक पति हो जो कि आपकी देखभाल करे, या आपकी एक पत्नी हो जो आपके लिए खाना बनाए और आपके बच्चों को जन्म दे। इस सबको ही प्रेम कह दिया जाता

है, ऐसा ही है न?

हम इसका तत्काल उत्तर नहीं दे सकते कि प्रेम क्या होता है, क्योंकि प्रेम को शब्दों द्वारा इतनी आसानी से नहीं बताया जा सकता। इतनी आसानी से यह आता भी नहीं। किंतु फिर भी बिना प्रेम के जीवन बड़ा वीरान हो जाता है, बिना प्रेम के पेड़ों का, पशु-पक्षियों का, किसी व्यक्ति की मुस्कान का, नदी पर बने पुल का, नाव को खेते मांझी का—किसी का भी कोई अर्थ नहीं रह जाता है। बिना प्रेम के जीवन उथले तालाब जैसा होता है। नदी की गहराई समृद्ध होती है और उसमें अनगिनत मछलियां रह सकती हैं, किंतु उथला ताल प्रचंड धूप में जल्दी ही सूख जाता है और फिर उसमें कीचड़ या धूल के सिवा कुछ नहीं रह जाता।

अधिकतर लोगों के लिए, प्रेम को समझ पाना बेहद कठिन होता है क्योंकि हमारा जीवन बहुत उथला रहता है। हम प्रेम पाना चाहते हैं और प्रेम करना भी चाहते हैं, किंतु इस शब्द के पीछे छिपा हुआ एक भय बना रहता है। तो हम में से हर एक के लिए क्या यह जानना बहुत महत्त्वपूर्ण नहीं हो जाता है कि यह अद्भुत चीज़ वास्तव में है क्या? और यह हम तभी जान सकते हैं जब हम इस बात के प्रति सजग हों कि हम किसी दूसरे व्यक्ति को किस तरह देखते हैं, उसके साथ संबंध किस तरह रखते हैं, और इसी प्रकार पेड़ों को, पशुओं को, किसी अजनबी को या उस व्यक्ति को हम कैसे देखते हैं जो कि भूखा है। हमें इस बात के प्रति सजग रहना चाहिए कि हम अपने मित्रों को किस तरह देखते हैं, अपने माता-पिता को किस तरह देखते हैं, और अपने गुरु को, यदि कोई है तो, किस तरह देखते हैं।

जब आप कहते हैं, 'मैं अपने माता-पिता को प्रेम करता हूं, मैं अपने अभिभावक को, अपने अध्यापक को प्रेम करता हूं', तो इसका अर्थ क्या होता है? जब आप किसी का अत्यधिक आदर करते हैं और उसे बड़ी श्रद्धा से देखते हैं, जब आप उनकी आज्ञा का पालन करना अपना कर्तव्य समझते हैं, और बदले में वे आपकी आज्ञाकारिता की अपेक्षा भी करते हैं, तो क्या यह प्रेम है? क्या प्रेम भयभीत रहता है? निश्चय ही जब आप किसी को अपनी नज़रों में ऊपर चढ़ा लेते हैं तो किसी को आप अपनी नज़रों से गिरा भी सकते हैं। किंतु क्या यह प्रेम है? क्या प्रेम में नज़रों में उठाना या नज़रों से गिराना जैसा कुछ होता है, क्या यह किसी की आज्ञापालन की कोई मजबूरी होता है?

जब आप कहते हैं कि मैं अमुक को प्रेम करता हूं, तब क्या आप भीतरी

तौर पर उस पर निर्भर नहीं हो रहे होते हैं? जब आप छोटे बच्चे थे तब स्वाभाविक है कि आप अपने पिता पर, अपनी माता पर, अपने अभिभावक पर, अपने अध्यापक पर निर्भर रहे होंगे। आपको देखभाल की, भोजन, कपड़े और सिर पर साए की आवश्यकता रही थी। आपको सुरक्षा की और इस एहसास की आवश्यकता थी कि आपकी देखभाल करने वाला कोई है। किंतु आमतौर पर होता क्या है? वयस्क होने के बाद भी निर्भर रहने की हमारी यह प्रवृत्ति जारी रहती है। क्या आपने वयोवृद्ध लोगों में, अपने माता-पिता व अध्यापकों में यह नहीं देखा है? बड़े हो जाने के बाद भी अधिकांश लोग किसी न किसी का पल्लू पकड़े रहते हैं, और निर्भर रहना जारी रखते हैं। अपने आपको सुविधा और सुरक्षा का एहसास देते रहने के लिए किसी का सहारा लिए बिना वे अकेलापन महसूस करते हैं, खुद को खोया-खोया महसूस करते हैं। किसी दूसरे पर रहने वाली इस निर्भरता को प्रेम कह दिया जाता है, किंतु यदि आप इसे ध्यान से देखें तो पायेंगे कि निर्भरता तो एक तरह का भय है, प्रेम नहीं है।

अधिकांश लोग 'एकला चलो' से डरते हैं, वे खुद सोचने से डरते हैं, जीवन की गहराई में उतरने, उसे खोजने और उसका संपूर्ण अर्थ जानने से डरते हैं। इसीलिए वे कहते हैं कि वे ईश्वर से प्रेम करते हैं, और फिर वे उस पर निर्भर हो जाते हैं जिसे वे ईश्वर कह रहे होते हैं, किंतु वह ईश्वर नहीं होता, वह तो मन द्वारा गढ़ी गई कहानी होती है न कि ईश्वर, अज्ञात-अज्ञेय।

किसी आदर्श या विश्वास के साथ भी हम ऐसा ही करते हैं। मैं किसी बात में विश्वास रखता हूं, या मैं किसी आदर्श को थामे हुए हूं, और इससे मुझे बड़ी राहत मिलती है; किंतु यदि उस आदर्श को, उस विश्वास को हटा दिया जाता है तो मैं स्वयं को खोया-खोया और बेसहारा महसूस करता हूं। यही बात गुरु के साथ भी लागू होती है। मैं निर्भर इसलिए होता हूं क्योंकि मैं पाना चाहता हूं, इसीलिए मुझे भय सताता रहता है। यही बात वहां भी लागू होती है जब आप अपने माता-पिता या अपने अध्यापक पर निर्भर हो जाते हैं। जब आप छोटे बच्चे थे तब तो आपका ऐसा करना सही भी था और स्वाभाविक भी, किंतु वयस्क हो जाने के बाद भी जब आप निर्भर रहना जारी रखते हैं तब यह निर्भरता आपको स्वतंत्र रूप से सोचने और जीने के प्रति अक्षम बना देती है। जहां निर्भरता रहती है, वहां भय रहता है, और जहां भय रहता है वहां सत्ता रहती है, फिर वहां प्रेम के लिए कोई स्थान नहीं रहता। जब आपके माता-पिता कहते हैं कि आपको आज्ञा माननी चाहिए, आपको निर्धारित परंपराओं का अनुपालन करना चाहिए,

आपको अमुक नौकरी या अमुक रोज़गार करना चाहिए—तब इस सब में प्रेम का अभाव हो जाता है। और ऐसे ही तब भी आपका हृदय प्रेम से शून्य हो जाता है जब आप समाज पर निर्भर करते हैं, इस अर्थ में कि आप समाज के ढांचे को यथावत स्वीकार कर लेते हैं, बिना कोई सवाल उठाए।

महत्त्वाकांक्षी लोग नहीं जानते कि प्रेम क्या होता है, और ऐसे ही महत्त्वाकांक्षी लोग हम पर राज करते हैं। तभी तो संसार में कोई सुख-चैन नहीं है, और इसीलिए यह महत्त्वपूर्ण हो जाता है कि जब आप वयस्क हो जाएं तो इस सबको देखें और समझें और यदि संभव हो तो स्वयं खोजें कि प्रेम क्या होता है। हो सकता है आपके पास एक अच्छा पद हो, एक भव्य भवन हो, बेहतरीन बगीचा हो, कीमती कपड़े हों, आप प्रधानमंत्री बन सकते हों; किंतु बिना प्रेम के इनमें से किसी के भी कोई मायने नहीं हैं।

अतः इसकी शुरुआत करने और यह पता लगाने का काम आपको अभी करना होगा कि वह क्या है जो आप अपने माता-पिता के साथ, अपने अध्यापकों के साथ, अपने गुरु के साथ अपने संबंधों में महसूस करते हैं—बुढ़ापे तक की प्रतीक्षा न करें क्योंकि तब आप यह कर ही नहीं पायेंगे। आप 'प्रेम' शब्द को या किसी अन्य शब्द को यूं ही स्वीकार न कर लें बल्कि उस शब्द की वास्तविकता जानने के लिए उस शब्द के पीछे छिपे अर्थ को समझें—वास्तविकता से अभिप्राय है कि आप वास्तव में क्या महसूस करते हैं न कि जैसा समझने की आप से अपेक्षा की जाती है। यदि आप वास्तव में डाह या आक्रोश महसूस करते हैं तो यह कहना, 'मुझे ईर्ष्यालु नहीं होना चाहिए, मुझे क्रुद्ध नहीं होना चाहिए' तो बस इच्छा मात्र है, इसमें कोई वास्तविकता नहीं है। जिस बात का महत्त्व है वह है—पूरी ईमानदारी से और पूरी स्पष्टता से ठीक वैसा ही देखना जैसा कि आप इस समय महसूस कर रहे हैं—किसी ऐसे आदर्श को बीच में लाए बिना कि आपको कैसा महसूस करना चाहिए या कभी महसूस करेंगे, क्योंकि तभी आप इस बारे में कुछ कर पायेंगे। किंतु यह कहने का भी कोई अर्थ नहीं है कि 'मुझे अपने माता-पिता को प्रेम करना चाहिए, मुझे अपने अध्यापकों को प्रेम करना चाहिए'। क्योंकि जो आप महसूस कर रहे हैं वह तो एक भिन्न अनुभूति है और ये शब्द ऐसी ओट बन जाते हैं जिसके पीछे आप आड़ ले लेते हैं।

इस प्रकार, क्या शब्दों के स्वीकृत अर्थ से परे देखना समझ और प्रज्ञा की बात नहीं है? 'कर्तव्य', 'उत्तरदायित्व' या 'ज़िम्मेदारी', 'ईश्वर', 'प्रेम' शब्द ऐसे हैं जिन्होंने प्रचलित अर्थ ओढ़ लिए हैं; किंतु एक प्रज्ञावान व्यक्ति, सही मायनों में शिक्षित

व्यक्ति इन शब्दों के प्रचलित अर्थों के पार देखता है। उदाहरण के लिए, यदि कोई आपसे कहे कि वह ईश्वर में विश्वास नहीं रखता है तो आप चकित हो उठेंगे, है न? आप कहेंगे, 'हे भगवान, क्या कह रहे हो', क्योंकि आप तो ईश्वर में विश्वास रखते हैं—या कम से कम आप ऐसा मानते तो हैं ही। किंतु विश्वास और अविश्वास का कोई ख़ास महत्त्व नहीं है। महत्त्व इस बात का है कि आप 'प्रेम' शब्द के पीछे जाएं—यह देखने के लिए कि क्या आप अपने माता-पिता को वास्तव में प्रेम करते हैं, और क्या आपके माता-पिता आपको वास्तव में प्रेम करते हैं? निश्चय ही, यदि आप और आपके माता-पिता वास्तव में एक दूसरे को प्रेम करते होते तो यह संसार बिल्कुल भिन्न हुआ होता। न कोई युद्ध होता, न भुखमरी होती, न कोई वर्ग-विभाजन हुआ होता। न कोई धनवान होता, न कोई दीन-हीन होता। देखा आपने, बिना प्रेम के ही हम समाज को आर्थिक रूप से सुधारने की कोशिश में लगे हैं, हम चीज़ों को सही करना चाहते हैं; किंतु जब तक हमारे दिलों में प्रेम नहीं आ जाता तब तक हम कोई ऐसी सामाजिक संरचना नहीं कर सकते जिसमें द्वंद्व न हो, टकराव न हो, दुख न हो। इसीलिए हमें इन चीज़ों में बहुत सावधानीपूर्वक उतरना होगा; शायद तभी हम जान पाएंगे कि प्रेम क्या होता है।

प्रश्नकर्ता : संसार में दुख और दुर्दशा क्यों है?

कृष्णमूर्ति : पता नहीं यह लड़का जानता भी है या नहीं कि इन शब्दों का अर्थ क्या होता है? शायद इसने इतने अधिक बोझ से लदा कोई गधा देख लिया हो जो उस बोझ से मरा जा रहा हो, या किसी साथी लड़के को रोते देख लिया हो या फिर किसी मां को अपने बच्चे को पीटते देख लिया हो। या यह भी हो सकता है कि इसने बुजुर्ग लोगों को आपस में झगड़ते देखा हो। और मरण भी तो है, इसने शायद किसी शव को दाह-संस्कार के लिए ले जाते देखा हो; संसार में भिखारी हैं, ग़रीब हैं, बीमारी और बुढ़ापा है; यहां दुख भरा पड़ा है—न केवल बाहर बल्कि हमारे भीतर भी। तो वह पूछ रहा है, 'दुख क्यों है?' क्या आप भी यह नहीं जानना चाहते कि दुख क्यों है? क्या आप में कभी अपने ही दुख का कारण जानने की जिज्ञासा नहीं उठी है? दुख क्या है और इसका अस्तित्व क्यों है? यदि मैं कुछ चाहता हूं किंतु मुझे वह न मिले तो मैं दुख महसूस करता हूं; यदि मैं और साड़ियां चाहता हूं, या और अधिक पैसा चाहता हूं, या और अधिक सुंदर होना चाहता हूं, किंतु जो चाहता हूं उसे पा नहीं सकता हूं तो मैं दुखी हो जाता हूं। यदि मैं किसी व्यक्ति विशेष को प्रेम करना चाहता हूं किंतु वह व्यक्ति मुझे प्रेम नहीं करता या नहीं करती तब भी मैं दुखी हो जाता

हूं। मेरे पिता की मृत्यु हो जाती है और मैं दुख में डूब जाता हूं। क्यों?

जो हम चाहते हैं वह जब हमें नहीं मिल पाता है, तब हम दुखी क्यों हो जाते हैं? जो भी हम चाहें वह हमें मिले ही, यह क्यों आवश्यक है? हम समझते हैं कि यह तो मेरा अधिकार है, ऐसा ही समझते हैं न? किंतु क्या हमने कभी स्वयं से पूछा है कि जो हम चाहें वह हमें अवश्य ही मिलना क्यों चाहिए जब कि लाखों-लाखों लोगों को वह भी नहीं मिल पा रहा है जो कि उनकी आवश्यकता है। और, हम कोई चीज़ चाहते ही क्यों हैं? हमारी भोजन की आवश्यकता है, कपड़ों की और सर छुपाने की जगह की आवश्यकता है; किंतु हम इतने से ही संतुष्ट नहीं होते। हम और और चाहते रहते हैं। हम सफलता चाहते हैं, मान-सम्मान, प्रेम और प्रतिष्ठा पाना चाहते हैं, हम शक्ति व अधिकार संपन्न होना चाहते हैं, हम सुविख्यात कवि, संत या वक्ता बनना चाहते हैं, हम प्रधानमंत्री या राष्ट्रपति बनना चाहते हैं। क्यों? क्या कभी आपने इस प्रश्न में झांक कर देखा है? यह सब हम क्यों चाहते हैं? मेरे कहने का अर्थ यह नहीं है कि हम जो कुछ हैं उसी में तसल्ली कर लें। वह तो निरी बेतुकी और बेवकूफ़ी की बात होगी। किंतु और, और, और की यह लगातार ललक क्यों है? यह ललक इस बात की घोतक है कि हम असंतुष्ट और अतृप्त रहते हैं, किंतु काहे से? किससे? मैं यह हूं, मैं इसे पसंद नहीं करता, और मैं वह बन जाना चाहता हूं। मुझे लगता है कि मैं नए सूट में या नई साड़ी में ज़्यादा जंचूगा या जंचूगी, इसलिए मुझे वह चाहिए। इसका अर्थ यह हुआ कि जो कुछ मैं हूं उससे मैं असंतुष्ट हूं और मैं सोचता हूं कि अधिक कपड़े, अधिक शक्ति व अधिकार इत्यादि पा कर मैं उस असंतुष्टि से बच सकता हूं। किंतु वह असंतुष्टि तो बनी ही रहती है, है न? मैं तो उसे बस नए कपड़ों से, अधिक शक्ति व अधिकार से, नई कार से भरता रहता हूं।

तो हमें पता यह लगाना है कि जो हम हैं उसे हम कैसे समझें? चीज़ों के, शक्ति व अधिकार के, प्रतिष्ठा के केवल चोले ओढ़ते रहने का कोई अर्थ नहीं होता क्योंकि हम फिर भी असंतुष्ट और अप्रसन्न ही रहते हैं। इसे देखकर अप्रसन्न व्यक्ति, दुख में रह रहा व्यक्ति भाग कर गुरु की शरण में न जाए, अपने आपको चीज़ों से और शक्ति व अधिकारों से ढकने में न लग जाए, बल्कि इसके विपरीत यह जानना चाहे कि उसके दुख के पीछे किसका हाथ है। यदि आप अपने दुख के पीछे झांक कर देखें तो आप पायेंगे कि आप बहुत बौने, खोखले और सीमित हैं और यह कि आप उपलब्धियों के लिए, कुछ बनने के लिए संघर्ष करने में लगे हैं। किसी उपलब्धि के लिए, कुछ बनने के लिए किया

जाने वाला यह संघर्ष ही आपके दुख का कारण है। किंतु यदि आप यह जानने में लग जाएं कि आप दरअसल क्या हैं, इसमें गहरी और गहरी पैठ करते चले जाएं तो आप देखेंगे कि कुछ विलक्षण ही घटित हो रहा है।

प्रश्नकर्ता ः यदि कोई आदमी भूख से मर रहा है और मुझे लगता है कि मैं उसकी सहायता कर सकता हूं, तो यह क्या होगा—महत्त्वाकांक्षा या प्रेम?

कृष्णमूर्ति ः यह आपके उस हेतु पर निर्भर करेगा जिस हेतु के साथ आप उसकी सहायता करना चाहते हैं, यह कह कर कि 'मैं गरीबों की मदद करना चाहता हूं।' नेता नई दिल्ली की गद्दी पर जा बैठता है, बड़े से मकान में रहता है और बड़ा इतराता है। क्या यह प्रेम है? आप समझे? क्या यह प्रेम है?

प्रश्नकर्ता ः यदि मैं अपनी सहायता द्वारा उसकी भूख मिटा देता हूं तो क्या यह प्रेम नहीं हुआ?

कृष्णमूर्ति ः वह भूखा है और आप खाना खिलाकर उसकी सहायता करते हैं। क्या यह प्रेम है? आप उसकी सहायता करना क्यों चाहते हैं? उसकी सहायता करने की इच्छा के अलावा क्या आपका कोई और हेतु, कोई प्रेरक नहीं है? क्या इससे आपको कोई लाभ मिलने वाला नहीं है? इस पर ग़ौर कीजिए, हां या न मत कहिए। यदि इसमें आप अपना कोई भी लाभ देख रहे हैं—राजनीतिक या कुछ और, कोई भीतरी या बाहरी लाभ—फिर आप उसे प्रेम नहीं कर रहे हैं। यदि आप अधिक प्रसिद्धि पाने के लिए, या इसलिए खाना खिलाते हैं कि लोग आपको नई दिल्ली की गद्दी तक पहुंचने में मदद करेंगे तो यह प्रेम नहीं है। किंतु यदि आप उसे प्रेम करते हैं तो फिर आप बिना किसी निहित हेतु के, बदले में कुछ भी न चाहते हुए उसे खाना खिलायेंगे। यदि आप उसे खाना खिला दें और वह एहसानमंद न हो तो क्या आपको चोट पहुंचेगी? यदि पहुंचती है तो आप उसे प्रेम नहीं करते। यदि वह आपसे और बस्ती वालों से भी कहता है कि आप बड़े अच्छे आदमी हैं, और आपको यह प्रशंसा प्रिय लगती है तो इसका अर्थ हुआ कि आप बस अपने ही बारे में सोच रहे हैं, किंतु निश्चय ही यह प्रेम नहीं है। तो हमें बहुत सचेत होकर देखना होगा कि किसी की सहायता करने के पीछे हमारी किसी भी प्रकार का लाभ उठाने की मंशा तो नहीं है, और यह भी कि वह क्या हेतु है जो किसी भूखे को भोजन कराने के पीछे काम कर रहा है?

भारत में युवाओं के साथ,
'लाइफ़ अहैड' से

सुख, सौंदर्य, प्रेम

सुख, विषय-सुख के बारे में, जो कि जीवन का एक बहुत महत्त्वपूर्ण तत्त्व है, खोजबीन करने के लिए, उसके बारे में जानने के लिए हमें यह भी समझना होगा कि प्रेम क्या होता है, और प्रेम को समझने के लिए हमें यह भी पता लगाना होगा कि सौंदर्य क्या होता है? तो यहां तीन चीज़ें सम्मिलित हैं : सुख, सौंदर्य, जिसके बारे में बातें करते हम थकते नहीं हैं, और प्रेम—वह शब्द जो कि बुरी तरह विकृत और भ्रष्ट कर दिया गया है। हम एक-एक कदम आगे बढ़ेंगे और वह भी पूरी तवज्जो के साथ, आहिस्ता-आहिस्ता, क्योंकि मानव जीवन का बहुत विशाल क्षेत्र इस त्रिवेणी द्वारा ही सींचा जाता है। किंतु किसी निष्कर्ष पर पहुंचने के लिए, यह कह उठने के लिए, 'यह है सुख', या 'मुझे सुख में नहीं फंसना चाहिए', या 'यह है प्रेम', 'यह है सौंदर्य', मुझे लगता है कि इनका शत-प्रतिशत स्पष्ट बोध होना आवश्यक है, सौंदर्य, प्रेम व सुख की अनुभूति होना आवश्यक है। तो यदि हम में थोड़ी भी समझ है तो हमें इस गहन विषय के बारे में किसी भी फॉर्मूले से, किसी भी निष्कर्ष से और किसी भी निश्चित अवधारणा से बचना होगा। इन तीनों चीज़ों के गहन सत्य के संपर्क में आना किसी दिमागी कसरत का मामला नहीं है, और न ही इन शब्दों को परिभाषित करने का या इनकी एक धुंधली-सी, रहस्यमयी और परामनोवैज्ञानिक अनुभूति का ही मामला है।

लगभग हम सभी के लिए, सुख और इसकी अभिव्यक्ति बहुत महत्त्व रखती है। हमारे अधिकांश नैतिक मूल्य प्रत्यक्ष एवं परम सुख पर ही आधारित रहते हैं; हमारी आनुवांशिक तथा मनोवैज्ञानिक प्रवृत्तियों और शारीरिक तथा मानसिक प्रतिक्रियाएं इसी सुख पर ही आधारित रहती हैं। यदि आप केवल समाज के बाहरी मूल्यों तथा निर्णयों का ही अध्ययन न करें बल्कि अपने भीतर भी झांक कर देखें तो आप पायेंगे कि यह सुख और इसका मूल्यांकन करना ही हमारी ज़िंदगी का

ख़ास शौक़ रहता है। भले ही हम थोड़ा-बहुत ख़ुद को रोक लें, कभी कोई थोड़ा-बहुत त्याग-बलिदान कर लें, कोई उपलब्धि कर लें या उसे हासिल करने से इंकार कर दें, किंतु अंततोगत्वा जो अनुभूति और एहसास हमें होता है वह सुख, संतुष्टि, तृप्ति पाने का ही होता है, प्रसन्नता और परितोष मिलने का ही होता है। आत्म-अभिव्यक्ति और आत्म-उपलब्धि—ये दोनों ही इसी सुख के स्वरूप हैं, और जब इस सुख के मार्ग में कोई बाधा या रुकावट आती है तो भय पैदा हो जाता है, और फिर उस भय से उत्पन्न होती है—आक्रामकता।

इसे कृपया अपने भीतर देखते चलिए। आप शब्दों और विचारों के कारवां को केवल सुनते ही न रहें, उसका कोई अर्थ नहीं है। आप किसी किताब में कोई मनोवैज्ञानिक विश्लेषण पढ़ तो सकते हैं किंतु उसके क्या मायने हैं! लेकिन यदि हम मिलकर खोजबीन करते हैं, एक-एक कदम आगे बढ़ते हैं, तब आप स्वयं देखेंगे कि कितनी अद्भुत चीज़ इससे निकल कर सामने आती है।

यह बात ध्यान रखिए कि मैं यह नहीं कह रहा हूं कि हम सुख न लें, कि सुख एक बुरी चीज़ है—जैसा कि संसार के सारे धर्म कहते आए हैं। मैं यह नहीं कह रहा हूं कि आप इसका दमन-शमन करें, इसे नकार दें, इसे नियंत्रित करें, इसे किसी उच्च स्तर की ओर ले जाएं, या ऐसा ही कुछ और करें। हम तो बस अध्ययन कर रहे हैं। और यदि हम पूरी तरह यथार्थ रूप से और गहराई से अध्ययन कर सकें तो उससे एक भिन्न ही प्रकार के मन की ऐसी अवस्था निकल कर आती है जिसमें एक परम-आनंद होता है किंतु वह सुखभोग नहीं होता; परम-आनंद तो पूरी तरह एक अलग ही तरह की अवस्था होती है।

हम जानते हैं कि सुखविलास क्या होता है : किसी मनोरम पर्वत को निहारना, किसी सुंदर वृक्ष को देखना, उस बादल की धवलता को देखना जिसे पवन आकाश में धकेले ले जा रही हो, निर्मल और स्वच्छ जल लिए चली जा रही किसी नदी को देखना। इन सबको देखने और किसी स्त्री, पुरुष या बालक के सुंदर मुखड़े को देखने में बड़ा सुख मिलता है। स्पर्श करने, चखने, देखने, और सुनने से मिलने वाले सुख से हम सभी परिचित हैं। किंतु जब इस सुख की सघनता को विचार द्वारा बढ़ावा दिया जाता है, उसे हवा दी जाती है तब पैदा होती हैं क्रियाएं-प्रतिक्रियाएं जैसे कि द्वेष, रोष, प्रतिशोध, घृणा और तमाम वे भावनाएं जो उस सुख को पाने में बाधा आने पर पैदा होती हैं जिन्हें पाने के पीछे आप दौड़े चले जा रहे होते हैं, और भय भी, जो साफ़-साफ़ दिखाई पड़ता है—बशर्ते कि आप देख रहे हों। बीते पलों का अनुभव कैसा भी रहा हो—चाहे वह ऐंद्रिक हो, संभोग संबंधी हो,

या दृश्य संबंधी—विचार ही उसे पालता है, उसके बारे में सोचता है, विचार ही उस सुख की जुगाली करता रहता है, बार-बार उस पर जा पहुंचता है, उसके बारे में कोई छवि या चित्र रच लेता है जो कि उस सुख को थामे रखे, उसे बनाए रखे। विचार ही बीते पल और बीते कल के सुख को ढोता हुआ उसे आज में और आने वाले कल में निरंतरता देता रहता है। इसे तनिक ध्यान से देखिए। किंतु, विचार द्वारा पाले जा रहे इस सुख में जब कोई बाधा आ जाती है क्योंकि वह परिस्थितियों से घिरा होता है, नाना तरह की बाधाओं से घिरा होता है, तब विचार विद्रोह करने पर उतारू हो जाता है, वह अपनी ऊर्जा को आक्रामकता में, घृणा में और हिंसा में झोंक देता है और उसका ऐसा करना भी सुख का ही एक अन्य स्वरूप सिद्ध होता है।

अधिकतर लोग आत्म-अभिव्यक्ति में सुख तलाशते रहते हैं। हम स्वयं को अभिव्यक्त करना और प्रदर्शित करना चाहते हैं—चाहे छोटी चीज़ों में या महान चीज़ों में। एक चित्रकार स्वयं को एक कैनवास पर अभिव्यक्त करना चाहता है, लेखक एक पुस्तक में, और संगीतज्ञ एक संगीत-प्रस्तुति में। क्या यह आत्म-अभिव्यक्ति—जिसमें उसे अत्यधिक सुख प्राप्त होता है—सौंदर्य है? जब कोई कलाकार स्वयं को अभिव्यक्त करता है, अपनी कला का प्रदर्शन करता है तो उसे सुख और गहन संतुष्टि का एहसास होता है। क्या यही सौंदर्य है? या, चूंकि वह कैनवास पर या शब्दों में उस बात को पूरी तरह प्रकट नहीं कर पाता जो कि वह महसूस कर रहा होता है, तो उसमें एक असंतुष्टि पैदा हो जाती है जो एक प्रकार का सुख ही है?

तो सौंदर्य क्या सुख है? जब आत्म-अभिव्यक्ति की जाती है—वह चाहे किसी भी रूप में हो—क्या वह सौंदर्य दर्शाती है? प्यार क्या सुखभोग है? प्यार तो अब *सेक्स* का लगभग पर्यायवाची ही बन गया है—इसी से जुड़ी अभिव्यक्तियों का और इसमें खुद को भुला देने का पर्यायवाची। विचार जब किसी चीज़ में घना सुख अनुभव करता है, तो क्या वह प्यार होता है? जब उस सुख में खलल पड़ता है तो विचार ईर्ष्यालु और क्रुद्ध हो उठता है, घृणा से भर जाता है। हावी होने, कब्जे में रखने, निर्भर हो जाने जैसी बातें भी और उसे खो देने का भय भी, सुख के साथ-साथ बंधे चले आते हैं। इसीलिए मैं पूछता हूं कि प्रेम क्या सुख होता है? प्रेम, मोहब्बत क्या अपने नाना सूक्ष्म रूपों में रहने वाली इच्छा है—यौनाचार के लिए, संग-साथ के लिए, स्नेहशीलता के लिए, अपने आप को भुलाने के लिए? क्या यह सब प्रेम है, यदि नहीं है तो फिर प्रेम क्या है?

यदि आपने अपने मन को उसकी चलायमानता में देखा हो, मस्तिष्क की हर हरकत को ध्यान से देखा हो तो आपने पाया होगा कि प्राचीन काल से ही, अपनी शुरुआत से ही इंसान सुख के पीछे पड़ा रहा है। यदि आप पशुओं का अध्ययन करें तो आप देखेंगे कि सुख असाधारण रूप से कितना महत्त्व रखता है और इसीलिए उसका पीछा करना और बाधा पड़ने पर उग्र हो जाना स्वाभाविक सा लगता है।

हमारी नींव यही है—सुख की तलाश। हमारे निर्णय, हमारे मूल्य, हमारी सामाजिक आवश्यकताएं, हमारे संबंध, वगैरह, वगैरह सुख के इस मूलभूत सिद्धांत पर और इसकी आत्म-अभिव्यक्ति पर ही आधारित रहते हैं। और जब इसमें कोई विघ्न-बाधा आ जाती है, इस पर लगाम कसी जाती है, इसे मोड़ा जाता है या इसका प्रतिरोध किया जाता है तो द्वेष पैदा हो जाता है जो कि सुख का ही दूसरा रूप धारण कर लेता है।

सुख का प्रेम से क्या संबंध है? या सुख का प्रेम से कोई संबंध है भी? क्या प्रेम एक अलग ही चीज़ है? क्या प्रेम कोई ऐसी चीज़ है जो समाज द्वारा, धर्म द्वारा विभाजित नहीं कर दी गई है—इहलौकिक या परलौकिक के रूप में? इसका पता आप कैसे लगायेंगे—वह भी स्वयं ही, न कि किसी के कहे अनुसार? यदि कोई कहे कि यह ऐसा-ऐसा है और आप कह उठें, 'अच्छा, ठीक है', तो यह आपकी अपनी धुन नहीं है, यह वो चीज़ नहीं होगी जो आपने स्वयं खोजी हो और उसे शिद्दत से महसूस किया हो।

आत्म-अभिव्यक्ति के सुख का सौंदर्य व प्रेम से क्या संबंध है? वैज्ञानिक, दार्शनिक, तकनीकी-विशेषज्ञ को चीज़ों की सच्चाई को मालूम करना होता है। अपने दैनिक जीवन से, जीविकोपार्जन, परिवार इत्यादि से सरोकार रखने वाले इंसान के लिए क्या सत्य एक स्थिर चीज़ होती है? या यह कोई ऐसी चीज़ है जो ठहरती नहीं है, स्थाई नहीं है, बल्कि सदा-सर्वदा चलायमान रहती है जिसे कि आप उसके साथ चलते-चलते ही उजागर होते देख सकते हैं? सत्य कोई बौद्धिक प्रपंच नहीं होता, न ही यह कोई भावनात्मक मामला है। हमें सुख के सच का, सौंदर्य के सच का पता लगाना है, और प्रेम क्या है—इसकी वास्तविकता का पता लगाना है।

आपने प्रेम की यंत्रणा देखी है, इस पर रहने वाली निर्भरता को, इसके भय को, प्रेम न मिलने पर होने वाले अकेलेपन को, और किसी भी संबंध में कभी संतुष्ट न होने वाली इसकी अनंत चाह को आपने देखा है। अतः मैं पूछता

हूं कि क्या प्रेम संतुष्टि है, और साथ ही साथ, क्या यह ईर्ष्या, डाह, घृणा, आक्रोश और निर्भरता से घिरी यंत्रणा है?

जब हमारा हृदय सौंदर्य से रीता होता है तो हम संग्रहालयों में जाते हैं, आयोजनों में जाते हैं। प्राचीन यूनानी मंदिरों और इसके सुंदर स्तंभों और इसके गगनचुंबी अवशेषों के सौंदर्य को देखकर हम चकित-विस्मित हो जाते हैं। हम सौंदर्य पर घंटों चर्चा करते हैं, आधुनिक सभ्यता में पले मानव के रूप में हम प्रकृति से संपर्क खो रहे हैं और अधिक से अधिक संख्या में नगर-निवास कर रहे हैं। ग्राम्य अंचलों में जाकर चिड़ियों, पेड़ों और नदियों को देखने के लिए सोसायटियां बनाई जाती हैं, मानो ऐसी सोसायटियां बनाकर आप प्रकृति का स्पर्श कर लेंगे और उस विशाल सौंदर्य के अद्भुत संपर्क में आ जायेंगे। चूंकि हमने प्रकृति से संपर्क खो दिया है, हमें ये चित्र, ये संग्रहालय और ये आयोजन इतने महत्त्वपूर्ण लगने लगे हैं।

हमारे भीतर जो खालीपन है, व्यर्थता का जो एहसास है, वह हमेशा आत्म-अभिव्यक्ति और सुख की चाहना करता है, और इसीलिए उसे पूरी तरह न पाने का डर भी सताता रहता है, तभी तो रोध-प्रतिरोध रहता है, रोष रहता है। हम उस भीतरी खालीपन, खोखलेपन और नितांत अकेलेपन को किताबों, ज्ञान, संबंधों और तमाम तरह की तरकीबों से भरने की कवायद करने में लगे रहते हैं किंतु हर तरकीब के आख़िरी छोर पर पहुंचने पर यह कभी न भरा जा सकने वाला ख़ालीपन हमें मुंह बाये खड़ा मिलता है। फिर हम ईश्वर की तरफ़—अंतिम सहारे की तरफ़—रुख़ करते हैं। जहां इतना खालीपन हो, इतनी गहन और अथाह रिक्तता और व्यर्थता हो, वहां क्या प्रेम रह सकता है, सौंदर्य रह सकता है? यदि कोई इस खालीपन से अवगत हो जाए और इससे पलायन न करे तो उसे करना क्या होगा? हम इसे भरने के लिए भगवानों, ज्ञान, अनुभवों, संगीत, चित्रों, चलचित्रों, आश्चर्यजनक तकनीकी सूचनाओं का इस्तेमाल कर चुके हैं और सुबह से रात इसी में व्यस्त रहते हैं। जब किसी को यह समझ में आ जाता है कि यह खालीपन किसी भी व्यक्ति द्वारा भरा नहीं जा सकता है, तब उसे इसका महत्त्व नज़र आ जाता है। यदि आप इसे किसी दूसरे व्यक्ति के साथ अपने तथाकथित 'संबंध' द्वारा, छवि या धारणा द्वारा भरते हैं तो उसमें से पैदा होती है निर्भरता और उसे खो देने का भय, और फिर शुरू होती है इससे जुड़ी श्रृंखला अर्थात् आक्रामक स्वामित्व भाव, ईर्ष्या वगैरह, वगैरह। तो मैं स्वयं से पूछता हूं : क्या यह ख़ालीपन कभी किसी चीज़ से भरा भी जा सकता है, सामाजिक

गतिविधि, कल्याणकारी कार्य, किसी मठ-आश्रम में जाना और ध्यान लगाना, अपनी जागृति के लिए प्रशिक्षित होना?—जो कि बिल्कुल बेतुकी बातें हैं। जब मैं इसे भर नहीं सकता हूं तो मैं क्या करूं? आप इस प्रश्न की महत्ता को समझ रहे हैं न? मैंने इसे अनेक चीज़ों से भरने का प्रयास किया है जिन्हें सुख, आत्म-अभिव्यक्ति, सत्य की खोज, और ईश्वर कह दिया जाता है; किंतु मुझे दीख गया कि कोई भी चीज़ इसे कभी भी भर ही नहीं सकती है, न तो वह छवि जो मैंने अपने लिए बना ली है और न ही वह छवि, धारणा या विचारधारा जो मैंने संसार के लिए बना ली है। और इसीलिए इस ख़ालीपन को भरने के लिए मैंने सौंदर्य, प्रेम और सुख का भी इस्तेमाल किया है, किंतु मैं इससे पलायन करने के बजाय इसके साथ रहता हूं तो मुझे क्या करना होगा?

यह अकेलापन, गहरी भीतरी व्यर्थता का यह एहसास होता क्या है? यह क्या होता है और कैसे आता है? क्या इसका वजूद इसलिए बना हुआ है क्योंकि हम इसे भरने की कोशिश में या इससे पलायन करने की कोशिश में लगे रहते हैं? क्या इसका वजूद इसलिए है क्योंकि हम इससे डरते हैं? क्या यह खालीपन एक धारणा मात्र है और इसीलिए मन कभी जान ही नहीं सका है कि वास्तविकता क्या है क्योंकि उसका इससे कभी सीधा संबंध हुआ ही नहीं है?

मैं स्वयं में इस ख़ालीपन को खोज निकालता हूं और इससे पलायन करना बंद कर देता हूं क्योंकि साफ़तौर पर यह एक बचकानी व नासमझी वाली हरकत है। मैं इसे जान गया हूं, वह मुझमें है और कुछ भी इसे भर नहीं सकता है। अब मैं स्वयं से पूछता हूं : यह ख़ालीपन आया कैसे? क्या यह मेरे दिन-प्रतिदिन के जीवन और उसकी गतिविधियों तथा मान्यताओं जैसी चीज़ों की उपज है? क्या ऐसा है कि 'मैं' या 'अहं' या उसे आप जो भी नाम दें, वह अपनी हर गतिविधि के माध्यम से स्वयं को कुछ अलग दिखाने में लगा रहता है? 'मैं' और 'अहं' का मूल स्वभाव ही अलगाव करने वाला होता है, विभाजनकारी होता है। इसकी तमाम गतिविधियों ने ही मुझ में अकेलेपन की, गहरे खालीपन की यह अवस्था पैदा कर दी है; इस प्रकार यह एक परिणति है, एक परिणाम है, न कि कोई जन्मजात या सहज अवस्था। मैं देखता हूं कि जब तक मेरी गतिविधि अहं-केंद्रित रहती है, अहं-अभिव्यक्ति वाली रहती है, तब तक यह रिक्तता रहती ही है, और मैं यह भी देखता हूं कि इस रिक्तता को भरने के लिए मैं हर तरह का प्रयास करता हूं, किंतु वह सब होता अहं केंद्रित ही है, और इस प्रकार वह रिक्तता अधिक व्यापक और अधिक गहरी होती जाती है।

क्या यह संभव है कि इस अवस्था के पार जाया जा सके? इससे पलायन करते हुए नहीं और न ही यह कहकर कि 'मैं अहं केंद्रित नहीं रहूंगा'। जब कोई कहता है, 'मैं अहं केंद्रित नहीं रहूंगा', तब वह अहं केंद्रित हो कर ही तो ऐसा कह रहा होता है। जब कोई अहं की गतिविधि को नकारने के लिए संकल्प का इस्तेमाल कर रहा होता है, तब वह संकल्प ही अकेलेपन का कारक हो जाता है।

सदियों-सदियों से सुरक्षा और संरक्षण के लिए अपनी मांग के चलते मन संस्कारित होता आया है; अतः उसने शरीरिक व मनोवैज्ञानिक—दोनों ही तरह से यह अहं-केंद्रित गतिविधि बना ली है; और यही गतिविधि दिन-प्रतिदिन के जीवन पर छाई रहती है—'मेरा' परिवार, 'मेरा' काम, 'मेरी' चीज़ें—और यही सब इस ख़ालीपन को, अकेलेपन को पैदा करता है। इस गतिविधि का अंत कैसे हो? क्या यह ख़त्म हो सकती है, या मुझे इस गतिविधि को पूरी तरह उपेक्षित कर देना चाहिए और एक बिल्कुल भिन्न तरह के गुणधर्म को अपने जीवन में लाना चाहिए?

तो इस प्रकार मैं इस ख़ालीपन को देखता हूं, मैं देखता हूं कि यह आता किस तरह है, मैं जान जाता हूं कि इस ख़ालीपन के रचयिता को निकाल बाहर करने के लिए प्रयुक्त किया गया कोई संकल्प या ऐसा कोई भी प्रयास दरअसल एक और अहं-केंद्रित गतिविधि ही सिद्ध होता है। यह सब मैं बड़े साफ़ तौर पर और यथार्थ रूप में देख लेता हूं, और फिर यकायक मुझे भान होता है कि मैं इस बारे में कुछ कर भी तो नहीं सकता हूं। पहले मैं कुछ किया करता था : मैं पलायन करता था, या इसे भरने का प्रयास करता था, मैं इसे समझने का, इसमें जाने का प्रयास करता था, किंतु वे सब अकेलेपन के ही कोई दूसरे प्रकार हो जाया करते थे। इस प्रकार यकायक मुझे भान हुआ कि मैं तो कुछ कर ही नहीं सकता हूं, कि मैं जितना इस बारे में कुछ करता हूं उतना ही अकेलेपन की दीवारों को बनाता और उठाता जाता हूं। मन को खुद यह बोध हो चला है कि वह इस बारे में कुछ नहीं कर सकता है, कि विचार तो इसे छू नहीं सकता है क्योंकि विचार ज्यों ही इसे छूता है वह और भी अकेलापन उत्पन्न कर देता है। इसलिए सावधानीपूर्वक और यथार्थतः देखते हुए, मैं इस पूरे प्रपंच को देख लेता हूं, और यह देखना ही काफ़ी रहता है। देखिए कि हुआ क्या है। पहले मैं इस खालीपन को भरने के लिए अपनी ऊर्जा खपाया करता था, इधर-उधर भटका करता था, किंतु अब मैं उसकी व्यर्थता देख रहा हूं—मन साफ़-साफ़ देख

रहा है कि वह सब कितनी बेतुकी और बेकार की बातें थीं। तो अब मैं ऊर्जा को व्यर्थ नहीं गंवा रहा हूं। विचार शांत हो जाता है, मन पूरी तरह निश्चल हो जाता है, इसने अपने प्रपंच का सारा नक्शा देख लिया है, सारी चालें देख ली हैं, इसलिए अब सब कुछ शांत हो गया है। इस नीरवता में, इस शांति में कोई अकेलापन नहीं रह गया है। जब ऐसी नीरवता आ जाती है, मन में ऐसी ख़ामोशी आ जाती है, तब आता है सौंदर्य, तब आता है प्रेम, जो कभी स्वयं को अभिव्यक्त कर भी देता है और कभी नहीं भी करता है।

क्या यह यात्रा हमने साथ-साथ की? जिस विषय पर हम बात कर रहे हैं वह सबसे कठिन और सबसे ख़तरनाक चीजों में से एक है, क्योंकि यदि आप झक्की हैं, और हम में से अधिकांश हैं भी, तो यह एक बहुत ही जटिल और बेहूदा मसला हो जाता है। यह एक अत्यधिक जटिल समस्या है, किंतु यदि आप इसे देख लेते हैं तो यह बात बहुत ही सरल हो जाती है, और इसकी सरलता के चलते ही आप सोचने लगते हैं कि आपने इसे पा लिया है।

तो अब केवल आनंद है जो कि सुखभोग के पार है, सौंदर्य है जो कि किसी चालाक मन की अभिव्यक्ति नहीं है बल्कि वह सौंदर्य जो कि तब आता है जब मन पूरी तरह शांत व नीरव हो गया हो। जैसे बारिश हो रही हो और आप बूंदों की टपकन सुन पा रहे हों। आप इसे अपने कानों से सुन सकते हैं या उस गहरी नीरवता में से भी। यदि आप इसे अपने मन की नितांत नीरवता व ख़ामोशी के साथ सुन रहे हैं तो इसके सौंदर्य को आप न तो शब्दों में बयां कर सकते हैं और न रंगों में, क्योंकि वह सौंदर्य कुछ ऐसा होता है जो आत्म-अभिव्यक्ति से परे होता है। निश्चय ही, प्रेम आनंद है, सुखविलास नहीं।

ज्ञानेन,
'टॉक्स एंड डायलॉग्स इन ज्ञानेन' से
18 जुलाई 1968

दुख क्या होता है?

मैं आज दुख का अंत करने पर चर्चा करना चाहूंगा क्योंकि भय, दुख और जिसे हम प्रेम कहते हैं वह हमेशा साथ-साथ रहते हैं। जब तक हम भय को नहीं समझ लेते तब तक दुख को नहीं समझ पायेंगे और न ही प्रेम की उस अवस्था को जिसमें न तो कोई विरोध रहता है, न टकराव।

दुख का हमेशा-हमेशा के लिए खात्मा कर देना सबसे कठिन काम है क्योंकि वह तो हमारे साथ सदा बना रहता है, किसी न किसी रूप में। इसलिए मैं इस विषय में, इस समस्या में कुछ अधिक गहराई तक जाना चाहूंगा; किंतु मेरे शब्दों का तब तक कोई विशेष अर्थ नहीं होगा जब तक कि हम में से हर एक व्यक्ति अपने ही भीतर इस समस्या का अध्ययन साथ-साथ करता नहीं चलेगा, बिना सहमत या असहमत हुए, बल्कि तथ्य का केवल अवलोकन करते हुए। यदि हम ऐसा कर पायें—यथार्थतः न कि केवल सिद्धांततः—तब शायद हम दुख के व्यापक अर्थ और महत्त्व को समझ पायेंगे और इस तरह दुख का अंत कर पायेंगे।

शताब्दियों से प्रेम और दुख हमेशा एक दूसरे का हाथ थामे साथ रहते आए हैं, कभी एक की प्रबलता रही है और कभी दूसरे की। जिस अवस्था को हम प्रेम कहते हैं वह जल्दी ही बीत जाती है और हम फिर से अपनी ईर्ष्याओं, अपने मिथ्याभिमानों, अपने भयों और अपने दुखों के चक्रव्यूह में फंस जाते हैं। प्रेम और दुख के बीच हमेशा महाभारत चलता रहा है; और इससे पहले कि हम दुख का अंत करने के प्रश्न में उतरें, मेरे विचार से, हमें यह समझना होगा कि *पैशन*, उत्कटता क्या है?

पैशन एक ऐसी चीज़ है जिसे हम में से बहुत कम लोगों ने सचमुच अनुभव किया

है। आमतौर पर जिसे हमने अनुभव किया है वह है एक उत्साह जो कि किसी बात पर एक भावनात्मक अवस्था का उफ़ान होता है। हमारा *पैशन* किसी बात 'के लिए' होता है, जैसे संगीत के लिए, चित्रकारी के लिए, साहित्य के लिए, देश के लिए, किसी पुरुष या किसी स्त्री के लिए; यह हमेशा ही किसी कारण का परिणाम होता है। जब आप किसी के प्रति प्रेमासक्त होते हैं तो आप भावुकता की एक प्रबल अवस्था में होते हैं, जो कि उस कारण विशेष का ही परिणाम होती है, किंतु मैं जिस उत्कटता के बारे में बात कर रहा हूं उसका कोई कारण नहीं होता। वह हर चीज़ के प्रति उत्कट होना है, न कि किसी वस्तु विशेष के प्रति, जब कि हम अधिकतर किसी व्यक्ति विशेष या वस्तु विशेष के प्रति ही उत्कट, जोश से भरे होते हैं। हमें इस अंतर को स्पष्टतः देख लेना चाहिए।

बिना किसी कारण वाले जोश की अवस्था में किसी भी तरह की आसक्ति से मुक्त रहने वाली सघनता रहती है; किंतु जब इसका कोई कारण होता है तब मोह व आसक्ति आ जाती है, और मोह-आसक्ति का आगमन ही दुख का आरंभ है। हममें से अधिकांश लोग आसक्त ही तो हैं—किसी व्यक्ति के प्रति, किसी देश के, किसी विश्वास के या फिर किसी अवधारणा के प्रति; और जब हमारी आसक्ति की चीज़ हमसे छीन ली जाती है या अपना महत्त्व खो देती है तो हम खुद को खाली-खाली और आधा-अधूरा महसूस करते हैं। फिर इस खालीपन को हम किसी और चीज़ से भरना चाहते हैं जो कि पुनः हमारी *पैशन* की वस्तु बन जाती है।

कृपया आप अपने मन-मस्तिष्क का अध्ययन करते चलिए। मैं तो केवल एक दर्पण हूं जिसमें आप स्वयं को देख रहे हैं। यदि आप देखना नहीं चाहते हों तो कोई बात ही नहीं है किंतु यदि आप देखना चाहते हैं तो फिर आप आपने आप को साफ़-साफ़ देखिए, बिना किसी रियायत के देखिए, सघनता से देखिए—इस आशा से नहीं कि आपके दुखों का, आपकी व्यग्रताओं का, या आपके अपराध-बोध का निराकरण हो जायेगा, बल्कि इस अजब *पैशन* को समझने के लिए देखिए जो कि हमें हमेशा ही दुख की तरफ़ ले जाता है।

पैशन का यदि कोई कारण होता है तो वासना बन जाती है। यह *पैशन* जब किसी चीज़ के लिए होती है—किसी व्यक्ति के लिए, किसी अवधारणा के लिए, किसी प्रकार की उपलब्धि के लिए—तब इस *पैशन* के चलते विरोध, विवाद, टकराव, संघर्ष और प्रयास आ धमकते हैं। आप किसी अवस्था विशेष को पाने के लिए या उसे यथावत बनाए रखने के लिए, या उसके खो जाने की स्थिति

में उसे पुनः प्राप्त करने के लिए जूझते रहते हैं । किंतु जिस *पैशन* की, जिस उत्कटता की बात मैं कर रहा हूं उसमें कोई विरोध, विवाद और टकराव उठते ही नहीं हैं । वह किसी कारण विशेष से जुड़ी नहीं होती है, और इसीलिए वह किसी चीज़ का परिणाम भी नहीं होती ।

ध्यान से सुनिए और केवल सुनिए; गहनता की इस अवस्था को, इस पैशन को आकरणीय को प्राप्त करने का प्रयास मत कीजिए । यदि आप पूरे अवधान, पूरी तवज्जो के साथ सुन रहे हैं, उस सहजता के साथ सुन रहे हैं जो तब आती है जब वह अवधान होता है जो किसी अनुशासन के अंतर्गत थोपा गया नहीं होता बल्कि जो समझने के लिए उर्ध सीधी-सच्ची अंतःप्रेरणा से उत्पन्न हुई होती है; और तब मुझे लगता है कि हम स्वयं के लिए यह खोज निकालेंगे कि यह *पैशन* क्या है ।

अधिकतर लोगों में *पैशन* बहुत कम होती है । हम वासना से भरे हो सकते हैं, किसी चीज़ को पाने की कामना से भरे हो सकते हैं, किसी चीज़ से पलायन करने की भावना से भरे हो सकते हैं, और यह सब हमें अवश्य ही एक प्रकार की प्रबलता प्रदान करती है । किंतु जब तक हम जाग नहीं जाते और बिना कारण वाली *पैशन* की इस लौ से रिश्ता नहीं बनाते तब तक हम उसे नहीं समझ सकते जिसे हम दुख कहते हैं । किसी चीज़ को समझने के लिए आप में *पैशन* का, उत्कटता का होना अनिवार्य है, पूरे अवधान की प्रबलता का होना अनिवार्य है । जहां कहीं भी उत्कटता किसी चीज़ के लिए होती है—जो कि विरोध, विवाद और टकराव पैदा करने वाली होती है—वहां विशुद्ध उत्कटता की यह लौ नहीं हो सकती, किंतु दुख का अंत करने के लिए, दुख को पूरी तरह मिटा देने के लिए उत्कटता की इस विशुद्ध लौ का होना अनिवार्य है ।

हम जानते हैं कि दुख तो एक परिणति होती है, किसी कारण का परिणाम होती है । मैं किसी को प्रेम करता हूं किंतु वह मुझे नहीं करता या नहीं करती—यह एक प्रकार का दुख ही तो है । मैं किसी ख़ास दिशा में कोई उपलब्धि करना चाहता हूं किंतु मुझमें उतनी क्षमता नहीं है, और यदि क्षमता है भी तो ख़राब तबीयत या कोई और कारण आड़े आ जाता है, यह दूसरे प्रकार का दुख है । एक दुख तुच्छ मन का होता है, एक ऐसे मन का जो हमेशा अंतर्द्वंद्व में उलझा रहता है, निरंतर जूझने में, हिसाब-किताब बराबर करने में, टोहने में और किसी के जैसा होने में लगा रहता है । संबंधों में टकराव का भी दुख होता है और काल के गर्त में किसी के समा जाने का दुख भी । आप सभी इन तरह-तरह के दुखों

से परिचित हैं, और ये सभी दुख किसी न किसी कारण का परिणाम ही तो होते हैं ।

तो, हम दुख का कभी सीधे-सीधे सामना नहीं करते हैं; हम हमेशा उसका कोई औचित्य सिद्ध करने में या उसकी कोई व्याख्या-विश्लेषण करने में लग जाते हैं, अथवा किसी ऐसे मत-सिद्धांत तथा विश्वास के ढर्रे का सहारा ले लेते हैं जो हमें सुकून दे दे—थोड़ी देर के लिए ही सही । कुछ लोग ड्रग्स लेने लगते हैं, कुछ लोग मदिरापान में या पूजा-पाठ में लग जाते हैं । लोग कुछ भी ऐसा करने को तैयार हो जाते हैं जो दुख के ज्वार को उतार दे, दुख के उबाल को कम कर दे । दुख और दुख से भागने का अंतहीन प्रयास ही हमारी नियति बन गया है । हमने दुख का सदा-सदा के लिए अंत कर देने की बात तो कभी सोची ही नहीं जिससे कि मन को कभी अपने पर तरस न खाना पड़े, उस पर कभी हताशा का साया न पड़े । दुख का अंत न कर पाने के चलते, यदि आप ईसाई हैं तो आप इसे चर्च में ईसा के दारुण दुख के रूप में पूजने लगते हैं । और, चाहे हम चर्च जाएं और दुख के प्रतीक को पूजें, या दुख का कोई औचित्य सिद्ध कर लें, या मदिरापान करके अपने दुख को भुलाने का प्रयास करें—यह सब एक ही प्रकार की बात है और वह यह कि हम इस तथ्य से भाग रहे हैं, कि हम दुखी हैं । मैं शरीर संबंधी किसी पीड़ा या दर्द के बारे में बात नहीं कर रहा हूं, उसे तो आधुनिक औषध द्वारा बड़ी आसानी से दूर किया जा सकता है । मैं तो उस दुख की, उस मनोवैज्ञानिक कष्ट की बात कर रहा हूं जो स्पष्टता को, सौंदर्य के एहसास को धुंधला कर देता है, जो प्रेम तथा करुणा का गला घोंट देता है । क्या यह संभव है कि सभी दुखों का अंत कर दिया जाए?

मेरे विचार से दुख के अंत का मामला *पैशन* की प्रबलता से जुड़ा हुआ है । *पैशन*, उत्कटता तभी आती है जब आप पूरी तरह बेखुदी में होते हैं । किसी दिल का जज़्बे से लबालब होना तब तक मुमकिन नहीं होता जब तक कि उसमें विचार पूरी तरह तिरोहित नहीं हो जाता । जिसे हम विचार कहते हैं वह स्मृति के विभिन्न नमूनों और अनुभवों की अनुक्रिया-प्रतिक्रिया ही रहता है, और जहां यह पूर्वप्रभावित प्रतिक्रिया रहेगी वहां कोई जज़्बा नहीं रहेगा, कोई सघनता नहीं रहेगी । सघनता केवल तभी रहती है जब 'मैं' बिल्कुल भी शेष न रहे ।

देखिए, एक सौंदर्य बोध ऐसा भी होता है जिसका इस बात से कोई लेना-देना नहीं होता कि क्या सुंदर है और क्या कुरूप है । ऐसा नहीं है कि उसके लिए पर्वत सुंदर नहीं रहते, या कोई भवन भद्दा नहीं रहता, किंतु यह वह सौंदर्य होता

है जो कुरूपता का विलोम नहीं होता, यह ऐसा प्रेम होता है जो कि घृणा का विलोम नहीं होता। और जिस बेखुदी की मैं बात कर रहा हूं वह सौंदर्य की वह अवस्था है जिसका कोई कारण नहीं होता, और इसीलिए यह *पैशन* की ही एक अवस्था होती है। क्या उसके पार जाना संभव है जो किसी कारण का परिणाम हो।

देखिए, शब्दों में ही अटके रहने के बजाय उनके अर्थ को ग्रहण करने पर अपना पूरा ध्यान दीजिए।

असल में हम में से ज़्यादातर लोग प्रतिक्रियाएं ही करते रहते हैं। प्रतिक्रिया हमारे जीवन का एक ढर्रा बन गया है। दुख के सम्मुख हमारा प्रत्युत्तर एक प्रतिक्रिया ही तो है। यह प्रतिक्रिया हम दुख का कारण जताते हुए करते हैं, या फिर दुख से पलायन करते हुए करते हैं, किंतु इससे दुख ख़त्म थोड़े ही हो जाता है? दुख तो तभी ख़त्म होता है जब हम दुख के तथ्य का सामना करते हैं, जब उसके कारण और परिणाम—दोनों को समझ लेते हैं और उनके पार चले जाते हैं। किसी विशेष अभ्यास के माध्यम से, सायास लाए गए किसी विचार के माध्यम से या दुख से पलायन के अनेक तरीकों में से किसी को अपनाकर दुख से मुक्त होने का प्रयास मन में किसी अद्भुत सौंदर्य को, उत्कटता की उस जीवंतता और प्रबलता को नहीं जगाता जो दुख को अपने में समेट कर उसके पार चली जाती हो।

दुख होता क्या है? जब आप यह प्रश्न सुनते हैं तब आपके मन में इसका क्या जवाब उठता है? आपका मन तुरंत दुख के कारण बताने में लग जाता है, और यह व्याख्या करने की जुगत में वह उन दुखों की स्मृति को जगा देता है जो आपने झेले हैं। इस प्रकार आप कारण और परिणाम, जिसे हम दुख कह देते हैं, की व्याख्या करने के प्रयास में शाब्दिक तौर पर हमेशा ही अतीत की ओर मुड़ कर चले जाते हैं या आगे भविष्य में चले जाते हैं। किंतु मुझे लगता है कि हमें इस सबके पार और परे जाना चाहिए।

दुख के कारणों से हम अच्छी तरह परिचित हैं—ग़रीबी, बीमारी, खिन्नता, कुंठा, प्रेम न मिलना, इत्यादि। जब हम दुख के कारणों का बखान करते हैं तो उससे हमारे दुख का अंत नहीं हो जाता। हम दुख के अभिप्राय और उसकी असाधारण गहराई को सचमुच समझ नहीं पाये हैं, वैसे ही जैसे कि उस अवस्था को हम समझ नहीं पाये हैं जिसे प्रेम कहा जाता है। मैं समझता हूं कि दोनों में रिश्ता है—दुख और प्रेम—और यह समझने के लिए कि प्रेम क्या होता है, हमें दुख की विशालता को, उसकी सघनता को महसूस करना होगा।

पुराने लोगों ने दुख के बारे में काफ़ी कुछ कहा है और उन्होंने एक ऐसी जीवन शैली भी निर्धारित कर दी जिसके बारे में माना गया कि वह दुख का अंत कर सकती है। बहुत-से लोगों ने वह शैली अपनाई भी। पूरब के संन्यासियों और पश्चिम के 'मौंक्स' लोगों ने इसे आज़माया, किंतु वे स्वयं को केवल कठोर ही कर पाए, उनके मन-मस्तिष्क और हृदय बस एक खोल में बंद हो गए। वे अपने ही विचारों के कारागार में या ईंट-पत्थरों की चारदीवारी में कैद होकर रह गए, किंतु मुझे नहीं लगता कि वे उससे कभी पार व परे गए हों और दुख के नाम से जाने वाली चीज़ की गहनता को, सघनता को वे कभी महसूस कर पाएं हों।

दुख का अंत करने में निहित है—अपने अकेलेपन के तथ्य को, अपनी आसक्ति के, यश-कीर्ति पाने की अपनी तुच्छ अभिलाषा के और प्रेम पाने की अपनी भूख के तथ्य को रू-ब-रू देखना; दुख का अंत यानी अपने ही सरोकार और खुद पर तरस खाने के बचकानेपन से मुक्त होना। किंतु जब कोई इस सबसे पार चला जाए और अपने निजी दुख का शायद अंत कर ले तो भी विशाल जनसाधारण का दुख, संसार का दुख तो शेष रह ही जाता है। दुख के तथ्य और कारण को स्वयं में रू-ब-रू देखकर कोई अपने निजी दुख का अंत कर सकता है—और पूरी तरह स्वतंत्र होने के लिए यह एकदम अनिवार्य है। इस सबसे निपट लेने के बाद भी विकराल अज्ञान का दुख तो शेष रह ही जाता है जो संसार भर में व्याप्त है—जानकारी के या पुस्तक-ज्ञान के अभाव वाला अज्ञान नहीं बल्कि इंसान का स्वयं से परिचय का अभाव। स्वयं को न जानना और स्वयं को न समझ पाना ही अज्ञान की जड़ है और यही उस अंतहीन दुख का कारण है जो सारे संसार में व्याप्त है। लेकिन दुख वास्तव में होता क्या है?

देखिए, दुख का खुलासा करने के लिए, स्पष्टीकरण के लिए शब्द हैं ही नहीं, ऐसे ही जैसे यह खुलासा करने के लिए शब्द नहीं हैं कि प्रेम क्या होता है। प्रेम मोह या आसक्ति नहीं होता, प्रेम घृणा का विलोम-विपरीत नहीं होता, प्रेम ईर्ष्या नहीं होता। किंतु यदि कोई ईर्ष्या को, डाह को, मोह व आसक्ति को ख़त्म कर दे, उन तमाम संतापों को ख़त्म कर दे जिनमें इंसान रहता आया है और यह मानता आया है कि वह प्रेम करता है, तब भी यह प्रश्न शेष रह जाता है कि प्रेम आखिर क्या है, और यह प्रश्न कि दुख क्या होता है?

प्रेम क्या है और दुख क्या है, यह आप केवल तब जान पायेंगे जब आपका मन तमाम व्याख्याओं को नकार चुका हो, कोई कल्पना या अनुमान-अंदाज़ा न

लगा रहा हो, कारण को न तलाश रहा हो, शब्दों में लिप्त न हो रहा हो और अपने सुखों व दुखों को याद करने के लिए अतीत में न जा रहा हो। आपका मन पूरी तरह से शांत हो, निश्चल और निःशब्द हो, उसमें किसी प्रतीक व अवधारणा का वास न हो। और तब आप उस अवस्था से पर्दा उठा पायेंगे—या कि वह पर्दा खुद-ब-खुद उठ जायेगा—जिसमें वह जिसे हम प्रेम कहते हैं, जिसे हम दुख कहते हैं, और जिसे हम मृत्यु कहते हैं, वह सब एक समान हो जाते हैं। वहां प्रेम, दुख और मृत्यु में कोई विभाजन नहीं रह जाता है; और चूंकि कोई विभाजन नहीं रहता इसलिए वहां सौंदर्य होता है। किंतु यह समझने के लिए, इस विज्ञता के लिए, परम-आनंद की उस अवस्था में होने के लिए, उस उत्कटता का, उस *पैशन* का होना आवश्यक है जो स्वयं को पूरी तरह न्यौछावर करने पर, खुदी के तिरोहित होने पर आती है।

ज्ञानेन,
5 अगस्त 1962

किसी समस्या का दमन करने या उससे दूर भागने से उसका निराकरण नहीं हो जाता

सुख को—सुखभोग को—समझने के लिए हमें इसे जानना होगा, न कि इसका दमन करना या इसमें लिप्त हो जाना होगा। इसको जानना एक ऐसा अनुशासन है जिसका तक़ाज़ा है कि आप न तो इसमें लिप्त हो जाएं और न ही इसे नकार दें। विज्ञता आती ही तब है जब हम यह समझ लेते हैं कि यदि किसी भी प्रकार का दमन, इंकार या नियंत्रण रहता है तो फिर हम जान नहीं पाते हैं, तब जानना हो ही नहीं पाता है। अतः सुख की समस्या को पूरी तरह समझने के लिए आपको इसे बिल्कुल कोरे मन के साथ समझना होगा। सुख हमारे लिए एक अत्यधिक महत्त्व की चीज़ है। हम सुख के कारण ही तो बहुत-से काम करते हैं। उन चीज़ों से हम दूर भागते हैं जो सुखद नहीं होती हैं। और, चीज़ों का मूल्यांकन हम सुख की कसौटी पर ही तो करते हैं। इस प्रकार, सुख हमारे जीवन में एक बहुत महत्त्वपूर्ण भूमिका निबाहता है। एक आदर्श के रूप में, एक व्यक्ति के रूप में और एक भिन्न प्रकार का जीवन तलाशने के लिए जो व्यक्ति इस तथाकथित सांसारिक जीवन को त्याग देता है, उस का आधार भी तो सुख ही रहता है। या, जब लोग कहते हैं ‘मुझे ग़रीबों की मदद करनी चाहिए’, और समाज-सुधार के कामों में लग जाते हैं, वह भी सुख का ही कार्यकलाप रहता है, भले ही वे इसे ‘सेवा’, ‘भलाई’ या ऐसा ही कोई और नाम दे देते हों, किंतु यह रहता मन का ही प्रपंच है जो कि या तो सुख तलाश रहा होता है या किसी ऐसी चीज़ से पलायन कर रहा होता है जो उसे विक्षुब्ध कर रही होती है, हैरान-परेशान कर रही होती है और जिसे वह ‘पीड़ा’ कहता है, ‘दुख’ कहता है। यदि आप अपने आप को देखें

तो पायेंगे कि हम अपने दैनिक जीवन में हर समय यही तो करते रहते हैं। आप किसी को इसलिए पसंद करते हैं क्योंकि वह आपकी तारीफ़ के पुल बांधता है, किंतु दूसरे को आप इसलिए पसंद नहीं करते क्योंकि वह आपके बारे में ऐसी बात कहता है जो सच तो है किंतु आपको अच्छी नहीं लगती और इसीलिए आप उसके प्रति एक वैरभाव पाल लेते हैं; और इस तरह आप एक अविराम चलने वाले युद्ध में जीने लगते हैं।

इसलिए 'सुख' कही जाने वाली इस चीज़ को समझना बहुत महत्त्व रखता है। 'समझने' से मेरा तात्पर्य है—इसे जानना, इससे अवगत होना। इसमें जानने के लिए बहुत कुछ है क्योंकि इंद्रियजनित हमारी सारी प्रतिक्रियाएं, हमारे द्वारा निर्धारित सारे मूल्य, हमारे तथाकथित आत्म-बलिदान, इंकार या स्वीकार के हमारे दावे, ये सब इसी सुखभोग नाम की विलक्षण चीज़ पर आधारित रहते हैं—चाहे वे किसी परिष्कृत रूप में हों या फिर अनगढ़ व अधकचरे रूप में। इसी के आधार पर हम तरह-तरह की गतिविधियों के प्रति स्वयं को समर्पित करते रहते हैं—एक साम्यवादी के रूप में, एक समाजवादी के रूप में, या अन्य किसी नाम रूप में, क्योंकि हम समझते हैं कि किसी गतिविधि विशेष के साथ, किसी अवधारणा विशेष के साथ या जीवन की किसी शैली विशेष के साथ खुद को जोड़ देने से, उसके साथ तादात्म्य कर लेने से हमारा सुख बढ़ जायेगा, हमारे फ़ायदे बढ़ जायेंगे; किंतु उस मूल्य का, उस फ़ायदे का आधार तो किसी गतिविधि विशेष को सुख मानकर ही खुद को उसके साथ जोड़ लेना, उसके साथ तादात्म्य कर लेना ही तो रहता है। इन सब बातों पर ज़रा गौर करें।

आप केवल शब्दों को ही नहीं सुनें बल्कि जो कहा जा रहा है उसके सत्य और असत्य को परखते चलें। यह आप ही का जीवन है, आपका दिन-प्रतिदिन का जीवन। 'जीवन' नामक इस अद्भुत रत्न को हममें से अधिकांश लोग यूं ही गंवा देते हैं। हम चालीस या साठ वर्षों से जी रहे हैं, हम काम पर जाते रहे हैं, सामाजिक गतिविधियों में लिप्त रहे हैं, तरह-तरह से पलायन करते रहे हैं, और अंत समय में पीछे मुड़कर यदि देखते हैं तो अपना पूरा जीवन नितांत खाली, खोखला, रूखा-सूखा, निरुत्साही, नीरस, नासमझी भरा, निरर्थक और बेमानी ही नज़र आता है। इसलिए सुख के इस विषय को एक नए सिरे से समझना महत्त्वपूर्ण हो जाता है क्योंकि सुख के दमन से या उसे नकारने से सुख की समस्या का समाधान नहीं हो सका है। तथाकथित धार्मिक लोग सुख के हर रूप का दमन करते हैं, कम से कम वे प्रयास तो ऐसा ही करते हैं, और इसीलिए वे नीरस,

निरुत्साही, रूखे-सूखे-भूखे इंसान बन कर रह जाते हैं। ऐसा मन बंजर, कुंठित और संवेदन-शून्य हो जाता है, और शायद जान ही नहीं पाता है कि असलियत क्या है।

तो, सुख की गतिविधियों को समझना बहुत महत्त्वपूर्ण हो जाता है। किसी सुंदर पेड़ को निहारना बड़ा अच्छा लगता है, यह बड़ी सुखद अनुभूति होती है—इसमें बुरा क्या है? किंतु किसी स्त्री को या किसी पुरुष को ऐसी ही अनुभूति के साथ देखने को हम अनैतिक कह देते हैं क्योंकि आपकी नज़र में तो सुख में केवल एक ही चीज़ शामिल है, आपका सुख एक ही चीज़ तक महदूद है यानी स्त्री और पुरुष तक, या यह सुख संबंधों की पीड़ा से पलायन करना रहता है, और इसीलिए आप सुख को अन्यत्र तलाशते रहते हैं, किसी अवधारणा में, किसी पलायन में, किसी गतिविधि में।

देखिए, सुख ने ही सामाजिक जीवन का यह ढर्रा बनाया है। हम महत्त्वाकांक्षा में, स्पर्धा में, तुलना करने में, ज्ञान या शक्ति व अधिकार हासिल करने में, या पद, प्रतिष्ठा, नाम व महत्त्व पाने में सुख अनुभव करते हैं। अब महत्त्वाकांक्षा, स्पर्धा, लोभ, ईर्ष्या, प्रसिद्धि, प्रभुत्व, शक्ति व अधिकार के सुख के पीछे दौड़ना सम्माननीय माना जाता है। यह उस सोसायटी द्वारा मान्य व सम्माननीय बना दिया गया है जो बस एक ही धारणा पाले हुए है कि : आपको नैतिक जीवन जीना है यानी एक सम्माननीय जीवन। भले ही आप महत्त्वाकांक्षी हों, भले ही आप लोभी-लालची हों, भले ही आप उग्र व हिंसक हों, भले ही आप स्पर्धा की दौड़ में लगे हों, भले ही आप बेरहम इंसान हों—किंतु समाज यह सब स्वीकार कर लेगा क्योंकि महत्त्वाकांक्षा के अंतिम छोर पर पहुंच कर या तो आप धन-संपत्ति से संपन्न एक सफल व्यक्ति रहेंगे या एक खिन्नमना असफल व्यक्ति। इसलिए सामाजिक नैतिकता तो अनैतिकता ही है।

कृपया यह सब ध्यान से सुनिए—बात स्वीकार या अस्वीकार करने की नहीं, बल्कि तथ्य का अवलोकन करने की है। और तथ्य का अवलोकन करने के लिए, यानी तथ्य को समझने के लिए—उसके बारे में कोई धारणा मत बना लीजिए, कोई राय मत बना लीजिए। आप तो उसे बस जान रहे हैं और जानने के लिए आपका मन जिज्ञासु होना चाहिए, और तब उसमें *पैशन* होगा, उमंग होगी, अतः वह मन नवयुवा होगा। नैतिकता जो कि एक रीति-नीति है, एक आदत है, तब तक किसी ढांचे में सम्मानजनक रहती है जब तक आप उस ढांचे का अनुपालन कर रहे होते हैं। ऐसे भी लोग होते हैं जो उस ढांचे के प्रति विद्रोह कर देते हैं

और यह हमेशा होता आया है। विद्रोह उस ढांचे के प्रति होने वाली प्रतिक्रिया होती है। इस प्रतिक्रिया के कई रूप होते हैं—बीटनिक्स, बीटल्स, टैडी ब्यायज़ इत्यादि, किंतु वे फिर भी रहते उसी ढांचे में हैं। सचमुच नैतिक होना एक बिल्कुल भिन्न बात होती है। और इसीलिए हमें गुण के स्वभाव को और सुख के स्वभाव को समझना होगा। हमारे सामाजिक रीति-रिवाज़, आदतें, परंपराएं, संबंध—ये सब सुख पर टिके हुए हैं। 'सुख' शब्द को मैं यहां सीमित अर्थ में प्रयुक्त नहीं कर रहा हूं, बल्कि इसे इसके विशालतम अर्थ में प्रयुक्त का रहा हूं। हमारा समाज सुख पर आधारित है और हमारे संबंध भी। मैं तभी तक आपका मित्र रहता हूं जब तक कि मैं आपकी पसंद की बातें व काम करता हूं, या आपके लिए अच्छे से अच्छा *बिज़नेस* लाता रहता हूं, किंतु जिस दिन मैं आपकी आलोचना कर देता हूं, उसी दिन से मैं आपका मित्र नहीं रह जाता। यह बात एकदम साफ़ है, और बचकानी भी।

सुख को समझे बिना आप प्रेम को कभी नहीं समझ पायेंगे। प्रेम सुख नहीं है। प्रेम तो एक बिल्कुल भिन्न चीज़ है। किंतु सुख को समझने के लिए आपको उसे जानना होगा। देखिए, अधिकतर लोगों के लिए, या कहें कि हर व्यक्ति के लिए *सेक्स* एक समस्या है। क्यों? यह बात ध्यान से सुनिए क्योंकि आप इससे पलायन करना जानते हैं, इसका समाधान करना नहीं। संन्यासी इसे नकार कर, ब्रह्मचर्य का व्रत लेकर इससे दूर भागता है। ज़रा देखिए तो सही कि ऐसे मन का क्या होता है? किसी ऐसी चीज़ को नकार कर जो कि आपकी संरचना का ही एक भाग है—जैसे आपके शरीर की तत्संबंधी ग्रंथियां आदि—उसका दमन करके आपने स्वयं को रूखा-सूखा, बंजर और नीरस बना डाला है, किंतु आपके भीतर एक अविराम युद्ध तो चल ही रहा होता है।

जैसा कि मैंने कहा, किसी समस्या से निपटने के लिए हमारे पास केवल दो रास्ते रहते हैं, या तो उसका दमन कर दें या उससे दूर भाग जाएं। वैसे, दमन करना भी वही बात है जैसी कि दूर भागना, और भागने के लिए, पलायन करने के लिए हमने पूरा तामझाम भी तैयार किया हुआ है—बहुत ही जटिल, बुद्धिमत्तापूर्ण और भावनात्मक रूप में—और रोज़मर्रा की सामान्य गतिविधि भी। पलायन के तरीके बहुत तरह के हैं। किंतु समस्या तो फिर भी बरक़रार रहती है। संन्यासी भी एक तरह से पलायन करता है किंतु वह इसका समाधान नहीं कर पाता है, उसने एक व्रत लेकर इसका दमन किया होता है किंतु फिर भी यह समस्या बन कर पूरी तरह उसके भीतर धधक रही होती है। उसने भले ही बाहर से सादगी

का चोला धारण कर लिया हो किंतु यह समस्या उसके लिए ज्वलंत मुद्दा बना रहती है, वैसे ही जैसे एक सामान्य जीवन बिता रहे व्यक्ति के लिए रहती है।

आप इस समस्या का समाधान कैसे करते हैं? समाधान तो अवश्य चाहिए। यह विषय-सुख की एक क्रिया है। आपको इसे समझना होगा। आप इसका समाधान कैसे करेंगे? यदि आप इसका समाधान नहीं करते हैं तो आप इसकी लत में पड़ जाते हैं। मतलब एक *रूटीन* में किंतु उससे आप मंद-कुंद, नीरस, जड़ और निरुत्साही बन जाते हैं, आपके पास यही कुछ तो है। इसलिए आपको इसका समाधान करना ही होगा। सबसे पहली बात तो यह है, यदि आप इसे जानना चाहते हैं तो इसे निंदित मत कीजिए। इसके बारे में सीखिए-जानिए। इसीलिए हम सीखने की बात करते हैं। बौद्धिक रूप से और भावनात्मक रूप से आप अवरुद्ध हैं, अटके हुए हैं, आपका मन एक तोता-रटंत वाला मन है; आप नकल करते हैं, दूसरे जो करते हैं उसका आप अनुसरण व अनुकरण करते हैं, आप हमेशा गीता, उपनिषद् या अन्य किसी पवित्र ग्रंथ के उद्धरण देते रहते हैं, किंतु बौद्धिक रूप से आप कुपोषण के शिकार हैं, खोखले हैं, मंद-कुंद हैं। अपने कार्यालय में आप बुद्धि से नकल ही तो कर रहे होते हैं, रोज़ाना के जीवन में नकल ही तो करते हैं, कार्यालय में, या फ़ैक्ट्री में, या अपने घर में वही काम—केवल दोहराना। अतः जो बुद्धि जीवंत, स्पष्ट, विवेकशील, स्वस्थ, स्वतंत्र रहनी चाहिए, उसका तो जैसे दम ही घुट जाता है। न कोई निकास है, न कोई रचनात्मक विकास। भावनात्मकरूप से, सौंदर्यबोधात्मक रूप से आप कुपोषण के शिकार हैं क्योंकि आपने संवेदनशीलता की भावना को नकार दिया है—सौंदर्य को देखने की संवेदनशीलता, किसी प्यारी-सी शाम का आनंद लेने की, किसी पेड़ को निहारने की और प्रकृति के साथ अंतरंग रूप से समागम करने की संवेदनशीलता। तो फिर आपके पास बचा क्या है? अपना कहने के लिए आपके पास बस एक ही तो चीज़ बची है, किंतु वही बड़ी भारी समस्या बन बैठी है।

तो जो मन इस समस्या को समझ गया हो उसे निश्चय ही उससे तत्काल निपट लेना चाहिए क्योंकि जो समस्या दिन-ब-दिन खिंचती चली जाती है वह चेतना को कुंद कर देती है, मन-मस्तिष्क को कुंठित कर देती है। क्या आपने नहीं देखा कि मन-मस्तिष्क की हालत तब क्या हो जाती है जब वह किसी समस्या का समाधान नहीं कर पाता है? या तो वह किसी और समस्या की तरफ़ पलायन कर जाता है या फिर उसे दबाने का प्रयास करता है, और इसीलिए वह पगला जाता है जिसे थोड़ा झक्की या सनकी बता दिया जाता है किंतु वह होता तो

न्यूरोटिक ही है। तो हर समस्या, चाहे वह कैसी भी हो—भावनात्मक, बौद्धिक, या शारीरिक—उससे तत्काल निपटना ज़रूरी है न कि आने वाले कल तक उसे ढोना क्योंकि कल आपको और नई समस्याओं से निपटना होगा।

अतः, आपको सीखना-जानना होगा। किंतु आप सीख नहीं सकते यदि आप आज की समस्या से निपट नहीं लिए हैं, उसे कल तक ढोते जाते हैं। इसलिए कोई भी समस्या कितनी भी जटिल हो, कठिन हो, भारी हो, उससे उसी दिन, उसी क्षण निपट लेना चाहिए, उसका हाथ के हाथ समाधान कर लेना चाहिए। कृपया इस बात के महत्त्व को देखिए। जो मन समस्या को जड़ें फैलाने का अवसर दे देता है क्योंकि वह उससे निपट नहीं पाता है, क्योंकि उसमें इसकी क्षमता नहीं है, क्योंकि उसमें प्रबलता नहीं है, समस्या को जानने-समझने की ललक उसमें नहीं है, ऐसा मन—जैसे कि आप संसार में प्रायः देखते हैं—असंवेदनशील हो जाता है—भयग्रस्त, भद्दा, अपने से ही सरोकार रखने वाला, आत्म-केंद्रित, पाशविक व क्रूर बन जाता है।

इसलिए, इस समस्या का—जिसे सेक्स कहते हैं—समाधान किया जाना चाहिए। अतः इसका समाधान कीजिए, समझदारी से, न कि इससे दूर भाग कर, या इसे दबा कर या कोई सनक भरा संकल्प लेकर, या फिर इसमें लिप्त होकर—हमें सुख की, सुखविलास की समस्या को समझना होगा। और, हमें एक अन्य मुद्दे को भी समझना होगा और वह है कि संसार के अधिकांश लोग अमौलिक हैं, *सैकिंड हैंड* लोग हैं। आप भले ही प्राचीन गीता की बातों का उद्धरण देते हों किंतु हैं आप अमौलिक व्यक्ति ही। आपके पास अपना मौलिक कुछ भी नहीं है। आप में ऐसा कुछ नहीं है जो स्वतः व स्वजात हो, असल हो, यथार्थ हो, न तो बौद्धिक रूप से, न सौंदर्यानुभूति के स्तर पर और न ही नैतिक रूप से। फिर तो बस एक ही चीज़ रह जाती है : भूख—भोजन की और संभोग की। आप में भोजन करने की और यौनाचार की ज़बरदस्त भूख रहती है। आपने लोगों को भोजन को भकोसते हुए तो देखा ही होगा, और यही हाल वे यौनाचार के साथ करते हैं।

तो इस अत्यंत जटिल समस्या को समझने के लिए—क्योंकि इसमें सौंदर्य, स्नेह व प्रेम शामिल हैं—आपको सुख को समझना होगा, और उस मन की संस्कारग्रस्तता को भेद कर बाहर निकल आना होगा जो बस दोहराता रहता है, जो दूसरों द्वारा कही गई बातों की बस तोता-रटंत लगाए रखता है, वे चाहे सदियों पहले कही गई हों या दस साल पहले। मार्क्स या स्टालिन या लेनिन की कही

बात का उद्धरण देना एक बढ़िया पलायन है, और गीता में कही गई बातों का उद्धरण देना भी—चाहे आप इनमें से किसी एक को भी रत्ती भर भी न समझ पाए हों। किंतु, आपको तो जीना है और जीने के लिए आप समस्या को पाल कर नहीं बैठ सकते।

यौनाचार की इस समस्या को समझने के लिए आपको मन को, मस्तिष्क को और बुद्धि को स्वतंत्र व स्वाधीन करना होगा ताकि वे देख सकें, समझ सकें और आगे बढ़ सकें। साथ ही, भावना और सौंदर्य-बोध के साथ आपको पेड़ों को, पहाड़ों को, नदियों को देखना होगा, गंदी गली में कंगाली को देखना होगा, अपने बच्चों के प्रति सजग होना होगा, देखना होगा कि उनका लालन-पालन किस प्रकार हो रहा है, उन्हें कपड़े कैसे पहनाए जा रहे हैं, आप उनके साथ कैसा बर्ताव कर रहे हैं, आप उनके साथ बात किस तरह कर रहे हैं। किसी चेहरे के सौंदर्य को देखने के लिए आपको किसी रेखा के, किसी भवन के, पर्वत के, नदी के घुमाव के सौंदर्य को देखना होगा। यह सब करना ऊर्जा को उन्मुक्त करना है—न तो उसे दबा कर के और न ही किसी अवधारणा में उसे समा कर के, बल्कि सभी दिशाओं में उसे उन्मुक्त कर के—ताकि आपका मन सक्रिय हो सके सौंदर्य-बोध के साथ, बुद्धिमत्ता के साथ, विवेक के साथ, स्पष्टता के साथ—सब कुछ वैसा देखते हुए जैसा कि वह है। किसी पेड़ के सौंदर्य को, पंख पसार कर उड़ती चिड़िया के सौंदर्य को, किसी जलराशि पर झिलमिलाती रोशनी के सौंदर्य को, और जीवन की अनेकानेक चीज़ों के सौंदर्य को जब आप देख नहीं पाते हैं तब आपके पास यह समस्या ही तो बची रह जाती है।

समाज कहता है कि आपको नैतिक होना चाहिए और वह नैतिकता है— परिवार। यह परिवार हमें तब जड़ कर देता है जब यह नैतिकता परिवार तक ही सीमित रह जाती है, यानी परिवार तो वैयक्तिक होता है, अतः यह वैयक्तिकता अर्थात् परिवार जब अनेकता के प्रति, सामूहिकता के प्रति, समाज के प्रति विरोध-प्रतिरोध में खड़ा हो जाता है, तब यहीं से पूरा विनाशकारी सिलसिला शुरू होता है। इस प्रकार सम्मान्यता का, समाज में आदर-सम्मान का गुण से कोई रिश्ता नहीं है। गुण तो एक फूल की तरह है जो खिल रहा है, यह कोई ऐसी अवस्था नहीं है जिसे आपने उपलब्ध किया हो। आप भलाई को जानते हैं; किंतु भलाई को प्राप्त नहीं कर सकते, आप विनम्रता को प्राप्त नहीं कर सकते। वह केवल कोई दंभी ही होगा जो विनम्र बनने के लिए प्रयास करता है। या तो आप अच्छे हैं या अच्छे नहीं हैं। 'होने' और 'बनने' में फ़र्क है। आप अच्छा बन नहीं

सकते, आप विनम्र बन नहीं सकते। और यही बात गुण पर भी लागू होती है। किसी समाज का नैतिक ढांचा जो अनुकरण, भय, बेहूदी व्यक्तिगत मांगों और महत्त्वाकांक्षाओं, लोभ, और ईर्ष्या जैसी चीज़ों पर आधारित हो वह गुण नहीं हो सकता, और न ही नैतिक हो सकता है। गुण तो प्रेम की स्वतःस्फूर्त क्रिया है—सहज, स्वजात, नैसर्गिक क्रिया, न कि हिसाब-किताब लगा कर की गई कोई क्रिया या उपजाई गई कोई चीज़ जिसे 'गुण' कह दिया जाता है। यह क्रिया स्वतः स्फूर्त, सहज, स्वजात व नैसर्गिक होनी चाहिए, अन्यथा तो यह गुण नहीं होगी। यदि यह हिसाब-किताब लगा कर की गई है, यदि यह अध्यवसाय द्वारा की गई है, या यदि यह कोई यंत्रवत क्रिया है तो यह गुण कैसे हो सकती है?

इसलिए, आपको सुख को समझना होगा और आपको सुख व दुख के स्वभाव और महत्त्व को भी समझना होगा। और, आपको गुण व प्रेम को भी समझना होगा।

तो प्रेम एक ऐसी चीज़ है जिसे उपजाया नहीं जा सकता। आप ऐसा नहीं कह सकते, 'मैं प्रेम करना सीखूंगा, उसका अभ्यास करूंगा।' अधिकांश आदर्शवादियों में और अधिकांश ऐसे लोगों में जो कि विभिन्न बौद्धिक या भावनात्मक गतिविधियों के माध्यम से खुद से पलायन कर रहे हैं, प्रेम नहीं होता। भले ही वे उच्च कोटि के समाज सुधारक हों या उत्कृष्ट राजनेता माने जाते हों—यदि 'उत्कृष्ट राजनेता' जैसा कुछ होता है तो—किंतु उनमें प्रेम लेशमात्र भी नहीं होता। प्रेम तो सुख से एक बिल्कुल भिन्न चीज़ होती है। किंतु गहरी उत्कटता के साथ उसे समझे बिना—उसे नकारने या उससे पलायन करने के बजाय उसे समझना होता है—आप प्रेम तक नहीं पहुंच सकते। सुख के सौंदर्य में बड़ा आनंद है।

तो, प्रेम को उपजाया नहीं जा सकता। प्रेम को दिव्य या दैहिक के रूप में बांटा नहीं जा सकता, प्रेम तो बस प्रेम होता है। और ऐसा भी नहीं है कि आप बहुतों को प्रेम करते हैं या एक को, यह पूछना बड़ा बेतुका है, 'क्या आप सभी को प्रेम करते हैं?' देखिए, एक खुशबूदार फूल इस बात से कोई सरोकार नहीं रखता कि उसे कौन सूंघ रहा है या कौन उसे अनदेखा करके जा रहा है। यही बात प्रेम के साथ है। प्रेम कोई स्मृति नहीं है। प्रेम मन या बुद्धि की वस्तु नहीं है। बल्कि, यह तो करुणा की ही तरह एकदम सहज-स्वभाविक रूप से आता है। लेकिन, यह सहज-स्वभाविक रूप से आता तब है जब जीवन की समूची समस्या को समझ लिया जाए, उसका समाधान कर लिया जाए, जैसे भय, लोभ, ईर्ष्या, आशा और हताशा। कोई महत्त्वाकांक्षी प्रेम नहीं कर सकता। वह व्यक्ति जो अपने

परिवार के प्रति ही आसक्त हो, उसमें कोई प्रेम नहीं रहता। न ही, ईर्ष्या का प्रेम से कोई संबंध है। जब आप कहते हैं, 'मैं अपनी पत्नी को प्रेम करता हूं', तब आपके यह कहने का वास्तव में वह अर्थ नहीं होता, क्योंकि अगले ही पल आप उसके प्रति ईर्ष्यालु भी हो उठते हैं।

प्रेम में निहित रहती है पूरी स्वतंत्रता, किंतु स्वेच्छाचारिता वाली वह स्वतंत्रता नहीं कि जिसमें आप जो चाहें वह करें। प्रेम का आगमन तो होता ही तब है जब मन बिल्कुल शांत, निश्चल और स्थिर हो गया हो, निष्काम व निष्पक्ष हो गया हो, और अहं-केंद्रित न रह गया हो। ये कोई आदर्श की बातें नहीं हैं। यदि आप में प्रेम नहीं है तो आप जो चाहे करें—चाहे आप दुनिया भर के तमाम देवी-देवताओं के चक्कर काट लें, तमाम तरह की समाज सेवा कर लें, ग़रीबों के उत्थान के प्रयास करते रहें, राजनीति में कूद पड़ें, पुस्तकें लिख लें, कविताएं रच लें—आप एक निष्प्राण और स्पंदनविहीन इंसान ही रहेंगे। बिना प्रेम के आपकी समस्याएं बढ़ती ही जाएंगी—दिन दूनी रात चौगुनी—उनका कोई ओर-छोर न होगा। किंतु, प्रेम के रहने पर आप चाहे जो करें, उसमें न कोई ख़तरा होगा और न कोई टकराव। तब प्रेम ही गुण का सार हो जायेगा। जो मन प्रेम में अवस्थित नहीं है, वह मन धार्मिक कतई नहीं कहा जा सकता; और केवल धार्मिक मन ही है जो समस्याओं से मुक्त रहता है, और वही जानता है कि प्रेम का और सत्य का सौंदर्य क्या होता है।

बंबई,

21 फ़रवरी 1965

भय से भागना भय उपजाता है

प्रश्नकर्ता : मैं बड़ा अकेलापन महसूस करता हूं और एक घनिष्ठ मानवीय संबंध के लिए तरसता रहता हूं। मगर मुझे कोई संगी-साथी मिलता ही नहीं, मुझे क्या करना चाहिए?

कृष्णमूर्ति : निश्चित रूप से, हमारी एक कठिनाई यह है कि हम किसी चीज़ के माध्यम से, किसी व्यक्ति, किसी प्रतीक, किसी अवधारणा, किसी गुण, किसी क्रिया या किसी संगी-साथी के माध्यम से सुख और प्रसन्नता हासिल चाहते हैं। हम समझते हैं कि सुख, प्रसन्नता, असल चीज़, या इसे आप जो भी नाम दें, वह किसी के ज़रिए ही हमें मिल सकती है। इसीलिए हमें लगता है कि किसी क्रिया, किसी संगी-साथी, या किसी अवधारणा के माध्यम से हम सुख व प्रसन्नता को हासिल कर सकते हैं।

इसलिए, अकेला होने पर मैं किसी व्यक्ति या किसी अवधारणा को तलाश लेना चाहता हूं जिसके माध्यम से मैं सुख और खुशी पा सकूं। किंतु अकेलापन तो फिर भी रहता ही है, हमेशा ही, छिपा हुआ, दबा-ढका हुआ। किंतु चूंकि मैं इस अकेलेपन से घबराता हूं और यह भी नहीं जानता कि इसकी अंदरूनी असलियत क्या है, मैं कुछ ऐसा चाहता हूं जिससे मैं चिपट जाऊं। इसीलिए मैं सोचता हूं कि किसी चीज़ या किसी व्यक्ति के माध्यम से मैं सुखी व प्रसन्न रह सकूंगा। इसलिए मेरा मन किसी न किसी शै की तलाश में लगा रहता है। घर, घर का साज़ो-सामान, पुस्तकें-ग्रंथ, लोग, अवधारणाएं, रीति-रिवाज़, प्रतीक—इन जैसी चीज़ों के माध्यम से हम कुछ पा लेने की, सुख और खुशी पा लेने की उम्मीद रखते हैं। और इसीलिए वे चीज़ें, वे लोग, वे अवधारणाएं बहुत अधिक महत्त्वपूर्ण हो जाती हैं क्योंकि हम उम्मीद करने लगते हैं कि इनके माध्यम से ही हमें सुख और खुशी मिलने वाली है। अतः हम उन पर निर्भर होने लगते हैं।

किंतु इस सबके बावजूद, वह सब कुछ तो बना ही रहता है जो समझा नहीं गया है, जिसका निराकरण नहीं किया गया है; अतः व्यग्रता और भय बने ही रहते हैं। और यह देख कर कि यह बना ही हुआ है, मैं उसका इस्तेमाल करना चाहता हूं, पार जाने के लिए, यह जानने के लिए कि पार क्या है? इस तरह, मेरा मन पार जाने के लिए हर चीज़ का इस्तेमाल करता है और फिर हर चीज़ को तुच्छ और हल्का बना देता है। यदि अपना सुख, अपनी खुशी पाने के लिए मैं आपका इस्तेमाल कर रहा हूं तो फिर आपका कोई विशेष महत्त्व नहीं रह जाता है क्योंकि मेरा असल सरोकार तो केवल अपने सुख, अपनी खुशी से ही रहता है, न कि आपसे। तो जब मेरा मन इसी बात से सरोकार रखे हुए हो कि किसी व्यक्ति के माध्यम से, किसी चीज़ के माध्यम से, किसी विचार या अवधारणा के माध्यम से वह सुख को, खुशी को हासिल कर ले, तब क्या मैं इन सभी माध्यमों को अपने सुख और खुशी का वाहन नहीं बनाए दे रहा हूं? क्योंकि तब मेरा मकसद तो कुछ और ही रहता है—आगे जाना, कुछ पा लेने के लिए पार जाना।

क्या यह बहुत महत्त्वपूर्ण नहीं है कि मैं इस अकेलेपन को, इस पीड़ा को, इस विकराल खालीपन की चुभन को समझूं? क्योंकि यदि मैं उसे समझ लेता हूं तो फिर सुख व खुशी पाने के लिए शायद मुझे किसी भी चीज़ का इस्तेमाल करने की ज़रूरत न पड़े, फिर शांति पाने के लिए मैं ईश्वर को भी ज़रिया नहीं बनाऊंगा, अधिक जोश-ख़रोश, अधिक उल्लास और अधिक उत्प्रेरणा के लिए किसी रीति-रिवाज़ का भी सहारा नहीं लूंगा। जो चीज़ मेरे हृदय पर भारी पड़ रही है वह है भय का, अपने अकेलेपन का, अपने खालीपन का एहसास। क्या मैं उसे समझ सकता हूं? क्या मैं उसका निराकरण कर सकता हूं? अधिकतर लोग अकेले ही हैं, नहीं क्या? हम चाहे जो ले लें—रेडियो, पुस्तकें, राजनीति, धर्म—इनमें से कोई भी चीज़ हमारे अकेलेपन को सचमुच नहीं भर सकती। भले ही मैं सामाजिक रूप से सक्रिय हो जाऊं, किन्हीं संगठित दर्शनों से स्वयं को जोड़ लूं, मैं कुछ भी कर लूं किंतु वह बना ही रहता है—मेरे अवचेतन में, कहीं गहरे में या मेरे जीवन की गहराई में अपना डेरा जमाए हुए।

तो मैं इससे निपटूं कैसे? कैसे मैं इसका पूरी तरह निराकरण करूं और इसे निकाल बाहर करूं? लेकिन मेरी प्रवृत्ति तो बस निंदा करने की रही है। जो चीज़ मेरे लिए अज्ञात है उससे मैं डरता हूं, और डर तो निंदा की ही उपज होता है। मैं भी यह कहां जानता हूं कि अकेलेपन का गुणधर्म क्या है, कि अकेलापन

वास्तव में होता क्या है? मेरे मन ने तो इसे भयंकर कह कर बस अपना एक फैसला सुना दिया है। उसने तो तथ्य के बारे में बस एक राय बना ली है, अकेलेपन के बारे में धारणाएं बना ली हैं। और ये राय, ये धारणाएं ही हैं जो भय का हौआ खड़ा कर देती हैं और फिर मुझे यह देखने नहीं देती हैं कि यह अकेलापन वास्तव में है क्या।

आशा है कि मैं अपनी बात आपको स्पष्ट रूप से समझा पा रहा हूं। मैं अकेला हूं और इस अकेलेपन से डर रहा हूं। इस डर को पैदा कर कौन रहा है? क्या ऐसा नहीं है कि मैं जानता ही नहीं कि अकेलेपन के अंदर क्या-क्या समाया हुआ है? यदि मैं जान जाऊं कि इसके अंदर है क्या, तब मैं इससे डरूंगा नहीं। चूंकि मेरे पास बस एक धारणा है, एक ख़ामख़याली है कि यह कैसा-कैसा हो सकता है, इसलिए मैं इससे बचकर भागने लगता हूं। यह बचकर भागना ही भय पैदा करता है, न कि उसे देखना। उसे देखने के लिए, उसके साथ होने के लिए, मैं उसकी निंदा तो नहीं कर सकता। और, जब मैं उसके समक्ष होने में सक्षम हो जाता हूं तब उसमें झांकने में, उसे प्रेम करने में भी सक्षम हो जाता हूं।

तो जिस अकेलेपन से मैं डरता रहा हूं, क्या वह एक शब्द मात्र है? क्या वह एक ऐसी अवस्था नहीं है जो कि आवश्यक है, शायद वही वह द्वार हो जिससे गुज़र कर मैं खोज कर पाऊंगा? वह द्वार मुझे आगे का मार्ग दिखा सकता है ताकि मन उस अवस्था को भली-भांति समझ सके जिसमें वह एकाकी, अदूषित व निर्मल रहता है, क्योंकि उस अकेलेपन से दूर ले जाने वाली सभी प्रक्रियाएं केवल भटकाव, मनबहलाव और पलायन ही होती हैं। मन यदि अकेलेपन के साथ रह सके, वह भी इसकी निंदा किए बिना, तो शायद उसी बात से मन उस अवस्था में पहुंच सके जो एकाकी होती है—एक ऐसा मन जो अकेला नहीं है बल्कि पूरी तरह एकाकी है, जो निर्भर नहीं है, जो किसी माध्यम से कुछ हासिल करने की जुगत में नहीं है।

यह आवश्यक है कि एकाकी हुआ जाए, कि उस एकाकी अवस्था को जाना जाए जो कि परिस्थितियों द्वारा उत्पन्न नहीं हुई है, जो अलगाव नहीं है; वह एकाकीपन जो कि सृजनशीलता है, वह अवस्था जब कि मन फिर सुख की, खुशी की, गुण की तलाश में नहीं लगा है और न ही कोई विरोध-प्रतिरोध करने में। वह केवल एकाकी मन ही है जो देख-समझ सकता है, न कि वह मन जो अपने ही अनुभवों द्वारा दूषित कर दिया गया हो; भ्रष्ट, बदरंग कर दिया गया हो। तो

यदि हम यह जान लें कि अकेलेपन को, जिससे कि हम सभी वाक़िफ़ हैं, कैसे देखा-परखा जाए तो वह हमारे लिए वास्तविकता को जानने के द्वार खोल सकता है।?

प्रश्नकर्ता : बुनियादी तौर पर, मनोवैज्ञानिक रूप से मैं दूसरों पर निर्भर रहता हूं। मैं इस निर्भरता से बाहर निकलना चाहता हूं। कृपया मुझे इससे स्वतंत्र होने का मार्ग बताइए।

कृष्णमूर्ति : मनोवैज्ञानिक रूप से, आंतरिक रूप से हम निर्भर ही तो रहते हैं—रीति-रिवाजों पर, विचारों और अवधारणाओं पर, लोगों पर, चीज़ों पर, संपत्ति पर। हम निर्भर हैं और इस निर्भरता से मुक्त भी होना चाहते हैं क्योंकि यह हमें तकलीफ़ देती है। जब तक यह निर्भरता मुझे संतुष्ट करती रहती है, जब तक मैं इसमें सुख पाता रहता हूं, तब तक मैं इससे मुक्ति की नहीं सोचता, किंतु जब यह मुझे ठेस पहुंचाने लगती है, जब यह मुझे तकलीफ़ पहुंचाने लगती है, जब वह जिस पर कि मैं निर्भर करता हूं मुझसे दूर चला जाता है, मर जाता है या मेरे प्रति उदासीन हो जाता है, मुझसे विमुख हो जाता है, किसी और के उन्मुख हो जाता है, तब मैं उस निर्भरता से मुक्त होने की इच्छा करने लगता हूं।

किंतु क्या मैं अपनी समूची मनोवैज्ञानिक निर्भरता से मुक्त होना चाहता हूं या केवल उन्हीं निर्भरताओं से जो कि मुझे तकलीफ़ पहुंचा रही हैं? ज़ाहिर है कि मैं केवल उन्हीं निर्भरताओं और स्मृतियों से मुक्त होना चाहता हूं जो कि मुझे तक़लीफ़ दे रही होती हैं। मैं सारी की सारी निर्भरताओं से पूरी-पूरी मुक्ति नहीं चाहता हूं बल्कि किसी ख़ास निर्भरता से ही मुक्त होना चाहता हूं। इसलिए मैं स्वयं को उससे मुक्त करने के मार्ग और तरीके तलाशने लगता हूं, दूसरों से या किसी और से मैं उस निर्भरता से स्वयं को मुक्त करने में सहायता करने का आग्रह करने लगता हूं जो कि मेरे लिए तक़लीफ़ का कारण बन गई है। मैं निर्भरता के संपूर्ण प्रपंच से मुक्त होना नहीं चाहता।

क्या कोई दूसरा मुझे निर्भरता से मुक्ति दिला सकता है, आंशिक या संपूर्ण निर्भरता से? क्या मैं आपको मार्ग दिखा सकता हूं—मार्ग यानी विवरण, व्याख्या, शब्द, तरकीब? मेरे द्वारा आपको रास्ता दिखा देने से, तरकीब बता देने से, तफ़सील बता देने से क्या आप मुक्त और स्वतंत्र हो जाएंगे? आपकी समस्या तो फिर भी बनी ही रहेगी, आपकी तकलीफ़ तो बनी ही रहेगी। इस बारे में मेरे साथ चर्चा कर लेने से, मेरे द्वारा कितना भी यह बता देने से कि इससे कैसे निपटें,

आप निर्भरता से मुक्त नहीं हो पायेंगे। तो आप क्या करें?

कृपया इस बात के महत्त्व को समझिए। आप कोई ऐसा तरीका पूछ रहे हैं जो आपको किसी ख़ास निर्भरता से या समूची निर्भरता से मुक्त कर दे, स्वतंत्र कर दे। तरीका केवल एक विवरण एक व्याख्या होता है जिसका आप अभ्यास करते हैं और जीते हैं ताकि स्वयं को स्वतंत्र कर सकें। इस प्रकार किसी एक निर्भरता से पिंड छुड़ाने के प्रयास करते-करते आप निर्भरता के किसी दूसरे स्वरूप का दामन थाम लेते हैं।

किंतु, यदि आपका सरोकार सारी की सारी मनोवैज्ञानिक निर्भरता से पूरी-पूरी तरह मुक्त होने का है और यदि आप इसके लिए सचमुच उत्सुक हैं तो फिर आप किसी तरीके के लिए, किसी रास्ते के लिए पूछेंगे नहीं। तब आप एक बिल्कुल भिन्न प्रश्न पूछेंगे। आप स्वयं से पूछेंगे कि क्या आप में इससे निपटने की क्षमता है, इस निर्भरता से निपटने की संभाव्यता है। तो प्रश्न यह नहीं है कि मैं निर्भरता से मुक्त कैसे होऊं, बल्कि यह है कि 'इस समूची समस्या से निपटने के लिए क्या क्षमता मुझमें है?' यदि मुझमें वह क्षमता है तो फिर मैं किसी पर निर्भर नहीं होता। जब मैं कहता हूं कि मुझमें वह क्षमता नहीं है, केवल तभी मैं आग्रह करता हूं, 'कृपया मेरी सहायता कीजिए, मुझे मार्ग दिखाइए'। किंतु निर्भरता की समस्या से निपटने की क्षमता यदि मुझमें है तो फिर इसका निराकरण करने के लिए सहायता करने की गुहार मैं किसी से नहीं करता।

मैं आशा करता हूं कि मैं अपनी बात स्पष्ट रूप से आप तक पहुंचा रहा हूं। मुझे लगता है कि यह बहुत महत्त्वपूर्ण है कि आप यह न पूछें कि 'कैसे'। बल्कि पूछें, 'इस समस्या से निपटने के लिए क्या मैं आवश्यक क्षमता अर्जित कर सकता हूं?' क्योंकि यदि मैं यह जान जाता हूं कि मैं इससे कैसे निपटूं तो मैं उस समस्या से मुक्त हो जाता हूं, तो फिर मैं तरीका पूछने में नहीं लगा रहता हूं। निर्भरता की समस्या से निपटने के लिए आवश्यक क्षमता को क्या मैं हासिल कर सकता हूं?

देखिए, जब मनोवैज्ञानिक तौर पर आप यह प्रश्न स्वयं से पूछते हैं तब क्या होता है? जब आप सचेत होकर यह प्रश्न पूछते हैं, 'क्या मैं निर्भरता से स्वयं को मुक्त करने की क्षमता हासिल कर सकता हूं?' तब मनोवैज्ञानिक स्तर पर क्या होता है? क्या आप पहले ही उस निर्भरता से मुक्त नहीं हो गए होते? मनोवैज्ञानिक स्तर पर आप निर्भर हैं, किंतु अब आप पूछ रहे हैं, 'क्या मुझमें स्वयं को स्वतंत्र करने की क्षमता है?' ज़ाहिर है कि जिस पल आप यह प्रश्न

पूरी संजीदगी के साथ, एक भरपूर तड़प के साथ पूछ रहे होते हैं, आप उस निर्भरता से मुक्त हो चुके होते हैं।

आशा है कि आप समझ रहे होंगे—केवल शाब्दिक रूप से नहीं बल्कि वास्तव में उस सबको अनुभूत करते हुए जिसकी चर्चा हम कर रहे हैं। यही है सुनने की कला—न केवल शब्द सुनना, बल्कि उसे भी सुनना जो कि आपके मन में सचमुच घटित हो रहा है।

जब मैं यह जान जाता हूं कि मैं वह क्षमता पा सकता हूं तब यह समस्या तिरोहित हो जाती है। किंतु चूंकि मुझमें वह क्षमता नहीं है अतः मैं चाहता हूं कि कोई मुझे वह बताए। इसलिए मैं किसी स्वामी, किसी गुरु, किसी मसीहा या किसी ऐसे की तलाश में लग जाता हूं जो मेरी सहायता कर दे, जो मुझे बचा ले। इस प्रकार मैं उन पर निर्भर हो जाता हूं। जबकि, यदि समस्या को समझने की और उसका समाधान करने की क्षमता मुझमें ही हो पाए तो यह सब बड़ा सरल हो जाता है और तब मैं उन पर निर्भर नहीं रहता ।

इसका अर्थ यह बिल्कुल नहीं है कि मैं आत्मविश्वास से ओतप्रोत हूं। जो आत्मविश्वास अहं से, 'मैं' से पैदा होता है वह आपको कहीं नहीं ले जाता क्योंकि वह विश्वास खुद को एक खोल में बंद करने वाला होता है। किंतु यह प्रश्न कि 'क्या मैं वास्तविकता को खोज लेने की क्षमता पा सकता हूं?'—मुझे असाधारण अंतर्दृष्टि और सबलता प्रदान करता है। प्रश्न यह नहीं है कि मुझमें क्षमता है—वह तो है ही नहीं—बल्कि यह है कि 'क्या मैं उसे पा सकता हूं?' फिर मैं जान जाऊंगा कि उस द्वार को कैसे खोला जाए जिस द्वार को मन अपने ही संदेहों, अपनी ही व्यग्रताओं, अपने ही भयों, अपने ही अनुभवों और अपने ही ज्ञान द्वारा लगातार बंद करता आया है।

तो, जब यह पूरी प्रक्रिया, यह पूरा प्रपंच देख लिया जाता है, तब मुझमें क्षमता आ जाती है। किंतु इस क्षमता को, क्रियाओं या कार्यविधियों के किसी ख़ास ढर्रे को अपनाकर नहीं प्राप्त किया जा सकता। किसी ख़ास टुकड़े के माध्यम से मैं संपूर्ण को नहीं समझ सकता। किसी विशिष्ट समस्या के किसी विशेष विश्लेषण द्वारा मैं संपूर्ण समस्या को नहीं समझ सकता। तो, क्या मुझमें संपूर्ण को देखने की क्षमता है—किसी घटना विशेष को समझने की नहीं, बल्कि अपने जीवन की संपूर्ण प्रक्रिया को देखने की, इसके दुखों, पीड़ाओं, खुशियों और सुख-सुविधाओं सहित इसे देखने की। यदि मैं यह प्रश्न गंभीरता के साथ, सच्चाई के साथ उठाता हूं तो क्षमता स्वतः आ जाती है।

उस क्षमता के साथ मैं उन सभी समस्याओं से निपट सकता हूं जो मेरे मन में सर उठाती हैं। समस्याएं तो सर उठायेंगी ही, घटनाएं भी घटित होंगी ही और प्रतिक्रियाएं भी होंगी ही; यही जीवन है। चूंकि मैं नहीं जानता कि इनसे कैसे निपटा जाए, इसलिए मैं दूसरों के पास जाता हूं—पूछने के लिए, इनसे निपटने का तरीका-तरकीब पूछने के लिए। किंतु जब मैं यह प्रश्न करता हूं, 'क्या वह क्षमता मैं स्वयमेव प्राप्त कर सकता हूं', तब वह उस विश्वास का सूत्रपात होना होता है जो कि 'मैं' से या अहं से उपजा हुआ विश्वास नहीं होता और न ही वह मन में भरे भंडार से उत्पन्न हुआ होता है, बल्कि यह वह विश्वास होता है जो स्वयं को लगातार नया व तरोताज़ा बनाए रखता है, किसी विशेष अनुभव या घटना के ज़रिए नहीं बल्कि समझ से, स्वतंत्रता से, ताकि मन उसके संपर्क में आ सके जो असल है, यथार्थ है।

लंदन,
7 अप्रैल 1953

मन को ठेस लगती क्यों है?

मुझे लगता है कि यह जान लेना आवश्यक है कि सुनना किसे कहते हैं? हम मिलकर एक ऐसे विषय पर चर्चा करने जा रहे हैं जिस पर आपको अपना अवधान देने की, पूरा-पूरा ध्यान देने की आवश्यकता है, बौद्धिक अवधान नहीं बल्कि सुनने के प्रति अवधान; यानी न केवल उसे सुनना जो कि कहा जा रहा है बल्कि उसको भी सुनना जो उस समय आपके अंदर चल रहा है। सुनें, ताकि आप अवलोकन कर सकें, ताकि आप अपने उस मन के गुणधर्म का वास्तव में अवलोकन कर सकें जो जीवन की जटिल समस्याओं से मुकाबला करता रहता है। सुनते समय सुनी जा रही बात की व्याख्या करने में मत लग जाइएगा, क्योंकि आप यदि ऐसा करेंगे तो इसका मतलब होगा कि आप सुन नहीं रहे हैं। सुनना तो अवधान की वह क्रिया है जिसमें कोई व्याख्या नहीं की जाती, जिसमें किसी और चीज़ से तुलना नहीं होती—जो कहा जा रहा है उसकी तुलना उस सबसे नहीं की जाती जो कि आपने पढ़ रखा है, या जो आपका अनुभव रहा है। यह सब चित्त को भ्रमित करता है। बिना विरोध-प्रतिरोध के सुनिए, किसी जवाब को पाने का प्रयास किए बिना सुनिए क्योंकि जवाब समस्या का समाधान नहीं करते। किसी समस्या का पूरी तरह निराकरण करने वाला होता है बिना अवलोकनकर्ता के अवलोकन करना, उस अवलोकनकर्ता के बिना अवलोकन करना जो कि केवल विगत का अनुभव है, स्मृति है, ज्ञान है—ऐसे अवलोकनकर्ता के बिना बस अवलोकन करना। ऐसा करने पर ही हम यह जानना शुरू कर सकते हैं कि दुख क्या होता है और क्या मानव मन इससे कभी मुक्त हो भी सकता है या नहीं? इस बात का स्वयं पता लगाना बहुत महत्त्वपूर्ण है कि क्या दुख का कभी अंत हो सकता है—वह भी सचमुच, न कि शाब्दिक रूप से, न कि बौद्धिक रूप से, न कि काल्पनिक रूप से या भावनात्मक रूप से। क्योंकि यदि इसका अंत हो जाए तभी मन इसके

भीमकाय भार से मुक्त हो सकता है, और भार से मुक्त होकर ही यह जाना जा सकता है कि प्रेम क्या होता है?

तो, दुख क्या है और क्या इसका कभी कोई अंत है या नहीं? यह सचमुच एक गंभीर समस्या है। मैं नहीं जानता कि आप कभी इसके प्रति जिज्ञासु हुए हैं या नहीं, या कभी आपने यह जानने का गंभीरतापूर्वक प्रयास किया है या नहीं कि यह होता क्या है, और क्या मन यानी आपका मन, यह मानव मन, कभी इसके पार जा सकता है? हमें पता लगाना होगा कि पीड़ा, शोक-विषाद, दुख—ये होते क्या हैं? पीड़ा शारीरिक भी होती है और मानसिक भी : शरीर में, शरीर के अंगों में कष्ट, पीड़ा, और मनोवैज्ञानिक रूप से आंतरिक पीड़ा, शोक-विषाद और दुख के अत्यंत उलझाव। शारीरिक पीड़ा को तो हम सभी जानते हैं—चाहे वह मामूली हो या भयंकर—और चिकित्सा आदि से हम इसका निराकरण भी कर लेते हैं। आप पीड़ा को उस मन द्वारा देख सकते हैं जो उससे जुड़ाव न रखता हो, ऐसे मन द्वारा देख सकते हैं जो शारीरिक पीड़ा का मानो बाहर से अवलोकन कर रहा हो। कोई अपनी दंत-पीड़ा को देख सकता है, भावनात्मक व मनोवैज्ञानिक रूप से उससे जुड़े बिना भी। जब आप उस दंत-पीड़ा से भावनात्मक तथा मनोवैज्ञानिक तौर पर जुड़ जाते हैं तब वह पीड़ा बढ़ जाती है, आप अत्यंत व्याकुल और आशंकित हो उठते हैं। मैं नहीं जानता कि आपने इस सच पर कभी ध्यान दिया है या नहीं।

यह बात महत्त्वपूर्ण है कि शारीरिक और शारीरिक क्रिया संबंधी पीड़ा के प्रति सजग हुआ जाए, किंतु उस सजगता में उस पीड़ा के साथ मनोवैज्ञानिक रूप से न जुड़ा जाए। शारीरिक पीड़ा के प्रति सजग रहना, और उसके साथ होने वाले उस मनोवैज्ञानिक जुड़ाव के प्रति भी सजग रहना जो कि पीड़ा को बढ़ाने का और व्याकुलता तथा भय का कारण बनता है, किंतु उस मनोवैज्ञानिक कारक को बिल्कुल बाहर रखना—इस सबके लिए अत्यधिक सजगता की, एक तरह की भीतरी दूरी की, एक तरह के तटस्थ अवलोकन की आवश्यकता होती है। तब वह पीड़ा मन के कार्यकलापों में विकृति पैदा नहीं कर पाती, तब वह शारीरिक पीड़ा मानसिक उद्वेग का कारण नहीं बनती। मैं नहीं जानता कि आपने कभी इस बात पर ध्यान दिया है या नहीं कि जब बहुत अधिक पीड़ा होती है तब मन इसका निराकरण न कर पाने की अवस्था में किस तरह उसी पीड़ा में डूब जाता है और जीवन के प्रति उसका समूचा दृष्टिकोण ही विकृत हो जाता है। इस पूरी प्रक्रिया के प्रति सजग होना किसी संकल्प का, किसी निष्कर्ष का मामला

नहीं है और न ही यह ऐसा कह देना भर है कि मुझे सजग रहना चाहिए, क्योंकि ऐसा करने पर तो आप एक विभाजन ही पैदा कर रहे होंगे और इस प्रकार द्वंद्व को ही बढ़ा रहे होंगे। किंतु, जब आप उस पीड़ा का और उस पीड़ा की तरफ़ बढ़ते मनोवैज्ञानिक कदमों का अवलोकन करते हैं, और इसके कारण अपने विचार तथा अपनी क्रियाओं में होने वाली विकृति का अवलोकन करते हैं, तब शारीरिक पीड़ा का निराकरण या उसके लिए आवश्यक कार्रवाई बिल्कुल अच्छे से, आसानी से की जा सकती है।

किंतु जो चीज़ इतनी सरल नहीं है, बल्कि कुछ जटिल व कठिन ही है, वह है—पीड़ा, शोक-विषाद और दुख का मनोवैज्ञानिक क्षेत्र। उसके लिए बहुत-कुछ किए जाने की आवश्यकता होती है—अधिक स्पष्ट अध्ययन-परीक्षण की, नज़दीक और गहरे अवलोकन की। बचपन से ही इंसान ठेस के एहसास से परिचित हो जाता है, चाहे वह दुनिया में कहीं भी रहता हो। जाने-अनजाने हमारे मन पर खरोंचें लगती रही हैं और ठेस भी नाना रूपों में लगती रहती है। हम चुपके-चुपके या सबके सामने आंसू बहाते रहते हैं, और उस ठेस के चलते हम दूसरे को भी ठेस पहुंचाना चाहते हैं, जो कि हिंसा का ही एक रूप है। और इस ठेस के ही चलते हम रोध-प्रतिरोध करते हैं, अपने चारों तरफ़ एक दीवार खड़ी कर लेते हैं ताकि हमें फिर से ठेस न लगे। किंतु ठेस से बचने के लिए जब आप अपने चारों ओर दीवार खड़ी करते हैं तब आप इसकी संभावना और अधिक बढ़ा देते हैं। बचपन से ही तुलना द्वारा, किसी का अनुकरण करने और किसी के अनुरूप बनने को लेकर हमारे भीतर न जाने कितनी ठेस लगती चली गई हैं, किंतु इन चोटों से अनभिज्ञ तथा अनवगत रहने के कारण हमारी सारी गतिविधि ही इन अनुभवों पर आधारित प्रतिक्रिया व प्रतिफल का रूप ले लेती है।

क्या हम यह यात्रा साथ-साथ कर रहे हैं? यदि आप केवल शब्दों को ही नहीं सुन रहे हैं बल्कि स्वयं को इन शब्दों के माध्यम से देख भी रहे हैं तो वक्ता और आपके बीच सही संप्रेषण हो रहा है।

असंतुलन, पागलपन और पलायन जैसी तमाम गतिविधियों को पैदा करने वाले ये ठेस के, आहत के अनुभव क्या स्मृतिपटल से पोंछकर मिटा दिये जा सकते हैं ताकि मन अपना काम कुशलतापूर्वक, स्पष्टतापूर्वक, विवेकपूर्वक और संपूर्णतः कर सके? यह दुख की समस्याओं में से एक समस्या है। आपको ठेस लगती है, और मैं निश्चयपूर्वक कह सकता हूं कि हर एक की यही स्थिति है। यह हमारी संस्कृति का, हमारी शिक्षा का ही एक हिस्सा है। स्कूल में आपसे

कहा जाता है कि आप अमुक जैसे अच्छे बनें, अधिक अंक प्राप्त करें, आपको बताया जाता है कि आप उतने अच्छे नहीं हैं जितने आपके चाचा हैं, या उतने तेज़ नहीं हैं जितनी आपकी दादी थीं। हमारे जीवन का आरंभ ही इन तुलनाओं से होता है, और फिर आप इनके द्वारा और अपमानित किए जाते रहते हैं, न केवल बाहरी तौर पर बल्कि बहुत-बहुत गहराई में भी। यदि आप इन ठेसों का निवारण नहीं करते हैं तो आप जीवन भर दूसरों को ठेस पहुंचाने को, या उग्र व हिंसक हो उठने को, या जीवन से, संबंधों से किनारा कर लेने को आतुर रहने लगते हैं, ताकि आपको फिर से कोई ठेस न लगे।

चूंकि यह हमारे दुख का ही एक हिस्सा है, तो क्या यह संभव है कि जो मन ठेस-ग्रस्त हुआ हो वह पूरी तरह ठेस-मुक्त भी हो जाए, और फिर कभी पुनः ठेस-ग्रस्त न हो। वह मन जो कभी ठेस-ग्रस्त न हुआ हो, या पुनः कभी ठेस-ग्रस्त होने से मुक्त हो, वही वास्तव में निर्दोष, निर्मल और निष्कपट मन होता है, 'इन्नोसेंट' होता है। इस शब्द का मूलतः यही अर्थ है—वह मन जिसे ठेस लग ही न सके—और इसीलिए वह किसी दूसरे को भी ठेस नहीं पहुंचाता। तो, जिस मन के मर्म तक ठेस उतर गई हो, या उतर रही हो, उस मन के लिए यह संभव कैसे हो कि वह उस ठेस से मुक्त हो जाए? आप इस प्रश्न का उत्तर कैसे देंगे? यह जानने के बाद कि आपको ठेस पहुंची है, आप कैसे जानेंगे कि उस ठेस से आप मुक्त कैसे हों? यदि आप किसी भी एक ठेस को पूरी-पूरी तरह और पूरी गहराई तक समझ लेते हैं तो सारी की सारी ठेस आपकी समझ में आ जाती है, क्योंकि उस एक ठेस में ही सारी ठेस समाई हुई होती हैं, अतः उनको एक-एक करके समझने की आवश्यकता नहीं है।

मन को ठेस लगती क्यों है? शिक्षा के सभी तौर-तरीके जैसे कि आजकल हैं, वे सभी स्पर्धा और बिना सवाल किए अनुकरण करना सिखाने के ज़रिए मन को विकृत करने वाली प्रणाली ही बन गए हैं—स्कूल में भी, घर में भी और हमारे सभी बाहरी संबंधों में भी। ठेस न खाने के प्रति कमर कसे रखना दरअसल विचार का ही निर्णय होता है किंतु विचार—जो कि समय है, गति है, जिसने कि यह छवि, यह धारणा बना ली है कि उसे कभी ठेस नहीं पहुंचाई जानी चाहिए—वह ठेस की समस्या का निराकरण नहीं कर पाया है। वक्ता जो कह रहा है उसे सावधानीपूर्वक सुनिए। उसे आत्मसात् कर लीजिए, अपने में समा लीजिए और सच को खोज निकालिए। विचार शायद ही इन ठेसों का निवारण कर पाए, किंतु हमारे पास उपकरण भी तो यही है, यही तो वह एकमात्र उपकरण है जिसे हमने

बड़े सहेज कर गढ़ा है, किंतु जब वही उपकरण काम नहीं आता तो हम किंकर्त्तव्यविमूढ़ हो जाते हैं। हैं न? किंतु जब आप स्वयं यह भली-भांति जान लेते हैं कि विचार, सोच का यह पूरा तंत्र, ठेस की इस समस्या का निराकरण नहीं कर पायेगा, तब प्रज्ञा प्रवेश करती है। वह प्रज्ञा, जो मेरी या आपकी या इस-उस की प्रज्ञा नहीं होती, वह बस प्रज्ञा होती है। विश्लेषण ठेस का निराकरण नहीं करेगा। विश्लेषण तो एक प्रकार का पक्षाघात होता है और इसीलिए वह ठेस का निराकरण नहीं कर सकता। तो फिर आपके पास बचा क्या? आप यह साफ़-साफ़ देख लेते हैं कि आपको ठेस लगी है, और यह भी कि न तो विचार और न ही विश्लेषण इसका निराकरण कर सकते हैं। उस मन में क्या घटित होता है जो कि विचार-प्रक्रिया के तथ्य व सत्य को देख चुका हो—उसके तमाम तामझाम सहित? यह आपका विचार ही तो होता है जो आप ही के बारे में कोई छवि, कोई धारणा बना लेता है और उसी छवि, उसी धारणा को ही तो ठेस लगती है।

तो मन जब भली-भांति समझ जाता है कि अपनी छवियों, धारणाओं, विश्लेषणों और हलचलों का तांता बांधकर चलने वाले विचार की गतिविधि ठेस का निराकरण नहीं कर सकती, तब मन उस ठेस को बिना किसी हलचल के देखता है। और जब वह उसे पूरी तरह देख लेता है, उस तरह देख लेता है जैसा कि यहां बताया जा रहा है, तब आप देखेंगे कि हर तरह की ठेस तिरोहित हो जाती है क्योंकि ठेस तो दरअसल वह छवि, वह धारणा होती है जो स्वयं आपने अपने लिए बना ली होती है, और वह छवि, वह धारणा विचार द्वारा ही निर्मित होती है। जिसे ठेस पहुंची है वह तो छवि है, और उस छवि में कोई वास्तविकता नहीं होती, कोई सत्य नहीं होता। वह तो एक वैचारिक संरचना मात्र होती है, कहने मात्र की छवि होती है, जिसे कि विचार द्वारा रचा व पाला-पोसा गया है, और जब विचार हरकत नहीं कर रहा होता तब कोई छवि भी नहीं रहती। और, तब ठेस लगने की संभावना भी नहीं रहती है। आप समझे न? इसे आज़मा कर देखिए—कल नहीं, अभी।

यह हुआ हमारे दुख का एक कारण। आगे है—अकेलेपन का दुख, कोई संगी-साथी न होने का दुख, या यदि कोई है तो उसके छूट जाने का दुख, या किसी ऐसे व्यक्ति की मृत्यु हो जाने का दुख जिसे आप समझते हैं कि आप प्रेम करते थे, जो कि आपको शारीरिक व मानसिक संतुष्टि दिया करता था—ऐंद्रिक संतुष्टि और मनोवैज्ञानिक उपलब्धि, दोनों। मृत्यु हो जाने अथवा आपसे विमुख

हो जाने के कारण जब वह व्यक्ति नहीं रहता तब तमाम तरह की व्यग्रताएं, भय, ईर्ष्याएं, अकेलापन, हताशा, आक्रोश और हिंसा से आप भर उठते हैं। यही हमारे जीवन का अंग बन गया है। उसका निराकरण न कर पाने के चलते एशियाई देशों में लोग कह देते हैं, 'अगले जन्म में हम यह कर लेंगे। आखिर अगला जीवन तो होगा ही, तब तक मैं पता लगा ही लूंगा कि इससे कैसे निपटा जाए।' और पश्चिमी देशों में दुख को उस एक व्यक्ति या उस एक छवि को सौंप दिया जाता है, जिसे वहां के लोग पूजते हैं—पूरी मानव जाति का सारा दुख एक व्यक्ति को सौंप कर आप भी दुख से पलायन ही तो कर रहे हैं किंतु दुख की समस्या का निराकरण नहीं कर पाए हैं। आपने इसे बस स्थगित कर दिया है, उसे आपने दूर चर्च में रखी सलीब पर लटकी छवि में डाल दिया है, किंतु दुख तो आपमें बना ही हुआ है।

तो दुख का अंत केवल यह जानने से हो सकता है कि आपका मन काहे में लगा रहता है : इससे आप कैसे पलायन करना चाहते हैं, इसका समाधान आप किस तरह करना चाहते हैं, और कोई समाधान, कोई निराकरण न कर पाने की दशा में आप किस तरह आस्थाओं, छवियों और अवधारणाओं की शरण में चले जाते हैं। युगों-युगों से इंसान यही तो करता आ रहा है; और इस पलायन में आपकी मदद करने वाले बिचौलिये—पादरी, पुजारी, मौलवी आदि—भी समाज में अपनी दुकान चलाते आए हैं। अपने ही भीतर इस सबका अवलोकन करने के लिए अर्थात् स्वयं को जानने के लिए, अपनी ठेस, अपने पलायन, अपना अकेलापन, अपनी हताशा, अपने शोक-विषाद के एहसास, 'जो है' से कभी पार न जा पाना, इस सबको देख पाने के लिए—किसी पौराणिक या आधुनिक मनोवैज्ञानिक पद्धति के अनुसार नहीं बल्कि किसी भी विचार को कृतई भी बीच में लाए बिना देख पाना—इसके लिए अत्यधिक अवधान चाहिए। ऐसा अवधान स्वयं में एक अनुशासन है, व्यवस्था है।

क्या आप उस अकेलेपन का अवलोकन कर सकते हैं जो कि हमारे दुख का कारक बन जाता है, या इस भावना को कि आपको कोई उपलब्धि करनी चाहिए; और वह उपलब्धि न हो पाने पर बिना निराश व खिन्न हुए उस अवस्था से पार जाने के लिए किसी विचार को बीच में लाए बिना क्या आप इसे या किसी इच्छा को केवल देख सकते हैं? इसे दूसरे शब्दों में कहता हूं। मैं अपना भाई या बेटा खो देता हूं। उसकी मृत्यु हो जाती है। इससे लगे आघात के कारण कुछ दिनों के लिए तो मैं पंगु समान हो जाता हूं। जीवन की निरर्थकता पर मैं

दुख, पीड़ा और अकेलेपन से भर जाता हूं, मैं अकेला हो जाता हूं। और इस तरह पूरी तरह बिना किसी विचार के रहता हूं जो कि कह रहा होता है, 'मुझे इससे उबरना है, मुझे अपने भाई से मिलना ही है, मुझे उससे संपर्क करना है, मुझे बड़ा अकेलापन लग रहा है, मैं बहुत हताश हो गया हूं।' किसी भी विचार को बीच में लाए बिना, बस देखिए। तब आप उस पीड़ा में से नयी ऊर्जा को, उत्कटता को प्रकट होते देखेंगे, जिसका किसी भी कामना से कोई सरोकार नहीं होगा, वह एक ऐसी ऊर्जा होगी जो विचार की चलायमानता से पूरी तरह मुक्त होगी।

इस प्रकार, उस सजगता में 'मैं' की सारी हरकत का—जो कि विचार की ही उपज है, जो कि समय में ही गमन करना है, चेतन में भी और अवचेतन में भी—उस 'मैं' के स्वभाव और संरचना की सजगता में दुख का अंत हो जाता है। इसे आप स्वयं आज़मा कर देख सकते हैं। यदि आप इसे आज़मा कर नहीं देखते हैं तो इसे यहां सुनने का आपके लिए न कोई औचित्य है और न कोई अर्थ। खुद को जानने से ही दुख का अंत होता है और वहीं से प्रज्ञा का आरंभ होता है।

अब हम अगले प्रश्न पर आते हैं और देखते हैं कि प्रेम क्या होता है। मैं वाकई नहीं जानता कि यह क्या होता है? कोई इसका वर्णन कर सकता है, कोई इसे शब्दों में बांध सकता है—वह भी बड़ी ही काव्यात्मक भाषा में, बड़े ही सुंदर शब्दों में, किंतु वे शब्द प्रेम नहीं बन जाते। भावना प्रेम नहीं होती। भावना से, देशभक्ति से, विचार या धारणा से प्रेम का कोई सरोकार नहीं होता; यदि आप इस बात की गहराई में जाएं तो आप इसे स्वयं देख लेंगे। तो हम शब्दों में बंधी तमाम बातों को और उस शब्द के चारों तरफ़ खड़ी कर ली गई छवि और धारणा को पूरी तरह दरकिनार कर सकते हैं जैसे देशभक्ति, ईश्वर, राजा-रानी के प्रति वफ़ादारी—इस सारी अनाप-शनाप बातों से आप वाकिफ़ ही हैं। यदि हम बिल्कुल सीधे और साफ़ तौर पर देखें तो यह भी जान जाते हैं कि सुख दरअसल प्रेम नहीं होता। क्या आप इस सच्चाई को स्वीकार कर सकते हैं? क्योंकि हम में से अधिकांश जनों के लिए तो शारीरिक सुख, यौनाचार से जुड़ी अनुभूतियां ही सबसे अधिक महत्त्वपूर्ण हो गई हैं—पश्चिम में तो ऐसा था ही, अब यह चीज़ पूरब की सभ्यता में भी पैर पसारने लगी है। किंतु जहां इसे नकार दिया जाता है वहां यह यंत्रणा बन जाता है; हिंसा, पाशविकता बन जाता है और असाधारण भावावेग पैदा कर देने वाला दृश्य बन जाता है। क्या यह सब प्रेम है?

यौनाचार का सुख और उसकी स्मृति—उसकी जुगाली करना और उसे फिर-फिर पाने की चाहना करना—उस सुख की पुनरावृत्ति करने की जुगाड़ में रहना, यही तो है जिसे हम 'प्रेम' का नाम दे देते हैं। हमने इस 'प्रेम' शब्द को कितना बेहूदा, कितना बेमानी बना दिया है : जाओ और अपने देश-प्रेम के नाम पर लोगों को मारो, अमुक वर्ग, समूह या जत्थे में शामिल हो जाओ क्योंकि वे लोग भगवान को या गॉड को या अल्लाह को प्रेम करने वाले हैं! हमने इस शब्द को क्या से क्या बना डाला है—एक डरावनी, बेहूदी, भद्दी, अभद्र, अश्लील व पाशविक चीज़। जीवन केवल सुख नहीं है, यह उससे कहीं अधिक बड़ा, विशाल, विस्तीर्ण और गहरी चीज़ है; किंतु इस सभ्यता ने, इस संस्कृति ने सुख को सबसे अधिक प्रमुखता और प्रबलता प्रदान कर दी है। तो फिर प्रेम क्या है? मानवीय संबंधों में, पुरुष व स्त्री के बीच इसका क्या स्थान है?

आइए देखते हैं कि मानवीय संबंधों में प्रेम क्या होता है। जब आप इंसानों के मानचित्र को देखते हैं—पुरुष-स्त्री के संबंधों में, पुरुष व स्त्री के अपने पड़ोसी के साथ, राज्य के साथ तथा अन्य संबंधों में—यानी संबंधों में प्रेम कही जाने वाली इस चीज़ का स्थान क्या रहत है? क्या वास्तव में इसका कोई स्थान है भी? जीवन है संबंध; जीवन है संबंधों में बर्ताव-व्यवहार। उस बर्ताव में, उस व्यवहार में प्रेम का क्या स्थान है?

क्या हम साथ-साथ चलते हुए इस बात को समझ-बूझ रहे हैं? कृपया ऐसा करते चलिए; यह आप ही का जीवन है। अपने जीवन को व्यर्थ मत गंवा दीजिए। ज़िंदगी चंद बरसों की है, उन्हें गंवा मत दीजिए। आप उन्हें गंवा रहे हैं और यह देख कर दुख होता है।

तो, संबंधों में प्रेम क्या स्थान रखता है? संबंध क्या है, संबंधमय होना क्या होता है? इसका अर्थ है—एक दूसरे के प्रति पूरा-पूरा या पर्याप्त रूप से संवेदनशील होना, संबद्ध रहना। 'संबंध' शब्द का अर्थ है—जुड़ाव, जुड़ाव का अर्थ है—दूसरे व्यक्ति के साथ सीधे-सीधे संपर्क में रहना—न केवल शारीरिक रूप से बल्कि मानसिक रूप से भी। क्या हम लेशमात्र भी एक दूसरे के साथ संबंधमय रहते हैं? मैं विवाहित हो सकता हूं, कुछ बच्चों का पिता हो सकता हूं, यौनाचार आदि तमाम चीज़ें किया करता हूं, किंतु क्या मैं सचमुच संबंधित होता हूं? और संबंधित किससे? मैं अपनी ही उस छवि से, उस धारणा से संबंधमय रहता हूं जो कि स्वयं मैंने ही बना रखी है। इस सबको ध्यानपूर्वक देखिए तो सही। और मेरी पत्नी मुझसे संबंधमय उस छवि, उस धारणा के माध्यम से रहती है जो उसने मेरे बारे में बना ली है। तो ये दो छवियां ही, ये दो धारणाएं ही संबंधमय रहती

हैं, और इस काल्पनिक संबंध को ही प्रेम कह दिया जाता है! देखिए तो कि इस सबको हमने कैसा विसंगत और बेतुका बना डाला है। यह तथ्य है, न कि कोई सनक भरा विवरण। मैंने उसके बारे में एक छवि बना ली है, एक धारणा बना ली है—कई बरसों में, या दस दिन में, या एक सप्ताह में, वैसे इसके लिए एक दिन भी काफ़ी होता है। और यही काम उसने किया है। एक दूसरे के बारे में बना ली गई इन छवियों की, इन धारणाओं की क्रूरता, कुरूपता, पाशविकता और व्यसनग्रस्तता को क्या आप देख व समझ पा रहे हैं? और इन दो छवियों के, इन दो धारणाओं के संपर्क को ही संबंध कह दिया जाता है। इसीलिए स्त्री और पुरुष के बीच हमेशा ही एक अविराम युद्ध चलता रहता है, एक दूसरे पर हावी होने की जद्दोजहद। एक के द्वारा हावी हो जाने के कारण वह हावीपन एक संस्कार बन गया, एक संस्कृति बन गया—मातृसत्तात्मक या पितृसत्तात्मक। यह सब जो होता रहा है और हो रहा है वह सब आप जानते ही हैं। क्या यह प्रेम है?

यदि ऐसा है तो फिर 'प्रेम' एक ऐसा शब्द बन कर रह गया है जिसका कोई अर्थ नहीं है क्योंकि प्रेम सुखभोग नहीं होता, वह ईर्ष्या या डाह भी नहीं होता, और न ही वह स्त्री व पुरुष में कोई ऐसा विभाजन करता है कि इनमें से कोई एक दूसरे पर हावी हो जाए, उसे हांके, उसे कब्ज़े में रखे, उसके प्रति आसक्त या मोह-ग्रस्त रहे। निश्चित रूप से यह प्रेम नहीं है, यह तो केवल सुविधा पाने का और शोषण व इस्तेमाल करने वाला मामला है। और इसे ही हमने जीवन का मानक बना लिया है, एक सामान्य अवस्था मान लिया है। यदि आप इसका अवलोकन कर लेते हैं, इसे सचमुच 'देख' लेते हैं, इससे पूरी-पूरी तरह अवगत हो जाते हैं, तब आप देखेंगे कि आप कभी भी और कैसी भी छवि या धारणा बनायेंगे ही नहीं। भले ही वह कैसा भी व्यवहार कर रही हों और आप कैसा भी व्यवहार कर हों, कोई भी किसी के लिए कैसी भी छवि, कैसी भी धारणा नहीं बना रहा होगा। और शायद उस अवस्था में वह अद्भुत और अनोखा फूल खिलेगा जिसे प्रेम कहते हैं। और यह खिलता अवश्य है। इस प्रेम में 'तेरा'-'मेरा' नहीं होता है। बस, प्रेम होता है। और आप में जब ऐसा प्रेम आ जायेगा तब आप अपने बच्चों को सेना में नहीं भेजेंगे, मर जाने के लिए। तब आप एक अलग ही तरह की सभ्यता, एक अलग ही तरह की संस्कृति, एक अलग ही तरह के इंसान पैदा करेंगे।

ज्ञानेन,

26 जुलाई 1973

170 / प्रेम क्या है? अकेलापन क्या है?

प्रेम में कोई दुख नहीं होता

अभी तक हम साथ मिल कर विचार के स्वभाव, उसकी सीमितताओं तथा उसकी चलायमानता में शामिल रहने वाले सारे प्रपंचों और कार्यविधियों पर चर्चा कर चुके हैं। और आज सुबह—और यह बड़ी सुहानी सुबह है, बारिश और बादलों वाले कई दिनों के बाद पहाड़ों, परछाइयों और नदियों का दीखना हुआ है, और हवा में एक खुशबू तैर रही है—मैं चाहता हूं कि आज ज़िम्मेदारी पर, जवाबदेही पर चर्चा की जाए। बिना कोई धारणा बनाए, बिना किसी निष्कर्ष पर पहुंचे हम यथार्थतः देखें कि संसार में चल क्या रहा है : युद्ध, दारुण दुख और उद्विग्नता। इस सबके लिए ज़िम्मेदार और जवाबदेह कौन है?

इसका सही-सही जवाब जानने के लिए हमें जीवन के पूरे परिदृश्य को देखना होगा। एक तरफ़ तो आप असाधारण और आश्चर्यजनक तकनीकी तरक्की कर रहे हैं, जो कि इस धरती को तबाह किए दे रही है, और दूसरी तरफ़ है— ईश्वर की, सत्य की आशा करना, चाहना, याचना और प्रार्थना करना, या आप इसे जो भी नाम दे लें। यह एक व्यापक और विशाल क्षेत्र है और लगता है कि हम इसके एक थोड़े से अंश के प्रति ज़िम्मेदार रहते हैं। जीवन का, हमारे दैनिक जीवन का क्षेत्र बहुत विशाल और व्यापक है किंतु हम इसके समूचे स्वरूप के प्रति ज़िम्मेदार रहते तो प्रतीत नहीं होते। हमें स्वयं यह तलाशना होगा कि इन सबका सही-सही जवाब क्या है। यदि हम इसके एक छोटे से भाग के प्रति ज़िम्मेदार रहते हैं—अपने और अपने छोटे से दायरे के प्रति, अपनी तुच्छ इच्छाओं, छोटी-मोटी ज़िम्मेदारियों, अपने स्वार्थों, और अपनी कूप-मंडूकताओं के प्रति—समूचे को अनदेखा करते हुए, तो हम निश्चय ही दुख ही पैदा कर रहे होते हैं, न केवल अपने लिए बल्कि पूरी मानवता के लिए।

क्या यह संभव है कि समूची मानवता के प्रति ज़िम्मेदार हुआ जाए? और

इसीलिए प्रकृति के प्रति भी, अपने बच्चों के प्रति भी, अपने पड़ोसी के प्रति भी और उन सभी गतिविधियों के प्रति भी जिनमें मानव समुचित रूप से जीने के लिए प्रयासरत रहता आया है? इस बड़ी ज़िम्मेदारी को महसूस करना—न केवल बौद्धिक रूप से या शाब्दिक रूप से बल्कि पूरी गहनता से, गंभीरता से—मानव के समूचे संघर्ष, पीड़ा, पाशविकता, हिंसा और हताशा के लिए जवाबदेह होना, इस सबका समग्रता से सामना कर पाना—इस सबके लिए आवश्यक है कि हमें पता हो कि प्रेम करना क्या होता है? आप जानते ही हैं कि 'प्रेम' शब्द का कितना दुरुपयोग किया गया है, यह शब्द कितना बरबाद कर दिया गया है, रौंद दिया गया है, किंतु हमें इसी शब्द का प्रयोग करना पड़ेगा और इसे एक बिल्कुल भिन्न अर्थ देना होगा। संपूर्ण के प्रति ज़िम्मेदार होने योग्य बनने के लिए प्रेम का होना आवश्यक है। उस गुणधर्म को, उस करुणा को, ऊर्जा की उस अद्भुत अनुभूति को समझने के लिए जो कि विचार द्वारा रचित नहीं होती, हमें दुख को समझना होगा। जब मैं 'समझना' शब्द कहता हूं तो उसे मैं किसी शाब्दिक या बौद्धिक मुहावरे की तरह नहीं बोल रहा होता हूं बल्कि इस शब्द के पीछे निहित भाव को जोड़ कर बोल रहा होता हूं। तो, सबसे पहले हमें दुख को समझना और उसके पार जाने योग्य होना होगा, वरना हम संपूर्ण के प्रति अपनी ज़िम्मेदारी को शायद ही समझ पाएं, क्योंकि वही तो वास्तव में प्रेम है।

हम केवल शाब्दिक या बौद्धिक रूप से इस चर्चा में सहभागी नहीं हैं बल्कि उसके भी पार जा रहे हैं, और यह सहभागिता हमारी ज़िम्मेदारी है। इसका अर्थ यह है कि आप शब्द को भी सुनें, शब्दार्थ विज्ञान के अनुसार उसका अर्थ भी सुनें-समझें और साथ ही आत्म-जिज्ञासा की गति में, स्व को परखने में और पार जाने में भी सहभागी बनें रहें। हर एक को इस पूरे विमर्श में भागीदार होना होगा, वरना तो यह आपके लिए मात्र शाब्दिक, बौद्धिक या भावनात्मक मामला बन कर रह जायेगा, और उसका कोई अर्थ नहीं।

संपूर्ण के प्रति अपनी ज़िम्मेदारी को समझने के लिए, और इसीलिए प्रेम के अद्भुत गुणधर्म को समझने के लिए भी, हमें दुख के पार जाना होगा। दुख होता क्या है? मानव दुखमय क्यों रहता है? हज़ारों वर्षों से यह एक सबसे बड़ी समस्या रहा है। किंतु, कुछ इने-गिने लोग ही दुख के पार जा पाए हैं, लेकिन वे या तो नायक या उद्धारक बन बैठे या फिर किसी प्रकार के न्यूरोटिक, सिरफिरे नेता या धार्मिक नेता, और वे वहीं अटके रह गए। किंतु आप जैसा और मुझ जैसा तथा किसी और जैसा सामान्य व्यक्ति शायद इसके पार कभी नहीं जा पाया

है। लगता है कि हम इसी में फंसे रह जाते हैं। मेरा प्रश्न है कि क्या आपके लिए यह संभव है कि आप इससे सचमुच मुक्त हो जाएं?

लगता तो यही है कि मनुष्य अपने मनोवैज्ञानिक दुख का निवारण नहीं कर पाया है। उसने इससे पलायन करने की क्षमता तो अर्जित कर ली है, वह भी तरह तरह की गतिविधियां अपनाते हुए—धार्मिक, आर्थिक, सामाजिक, राजनीतिक, व्यापारिक तथा ड्रग्स का सहारा लेते हुए, किंतु दुख के वास्तविक कारक से हमेशा मुंह चुराते हुए। दुख क्या है? क्या मन के लिए यह संभव है कि वह उन मनोवैज्ञानिक गतिविधियों से पूरी तरह मुक्त हो जाए जो कि दुख को पैदा करती हैं?

दुख के बड़े कारणों में से एक है—अकेले होने का एहसास, नितांत अकेलेपन की अनुभूति। अर्थात् ऐसा लगना जैसे आपको किसी के कंधे का सहारा नहीं है, जैसे आपका किसी से और किसी का आपसे कोई रिश्ता-नाता नहीं है, कि जैसे आप नितांत अकेले हैं। आपको यह एहसास अवश्य होता होगा—मैं निश्चयपूर्वक कह सकता हूं। भले ही आप अपने परिजनों के साथ हों, किसी बस में हों, किसी दावत में हों, किंतु अकेलेपन का एक अजीब-सा एहसास कुछ पलों के लिए आप पर तारी हो ही जाता है, एक अजीब-सा अभाव जैसा, कुछ न होने जैसा एक एहसास। दुख का यह एक कारण होता है। मनोवैज्ञानिक दुख आसक्ति के कारण होता है—किसी विचार से, किन्हीं आदर्शों से, किन्हीं विश्वासों से, किसी व्यक्ति से या फिर किन्हीं अवधारणाओं से। कृपया इसे अपने भीतर देखिए। संसार तो एक दर्पण की तरह है जो कि आपको दिखाता है कि आपके अपने मन में क्या चल रहा है। इसलिए उसे देखिए।

दुख का दूसरा कारण है—कुछ खोने का भारी एहसास, प्रतिष्ठा का खो जाना, शक्ति व अधिकार का खो जाना, और किसी ऐसे को खो देना जिसे आप समझते हैं कि आप प्रेम करते थे; और मृत्यु का परम दुख तो सामने है ही। तो, क्या मन इस सबसे मुक्त हो सकता है? वरना, आप चाहे जो कर लें, मन संपूर्ण के प्रति प्रेम के भाव को शायद ही जान पाए। यदि संपूर्ण जीवन के प्रति प्रेम नहीं है, न केवल आपके बल्कि मानव मात्र के, तो करुणा का अस्तित्व नहीं रह जाता, तो फिर आप कभी जान ही नहीं सकेंगे कि प्रेम क्या होता है। आम को प्रेम करने में ख़ास भी आ जाता है, किंतु जब ख़ास से ही प्रेम हो तो, किसी

एक से ही प्रेम हो तो दूसरा सब छूट जाता है।

अतः यह अत्यंत आवश्यक है कि हम दुख को समझें और उससे पार जाएं। क्या यह संभव है? क्या मन के लिए यह संभव है कि वह गहराई तक अपनी जड़ जमाए बैठे उस अकेलेपन को समझ सके जो कि एकाकीपन से भिन्न है? कृपया इन दोनों में घालमेल न करें। अकेला होने और एकाकीपन का गहरा बोध होने में अंतर है। जब हम यह समझ जाते हैं कि अकेलेपन का अभिप्राय क्या है तब हम जान जाएंगे कि एकाकीपन का अर्थ क्या होता है। जब आप अकेलापन महसूस करते हैं तो यह काफ़ी घबराहट पैदा करने वाला, और अवसाद पैदा कर देने वाला एहसास होता है और उससे कई तरह की मनःस्थितियां आप में पैदा हो जाया करती हैं। क्या किसी को भी उचित-अनुचित ठहराए बिना और पलायन का कोई भी प्रयास किए बिना, आप इसका बस अवलोकन कर सकते हैं?

क्या मैं अकेलेपन के प्रति सजग-सचेत हो सकता हूं—उसे उचित या अनुचित ठहराए बिना, उसका कारण जानने का प्रयास किए बिना—क्या उसका मात्र अवलोकन कर सकता हूं, उस अवलोकन में इस बात पर ध्यान देते हुए कि पलायन किसी विचार, किसी अवधारणा, किसी विश्वास के प्रति आसक्ति के माध्यम से होता है? क्या मैं उस विश्वास को देख सकता हूं और यह भी कि वह विश्वास पलायन कैसे बन जाता है? जब मैं यह सब शांत भाव से मगर ध्यानपूर्वक देख लेता हूं तो वह विश्वास और वह पलायन—दोनों ही तिरोहित हो जाते हैं—बिना किसी प्रयास के। ज्यों ही मैं प्रयास करना शुरू करता हूं, त्यों ही अवलोकनकर्ता भी आ जाता है और अवलोकित भी, और इसलिए द्वंद्व शुरू हो जाता है, किंतु जब मैं इस बात से अवगत हो जाता हूं कि अकेलेपन में क्या-क्या निहित है, तब कोई अवलोकनकर्ता नहीं रह जाता और केवल नितांत अकेले होने के एहसास का तथ्य रह जाता है। यह अकेलापन हमारी दिन-प्रतिदिन की गतिविधियों के चलते भी होता है—अपनी महत्त्वाकांक्षा, अपने लालच, अपनी ईर्ष्या, कोई उपलब्धि करने, कुछ बनने, खुद को बढ़ाने की अपनी इच्छा से ही सरोकार के चलते। इस प्रकार मैं अपने तुच्छ पाशविक अहं से ही सरोकार रखता हूं, और यह मेरे अकेलेपन का हिस्सा बन जाता है। दिन के दौरान, सोने के दौरान, और जो कुछ भी मैं करता हूं उसके दौरान मैं स्वयं से ही सरोकार रखता हूं—'मैं' और 'तुम', 'हम' और 'वे'। मैं स्वयं के प्रति ही समर्पित रहता हूं। अपने देश के नाम पर, अपने ईश्वर के नाम पर, अपने परिवार के नाम पर, अपनी पत्नी के नाम पर मैं सारे काम दरअसल स्वयं के लिए ही तो करना चाहता हूं।

इस प्रकार, यह अकेलापन अपने दिन-प्रतिदिन की अहं-केंद्रित गतिविधियों के ज़रिए पैदा होता है, किंतु जब मैं अकेलेपन के निहितार्थ से अवगत हो जाता हूं तब मुझे यह सब साफ़-साफ़ दीखने लगता है। मैं इसे देखने तो लगता हूं किंतु कोई सिद्धांत नहीं बनाता हूं। जब मैं किसी चीज़ को देखता हूं तो उसकी तमाम तफ़सील सामने आ जाती है। जब आप किसी चीज़ को, किसी पेड़, किसी नदी, किसी पर्वत या किसी व्यक्ति को ध्यानपूर्वक देखते हैं तो उस अवलोकन में आप सब कुछ देख लेते हैं। उसे आप कुछ नहीं बताते किंतु वह चीज़ आपको सब बता देती है। जब आप इस प्रकार देखते हैं, पसंद-नापसंद के बिना जब आप अकेलेपन को इतने व्यापक रूप से जान जाते हैं तब यह पूरी तरह तिरोहित हो जाता है।

दुख के कारणों में से एक है—आसक्ति, मोह। आसक्त व मोहग्रस्त होकर और फिर यह जानकर कि यह तो दुखद है, हम अनासक्ति पैदा करने का प्रयास करते हैं, इस तरह एक और मुसीबत बुला लेते हैं। यह मन आसक्त या मोहग्रस्त होता क्यों है? आसक्ति या मोह दरअसल मन के लिए एक शगल का, यानी व्यस्त रहने का, मनोविनोद का काम करता है। मैं यदि आपके प्रति आसक्त हूं, मोहग्रस्त हूं तो मैं आपके बारे में सोचता रहूंगा, आपके बारे में चिंतित रहूंगा। मैं अपने अहं-केंद्रित तरीके से आपसे सरोकार और लगाव रखूंगा क्योंकि मैं आपको खोना नहीं चाहता, मैं अपने आपसे आपको आज़ाद नहीं कर देना चाहता। मैं नहीं चाहता कि आप ऐसा कुछ भी करें जो आपके प्रति मेरी आसक्ति और मेरे मोह के साथ कोई थोड़ी भी छेड़-छाड़ करे। ऐसी आसक्ति, ऐसे मोह में मैं स्वयं को काफ़ी सुरक्षित महसूस करता हूं। तो, आसक्ति में, मोह में भय, ईर्ष्या, व्यग्रता और दुख का वास रहता है। अब इसे आप केवल देखिए। यह मत पूछिए, 'मुझे क्या करना चाहिए?' आप कुछ कर ही नहीं सकते हैं। इसके बारे में यदि आप कुछ करने का प्रयास करते हैं तो वह एक और तरह की आसक्ति और मोह बन जाता है। इसलिए, इसे बस देखिए, उसका अवलोकन कीजिए। जब आप किसी व्यक्ति या किसी धारणा के प्रति आसक्त रहते हैं, मोहग्रस्त रहते हैं, तब आप उस व्यक्ति पर अपना प्रभुत्व चाहते हैं, उस पर अपना नियंत्रण चाहते हैं, आप उसकी स्वतंत्रता को स्वीकार नहीं कर पाते हैं। यदि मैं कम्यूनिस्ट विचारधारा के प्रति आसक्त हूं तो मैं उनका विनाश करना चाहूंगा जो इसमें विश्वास नहीं करते।

मन यदि यह देख ले कि अकेलापन व आसक्ति दुख के कारण हैं तब

क्या यह संभव है कि मन आसक्ति व मोह से मुक्त हो जाए? इसका यह अर्थ नहीं है कि हम उदासीन और भावशून्य हो जाएं क्योंकि हमारा सरोकार दरअसल संपूर्ण से है न कि बस अपने आप से। इसलिए मेरी ज़िम्मेदारी, मेरी जवाबदेही संपूर्ण के प्रति होगी, सर्वस्व के प्रति—न कि केवल स्वयं के प्रति आसक्त व मोहग्रस्त रहने वाली अपनी ख़ास मगर तुच्छ इच्छा के प्रति और न ही अपने ही दुख व ईर्ष्या की तुच्छ व्यग्रता को दूर करने के प्रति। क्योंकि हमारा सरोकार तो प्रेम का वह गुणधर्म पाने से है जो कि आता ही केवल तब है जब मन संपूर्ण से वास्ता रखता है न कि केवल किसी विशेष से। जब इसका वास्ता संपूर्ण से हो जाता है तब प्रेम आ जाता है और फिर उस संपूर्ण में ही वह विशेष भी स्थान पा जाता है।

दुख कुछ खोने का भी होता है, किसी ऐसे को खो देना जिसे आप प्रेम करते हैं। मैं 'प्रेम' शब्द का प्रयोग कुछ हिचकिचाहट के साथ कर रहा हूं। हम दुखी होते क्यों हैं? मैं अपने बेटे, अपनी माता, अपनी पत्नी या किसी को खो देता हूं; तो दुखी क्यों हो जाता हूं? क्या इसलिए कि वह अचानक मुझे छोड़ कर चला गया और उसकी मृत्यु के कारण मुझे गहराई तक आघात लगा है? यह क्या इसलिए कि मैंने उस व्यक्ति के साथ स्वयं का तादात्म्य कर लिया था? यह 'मेरा' बेटा है, मैं उसे चाहता हूं, उस बेटे में मैंने स्वयं को विस्तार दिया है। उस व्यक्ति के साथ मैं स्वयं का तादात्म्य कर लेता हूं और जब वह व्यक्ति नहीं रहता तब मुझे बहुत ही अधिक बुरा लगता है। तब उस व्यक्ति का अभाव लगने लगता है जिसमें मैं स्वयं को निरंतरता देता आया हूं। इसलिए मुझे आघात लगता है। उस आघात के चलते मैं स्वयं पर तरस खाने लगता हूं। देखिए, इस सबका स्वयं में अध्ययन और परीक्षण करते चलिए। मैं दूसरों से कोई ख़ास सरोकार नहीं रखता हूं, उनके ज़रिए, उनको इस्तेमाल करते हुए मेरा असल सरोकार तो खुद से ही रहा करता है, और इसीलिए जब वह दूसरा नहीं रहता है तो मुझे आघात लगता है। उस आघात में से, जो कि बहुत गहरा हुआ करता है, खुद पर तरस खाने की अवस्था पैदा हो जाती है, और उसके साथ ही पैदा होती है ऐसे किसी और को पा लेने की इच्छा, जिसके ज़रिए मैं जी सकूं।

दुख केवल व्यक्तिगत नहीं है बल्कि मानवता का महादुख भी है। वह दुख जो निर्दोष लोगों पर युद्ध के रूप में टूटता है—उन लोगों पर जो कि मार दिए जाते हैं, मारने वालों पर, मार दिए जाने वालों पर, माताओं, पत्नियों और बच्चों पर। वह चाहे सुदूर-पूर्व हो, मध्य-पूर्व हो या पश्चिम हो, विश्वव्यापी मानव दुख

का यह दंश सर्वत्र रहता है—शारीरिक रूप में भी और मानसिक रूप में भी। जब तक मेरा मन इस समूची समस्या को समझ नहीं लेता है तब तक मैं भले ही इस 'प्रेम' शब्द का मन-माफ़िक इस्तेमाल करता रहूं, समाज सेवा में लगा रहूं, और ईश्वर-प्रेम और मानव-प्रेम की बातें करता रहूं, किंतु अपने हृदय से मैं यह कभी नहीं जान पाऊंगा कि यइ होता क्या है? तो क्या मेरा मन, आपका मन, आपकी चेतना इस तथ्य को देखने की कूवत रखते हैं, इसे देखने की और यह जान लेने की कूवत रखते हैं कि यह कितना भारी दुख पहुंचाता है—न केवल दूसरे को बल्कि खुद हमें भी? तनिक देखिए कि जिसके प्रति आप आसक्त हैं, मोहग्रस्त हैं, उससे आप उसकी ही स्वतंत्रता को कैसे छीन लेते हैं, और तब आप न केवल उसे उसकी स्वतंत्रता से वंचित कर रहे होते हैं बल्कि आप अपनी भी स्वतंत्रता खो देते हैं। और फिर, इसीलिए, आपके व उसके बीच संघर्ष की शुरुआत हो जाती है। क्या मन इस सबका अवलोकन कर सकता है?

प्रज्ञा का पदार्पण केवल तभी होता है जब दुख का अवसान हो जाता है। प्रज्ञा कोई ऐसी चीज़ नहीं है जो आप पुस्तकें खरीद कर पा लें, या किसी से सीख लें। प्रज्ञा आती है दुख को समझ लेने से, दुख में निहित बातों को जान लेने से, न केवल व्यक्तिगत दुख की, बल्कि वे दुख भी जो कि मानव ने खुद रच लिए हैं, खुद खड़े कर लिए हैं। जब आप इससे पार चले जाते हैं, प्रज्ञा तभी आती है।

तो जिस चीज़ को हम प्रेम कहते हैं, उसे समझने के लिए मेरे विचार से हमें यह भी समझना होगा कि सौंदर्य क्या होता है? क्या हम इस पर चर्चा करें? सौंदर्य। आप जानते ही हैं कि इसे शब्दों में कहना एक बड़ा ही कठिन काम है, फिर भी हम कोशिश कर देखते हैं।

क्या आप जानते हैं कि संवेदनशील होना क्या होता है? अपनी इच्छाओं, अपनी महत्त्वाकांक्षाओं, अपनी ठेस, अपने परिवार, अपनी सफलता के प्रति नहीं, वह तो बड़ा आसान है। अधिकतर लोग अपनी ही क्षुद्र मांगों के प्रति, सुख के अपने प्रयत्नों के प्रति, अपने भय, व्यग्रताओं और खुशियों के प्रति ही संवेदनशील रहते हैं। किंतु हम 'किसी चीज़ के प्रति' संवेदनशील होने की बात नहीं कर रहे हैं बल्कि संवेदनशील होने की बात कर रहे हैं—शारीरिक रूप से भी और मानसिक रूप से भी। शारीरिक रूप से अर्थात् अपने शरीर को अत्यंत स्फूर्ति-संपन्न रखने के प्रति, इसे स्वस्थ और निरोग रखने के प्रति, पेटू या व्यसनी न बनने के प्रति संवेदनशील रहना। यह आप कर सकते हैं, बशर्ते आप ऐसा करने में रुचि रखते

हों। हम चित्त को शरीर से अलग नहीं कर रहे हैं। ये तो परस्पर गुंथे हुए हैं किंतु आप मानसिक रूप से संवेदनशील तब तक नहीं हो सकते जब तक कि आपको किसी भी तरह की ठेस लगी है, आपका मन आहत है। हम मनुष्यों को ठेस बहुत लगा करती है। हमारे चेतन और अवचेतन मन बड़े गहरे-गहरे ज़ख्म पाले रहते हैं—चाहे वे ज़ख्म हमने खुद ही लगा लिए हों या दूसरों ने लगाए हों। स्कूल में, घर में, बस में, दफ़्तर में, फ़ैक्ट्री में—ठेस हमें कहीं भी लग जाती है। वह ठेस, वह गहरी चोट, चाहे चेतन मन की हो या अवचेतन मन की, हमें मानसिक रूप से असंवेदनशील और कुंठित कर देती है। यदि आप कर सकें तो अपनी ठेस को तनिक देखिए तो सही। ठेस लगने के लिए किसी की कोई भाव-भंगिमा, कोई एक शब्द, कोई एक नज़र काफ़ी होती है। और यह ठेस तब और भी बड़ी हो जाती है जब आप किसी और से तुलना कर रहे होते हैं, जब आप किसी के जैसा बनने का प्रयत्न कर रहे होते हैं, जब आप किसी परिपाटी का अनुसरण कर रहे होते हैं—वह परिपाटी चाहे किसी और के द्वारा निर्धारित कर दी गई हो या स्वयं आपके द्वारा रच ली गई हो। इस तरह हम मनुष्य लोग बड़े गहरे तक चोट खाए होते हैं, और ये चोटें हमसे पागलपन की हरकतें कराने लगती हैं—सारे विश्वास, सारे आदर्श पागलपन ही तो होते हैं। इन चोटों को समझना और इनसे मुक्त हो जाना, और फिर किसी भी परिस्थिति में चोट न खाना, ठेस का न लगना, क्या यह संभव है? बचपन से ही मैं ऐसी चोटें खाता आया हूं—किसी न किसी घटना या दुर्घटना के द्वारा, किसी शब्द, किसी भाव-भंगिमा, किसी नज़र के द्वारा, तिरस्कार या उपेक्षा के द्वारा। वे ज़ख्म अभी भी बने हुए हैं। क्या उन्हें हटाया-मिटाया जा सकता है, और वह भी इस तरह कि कोई ख़रोंच भी बाकी न रहे? इस बात पर ध्यान दीजिए। किसी और को मत देखिए, स्वयं को देखिए। ये ज़ख्म आप में भी हैं। क्या उन्हें हटाया-मिटाया जा सकता है, बिना कोई ख़रोंच छोड़े?

यदि आपको ठेस पहुंची है, चोट लगी है, तो आप संवेदनशील नहीं हैं, तब आप कभी नहीं जान पायेंगे कि सौंदर्य क्या होता है। भले ही आप दुनिया भर के संग्रहालयों में घूमते फिरते हों, मिकेलांजिलो और पिकासो के बीच समता और विषमता बता सकते हों, इन लोगों के, इनकी कला के और इनकी संरचना के अध्ययन तथा व्याख्या करने के विशेषज्ञ हों, किंतु जब तक आपके मानव मन को ठेस लगती रहेगी और उसके परिणामस्वरूप जब तक आपका मन असंवेदनशील बना रहेगा तब तक वह जान ही नहीं पायेगा कि सौंदर्य क्या होता है—न उन चीज़ों में जो मनुष्य ने बनाई हैं, जैसे कि किसी भवन की रूप-रेखा

में, और न ही प्रकृति में, किसी पर्वत में, किसी मनोरम वृक्ष में। यदि आप भीतरी तौर पर किसी भी तरह की चोट खाए हुए हैं तो आप कभी नहीं जान पायेंगे कि सौंदर्य होता क्या है, और बिना सौंदर्य के प्रेम का आविर्भाव हो नहीं सकता। तो, क्या आपका मन जान सकता है कि उसे ठेस लगी है, उन चोटों से अवगत हो सकता है—चेतन अथवा अवचेतन स्तर पर उन चोटों के प्रति कोई प्रतिक्रिया न करते हुए?

चेतन मन पर लगी चोट से अवगत हो जाना तो आसान होता है। किंतु क्या आप अपने अवचेतन मन की चोट को जान सकते हैं, या आपको लगता है कि इसके लिए विश्लेषण की बेहूदा प्रक्रिया से होकर गुज़रना ज़रूरी है? विश्लेषण पर झटपट एक नज़र डालते हैं और आगे बढ़ जाते हैं। विश्लेषण में निहित रहता है एक तो विश्लेषणकर्ता और दूसरे वह जिसका विश्लेषण किया जा रहा है। विश्लेषणकर्ता कौन हुआ? जिसका विश्लेषण किया जा रहा है, क्या वह उससे कुछ भिन्न है? यदि भिन्न है तो क्यों भिन्न है? उसे भिन्न बनाता कौन है? यदि वह भिन्न है तो वह जान कैसे सकता है कि मामला क्या है? दरअसल, विश्लेषण कर्ता ही विश्लेषित होता है। यह एकदम साफ़ बात है। विश्लेषण करने के लिए हर विश्लेषण पूर्ण होना चाहिए। मतलब यह कि यदि लेशमात्र भी कोई गफ़लत है तो उस गफ़लत के चलते ही आप अगले विश्लेषण में पूर्णता नहीं ला पायेंगे। विश्लेषण में समय निहित रहता है। आप चाहे जीवन भर लगातार विश्लेषण करते रहें किंतु फिर भी आप मरते समय तक भी विश्लेषण ही कर रहे होंगे।

तो अवचेतन में लगे उन गहरे ज़ख़्मों पर पड़े पर्दे को मन कैसे हटाए जो मानव जाति ने एकत्र कर लिए हैं? बिजेता जब विजित को अपने अधीन करता है तो उसे चोट पहुंचा रहा होता है यह जातीय चोट होती है। साम्राज्यवादी के लिए हर कोई उसके अधीन है, और वह उन सबके अवचेतन में गहरी चोट छोड़ जाता है जिन्हें उसने विजित किया है। वह चोट बनी ही रहती है। मन कैसे इन छिपी हुई चोटों का अनावरण करे जो उसकी चेतना की दरारों में गहराई तक गई हुई हैं? मैं विश्लेषण के छलावे-भुलावे को देख चुका हूं, अतः विश्लेषण बिल्कुल नहीं करता हूं। इस चीज़ को ध्यान से देखिए। मैं विश्लेषण नहीं करता हूं, किंतु हमारी परिपाटी तो विश्लेषण करने वाली ही रही है, अतः मैं इस परिपाटी को उठा कर एक तरफ़ रख देता हूं। क्या आप यह कर रहे हैं? तो, मन जब किसी बात का मिथ्यापन देख लेता है, विश्लेषण का मिथ्यापन देख लेता है, उसे नकार देता है, एक तरफ़ कर देता है, तब क्या होता है? तब, वह क्या उसके

बोझ से मुक्त नहीं हो जाता? इसीलिए वह संवेदनशील हो जाता है, हल्का हो जाता है, अधिक स्पष्ट हो जाता है, तब वह अधिक कुशाग्रता से अवलोकन कर सकता है। इस प्रकार आत्म-विश्लेषण, अंतर्निरीक्षण इत्यादि की उस परिपाटी को दरकिनार करके, जिसे कि मानव ने स्वीकार कर रखा था, मन मुक्त और स्वतंत्र हो जाता है। और, परिपाटी को नकार कर आप अवचेतन में भरी बातों को भी नकार डालते हैं। अवचेतन तो दरअसल परिपाटी व परंपरा का भंडार ही है : धर्म की परंपरा, विवाह की परंपरा, और इसी तरह की न जाने कितनी परंपराएं और परिपाटियां ही तो उसमें भरी पड़ी हैं। और, इनमें से एक परंपरा है—ठेस लगने की, उसे मान्यता देने के बाद फिर उससे पिंड छुड़ाने के लिए उसका विश्लेषण करने की। तो, जब आप अवचेतन को नकार देते हैं क्योंकि आपने उसका मिथ्यापन देख लिया है, तब आप अवचेतन के भंडार को भी नकार देते हैं, और इस प्रकार आप अवचेतन की चोटों से मुक्त हो जाते हैं। फिर आपको अपने अवचेतन के या अपने सपनों के विश्लेषण करने की आवश्यकता नहीं रह जाती है।

इस प्रकार अपनी ठेस, अपनी चोट का अवलोकन करके—न कि उसे हटाने-मिटाने के लिए परंपरागत साधन अर्थात् विश्लेषण का प्रयोग करके, और न ही आजकल खूब प्रचलित *ग्रुप थरेपी, कलैक्टिव थैरेपी* इत्यादि का सहारा लेकर—मन, परिपाटी से अवगत हो जाने के कारण, दुख को पोंछ डालता है। जब आप परिपाटी को नकारते हैं तब उस ठेस को, उस चोट को भी नकार देते हैं जो कि उस परिपाटी को अंगीकार किए जाने के कारण होती है। फिर मन असाधारण रूप से संवेदनशील हो जाता है। मन तब शरीर, हृदय, मस्तिष्क, नस-नाड़ी सब हो जाता है। आपका समूचा अस्तित्व तब संवेदनशील हो जाता है।

अब हमारा प्रश्न है कि सौंदर्य किसे कहते हैं? जैसा मैंने कहा है, यह संग्रहालयों में नहीं रहता, यह चित्रों या चेहरों में नहीं रहता, और न ही यह अपनी परिपाटी की पृष्ठभूमि को निबाहने में रहता है। मन जब दुख को समझ जाने से संवेदनशील हो जाता है और इसीलिए इन सब बातों को जब वह दरकिनार कर देता है, तब आता है *पैशन*। यह बात तो स्पष्ट है कि *पैशन* वासना नहीं होता। वासना तो विषय-सुख की निरंतरता है, नाना रूपों में उसकी मांग है। जब कोई ठेस या चोट न रहे, और जब दुख की समझ आ जाए व उससे पार जाना हो जाए, तब उत्कटता की, ऊर्जा के आवेग की वह गुणवत्ता आती है जो सौंदर्य की अद्भुत अनुभूति के लिए एकदम आवश्यक होती है। किंतु यह सौंदर्य

तब शायद ही उपस्थित रह पाये यदि 'मैं' लगातार दखलअंदाज़ी कर रहा हो। भले ही आप उत्कृष्ट चित्रकार हों, या संसार ने आपको महानतम चित्रकार की उपाधि दे दी हो, किंतु यदि आप अपने क्षुद्र और बर्बर अहं से सरोकार रखते हैं तो आप कलाकार नहीं रह जाते हैं, क्योंकि फिर तो आप कला के माध्यम से अपने स्वार्थ को ही आगे बढ़ा रहे होते हैं।

जो मन मुक्त है वह दुख के इस भाव के पार जा चुका है, वह समस्त ठेस और चोटों से मुक्त हो जाता है और इसीलिए फिर किसी भी परिस्थिति में उसे कभी ठेस नहीं लगती। चाहे प्रशंसा हो या निंदा, वह इन सबसे अछूता ही रहता है—इसका अर्थ यह नहीं है कि उसने प्रतिरोध खड़े कर लिए होते हैं। इसके विपरीत, वह तो बेहद खुलेपन से, अतिकोमल रहकर जीता है, कोई रक्षा-कवच नहीं पहनता।

इसके बाद ही आप यह जान-समझ पायेंगे कि प्रेम क्या होता है। स्पष्टतः, प्रेम सुखभोग नहीं होता। पहले तो नहीं, पर अब तो आप कह ही सकते हैं कि यह विषय-सुख नहीं होता क्योंकि अब आप उस सबमें से गुज़रकर आए हैं और उस सबको आपने दरकिनार कर दिया है। आप अभी भी पर्वतों, पेड़ों, नदियों, सुंदर चेहरों और इस वसुंधरा के सौंदर्य का आनंद ले सकते हैं किंतु जब वसुंधरा का सौंदर्य उससे मिलने वाले विषय-सुख की ललक व लालसा बन जाता है तब वह सौंदर्य सौंदर्य नहीं रह जाता। तो, प्रेम विषय-सुख नहीं है। प्रेम भय का पीछा करना या पलायन करना नहीं है। प्रेम मोह-आसक्ति नहीं है। प्रेम में कोई दुख नहीं होता। बेशक ऐसा ही है। और ऐसे प्रेम का अर्थ है—संपूर्ण से प्रेम, और यही है करुणा। और, इस प्रेम की अपनी ही एक व्यवस्था होती है, बाहरी भी और भीतरी भी, वह व्यवस्था किसी विधि-विधान से नहीं लाई जा सकती। तो जब आप यह सब समझ जाते हैं और इसे दिन-प्रतिदिन जीने लगते हैं—क्योंकि इसे जिए बिना तो इसका कोई अर्थ ही नहीं, यह बेमानी होगा, शब्दों का पुलिंदा भर, खाक के अलावा कुछ नहीं—तब जीने के कुछ अलग ही मायने हो जाते हैं।

ज्ञानेन,

23 जुलाई 1974

ज़रूरत और इस्तेमाल का रिश्ता प्रेम नहीं

प्रश्नकर्ता : हम सभी को अकेलापन लगता है, हम इसके दुख को भी जानते हैं और इसके कारणों को भी, हम इसकी जड़ों को भी देख लेते हैं। किंतु एकाकीपन क्या होता है? क्या यह अकेलेपन से कुछ भिन्न होता है?

कृष्णमूर्ति : अकेलापन होता है—संग-साथ न होने का दुख और असह्य वेदना, अलग-थलग पड़ जाने की वह अवस्था जब आप एक व्यक्ति के रूप में कहीं फ़िट न बैठ रहे हों—न किसी ग्रुप के साथ, न देश के साथ, न अपनी पत्नी, पति व बच्चों के साथ, जब आप औरों से कट जाते है। आप इस अवस्था से परिचित हैं। तो, क्या आप एकाकीपन से भी परिचित हैं? आप यह मान कर चलते हैं कि आप एकाकी हैं, किंतु क्या ऐसा है?

एकाकीपन अकेलेपन से भिन्न होता है किंतु उसे आप तब तक नहीं समझ सकते जब तक आप अकेलेपन को नहीं समझ लेते। क्या आप अकेलेपन को जानते हैं? इसे आपने कभी खुल कर नहीं देखा है, कभी थोड़ा-बहुत देखा भी है तो अनमनेपन से देखा है। इसे जानने के लिए आपको इसके संग रहना होगा और वह भी उसके व अपने बीच में कोई आड़ लगाए बिना कोई निष्कर्ष, कोई पूर्वाग्रह या कोई अटकल-अनुमान पाले बिना; आप इसके साथ स्वतंत्र हो कर रहें, न कि भयग्रस्त हो कर। अकेलेपन को समझने के लिए आपको उसके प्रति निर्भय भाव रखना होगा। यदि आप अकेलेपन के पास यह मान कर जाते हैं कि आप तो इसके कारणों को, इसकी जड़ों को पहले से ही जानते हैं तो फिर आप उसे समझ नहीं पायेंगे। क्या आप इसकी जड़ों को जानते हैं? आप तो उन्हें बाहर-बाहर से देख कर बस अटकलें लगा रहे हैं। क्या आप अकेलेपन के

भीतर भरे असबाब को भी जानते हैं? आप केवल विवरण दे सकते हैं, किंतु शब्द वह चीज़ नहीं हो जाता, वह असल चीज़ नहीं बन जाता। इसे समझने के लिए, आपको उसके पास 'ज़रा बच कर रहने' वाले भाव के साथ नहीं जाना चाहिए। अकेलेपन से बच कर रहने वाला विचार ही अपने आंतरिक अधकचरेपन का द्योतक है। क्या हमारी अधिकांश गतिविधियां अकेलेपन से बचने की ही गतिविधियां नहीं हैं? जब आप अकेले होते हैं तब आप या तो रेडियो खोल लेते हैं, या पूजा करने में लग जाते हैं, या गुरुओं के पास चले जाते हैं, या किसी गप्प-गोष्ठी में जा बैठते हैं, या सिनेमा देखने, कोई खेल खेलने या देखने चले जाते हैं वगैरह, वगैरह। आपका दैनिक जीवन खुद से दूर जाने का जतन ही तो रहता है, तभी तो ये पलायन इतना महत्त्व पा गए हैं, और आप इन पलायनों के लिए ही जूझते रहते हैं, वह चाहे मद्यपान हो या भगवान हो। आपके पलायनों के साधन भले ही भिन्न-भिन्न रहते हों किंतु सबका मुद्दा एक ही रहता है—अकेलेपन से बचना। हो सकता है कि आप अपने सम्माननीय पलायनों द्वारा मानसिक रूप से भारी नैतिक क्षति उठा रहे हों और मैं अपने सांसारिक पलायनों द्वारा सामाजिक रूप से, किंतु अकेलेपन को समझने के लिए सभी प्रकार के पलायनों पर पूर्ण विराम लगाया जाना आवश्यक है—किसी ज़ोर-ज़बरदस्ती या बाध्यता द्वारा नहीं बल्कि पलायन की व्यर्थता व निरर्थकता को देख कर, समझ कर। फिर आप 'जो है' के ठीक आमने-सामने होंगे, और तब शुरू होगी असल समस्या।

अकेलापन क्या होता है? इसे समझने के लिए इसे कोई नाम दे देने की आवश्यकता नहीं है। यह नामकरण करना, इसकी अन्य स्मृतियों के साथ विचार का जुड़ाव करना ही तो अकेलेपन को महत्त्व दे देता है। यह बात आज़माकर देखिए। जब आप पलायन करने पर पूर्णविराम लगा देंगे तब आप देखेंगे कि जब तक आप यह सचमुच नहीं समझ लेते कि अकेलापन होता क्या है, तब तक आप इस बारे में जो कुछ भी करेंगे वह पलायन का ही कोई रूप होगा। अकेलेपन को समझ कर ही आप उससे पार व परे जा सकते हैं।

एकाकीपन की समस्या बिल्कुल अलग है। हम कभी एकाकी होते ही नहीं हैं। हम हमेशा लोगों के साथ रहते हैं, सिवाय शायद तब, जब कि हम अकेले टहलने निकलें हों। हम आर्थिक, सामाजिक, जलवायु संबंधित तथा अन्य परिवेशीय प्रभावों के कुल जमा-जोड़ ही तो हैं, और जब तक हम प्रभावित हैं तब तक हम एकाकी नहीं हैं। जब तक अनुभव और संचयन की प्रक्रिया रहेगी तब तक एकाकीपन कभी आ ही नहीं सकता। भले ही आप कोई छोटी-मोटी व्यक्तिगत

या निजी गतिविधि को अपनाकर स्वयं को अलग-थलग करके यह कल्पना कर लें कि आप एकाकी हो गए हैं किंतु वह एकाकीपन नहीं होती। एकाकीपन तभी आता है जब प्रभाव नहीं रहते। एकाकीपन वह कर्म है जो कि किसी प्रतिक्रिया का परिणाम नहीं, जो किसी चुनौती या उद्दीपन की अनुक्रिया नहीं। अकेलापन तो अलगाव की समस्या है किंतु हम अपने सभी संबंधों में अलगाव की ही जुगत में तो रहते हैं जो कि अहं का, 'मैं' का ही सार-संक्षेप होता है—मेरा काम, मेरा स्वभाव, मेरा कर्तव्य, मेरी संपत्ति, मेरा संबंध। आदमी के समस्त प्रभावों और विचारों का कुल परिणाम ही तो विचार की प्रक्रिया रहती है और यही अलगाव की तरफ़ ले जाने वाली होती है। अकेलेपन को समझना किसी लीक पर चलने जैसा काम नहीं है। आप इसे तब तक नहीं समझ सकते जब तक कि आपमें उस अनखुली अपूर्णता का दर्द है जो कि खालीपन और खिन्नता के साथ-साथ चली आती है। एकाकीपन अलगाव नहीं होता। न ही यह अकेलेपन का विलोम होता है। यह तो अस्तित्व की वह अवस्था होती है जब सारे अनुभव, अनुभूति और ज्ञान विदा हो जाते हैं।

प्रश्नकर्ता : अपनी ही परितुष्टि के लिए दूसरे का इस्तेमाल करने पर आधारित रहने वाले संबंध की आपने बात की है, और आप एक ऐसी अवस्था की ओर भी इशारा करते रहे हैं जिसे प्रेम कहते हैं। प्रेम से आपका अभिप्राय क्या है?

कृष्णमूर्ति : हम जानते हैं कि हमारे संबंध क्या हैं—एक दूसरे का तुष्टीकरण और इस्तेमाल, भले ही हम इसे प्रेम शब्द का जामा पहना दें। इस्तेमाल में, जिसका इस्तेमाल किया जा रहा होता है उसके प्रति और उसकी हिफाज़त के लिए सौम्यता बरती जाती है। हम अपनी सीमाओं, अपनी पुस्तकों, अपनी संपत्तियों की हिफाज़त करते हैं, उसी प्रकार हम अपनी पत्नियों, अपने परिवारों और समाज की सुरक्षा करते हैं, क्योंकि उनके बिना हम अकेले रह जाएंगे, कहीं के नहीं रहेंगे। बच्चे के बिना माता-पिता अकेला महसूस करते हैं, आप उम्मीद करते हैं कि जो आप नहीं बन सके वह आपका बच्चा बन जाएगा। इस प्रकार बच्चा आपकी अहम्मन्यता का साधन बन जाता है। आवश्यकता और इस्तेमाल के रिश्ते से हम परिचित हैं। हमें डाकिये की आवश्यकता होती है और उसे हमारी, फिर भी हम यह नहीं कहते कि हम डाकिये को प्रेम करते हैं। किंतु हम यह अवश्य कहते हैं कि हम अपनी पत्नी और बच्चों को प्रेम करते हैं, हालांकि हम उन्हें व्यक्तिगत तुष्टि के लिए ही इस्तेमाल कर रहे होते हैं और देशभक्त कहलाने के अपने दंभ के लिए उनका त्याग व बलिदान करने को भी तैयार रहते हैं। इस चलन को हम भली-भंति

जानते हैं, किंतु ज़ाहिर है कि यह प्रेम तो नहीं है। जो प्रेम इस्तेमाल करता हो, दोहन व शोषण करता हो और फिर अफ़सोस करता हो, वह प्रेम नहीं होता क्योंकि प्रेम मन या मस्तिष्क का मामला है ही नहीं।

तो आइए, अध्ययन-परीक्षण करें और पता लगाएं कि प्रेम क्या होता है। सचमुच पता लगाएं, केवल शब्दों से ही न खेलें—बल्कि उस अवस्था का वास्तविक अनुभव करते हुए उसका अध्ययन करें। जब आप मुझे गुरु की तरह इस्तेमाल करते हैं और मैं आपको शिष्य की तरह इस्तेमाल करता हूं, तब यह एक दूसरे का शोषण हो रहा होता है। इसी प्रकार, जब आप अपनी पत्नी व बच्चों को अपनी बढ़ोत्तरी के लिए इस्तेमाल करते हैं तब यह उनका शोषण ही तो है, और निश्चय ही यह प्रेम नहीं है। जहां इस्तेमाल है वहां आधिपत्य भी अवश्य ही होगा, जो हमेशा भय पैदा करता है, और भय के साथ-साथ आते हैं—ईर्ष्या, डाह, शक-संदेह। जहां इस्तेमाल है वहां प्रेम नहीं हो सकता क्योंकि प्रेम मन का मामला नहीं होता। किसी के बारे में सोचना उससे प्रेम नहीं है। आप किसी के बारे में केवल तब सोचते हैं जब वह आपके साथ नहीं होता, या वह गुज़र चुका होता है, या आपको छोड़ गया होता है, या जब वह आपको वह सब नहीं देता जो आप उससे चाहते हैं। तब आपके भीतर की अपूर्णता आपके मन की हलचल को शुरू कर देती है। जब वह व्यक्ति आपके साथ होता है तब आप उसके बारे में सोचते नहीं हैं, जब वह आपके निकटस्थ हो तब उसके बारे में सोचना तो परेशानी का सूचक है; आप यह मान कर चलते हैं कि वह तो आपके पास है ही। आदत दरअसल भूलने का और चैन से रहने का एक साधन है ताकि आप परेशान न हों। इस तरह इस्तेमाल की आदत निश्चित रूप से एक तरह से आपकी किलेबंदी करती है, आपके खुले कपाट बंद कर देती है, यह तो प्रेम नहीं है।

वह अवस्था क्या होती है जब इस्तेमाल न किया जा रहा हो? इस्तेमाल यानी वह विचारप्रक्रिया जो अपनी आंतरिक अपूर्णता को भरने के वास्ते एक साधन के रूप में अपनाई जाती है, चाहे विधि के रूप में या निषेध करते हुए। वह अवस्था क्या होती है जिसमें तुष्टि पने का कोई भाव न हो? तुष्टि तलाशना मन का मूल स्वभाव है। सेक्स वह संवेदन है जो मन द्वारा रचित और चित्रित किया जाता है, और तब मन उस कृत्य में ले जाता है या नहीं ले जाता। संवेदन विचार का प्रपंच होती है, जो कि प्रेम नहीं है। जब मन हावी हो रहा हो और विचारप्रक्रिया महत्त्वपूर्ण हो गई हो तब प्रेम नहीं है। इस्तेमाल की प्रक्रिया, सोचना, कल्पना करना, थामे रखना, घेरना, छोड़ देना—यह सब तो धुआं है, किंतु जब

धुआं नहीं रहता तब प्रेम की लौ मौजूद होती है। कभी-कभी वह लौ हममें होती तो है, खूब और भरपूर, किंतु धुआं पुनः लौट आता है क्योंकि हम ऐसी लौ के साथ लंबे समय तक नहीं रह पाते हैं जिसमें सान्निध्य का कोई एहसास नहीं होता, न तो एक के साथ और न ही अनेक के साथ, न वैयक्तिक और न ही निर्वैयक्तिक। अधिकतर लोगों को प्रेम और उसकी महक, उसका खुला-खिलापन कभी-कभार महसूस तो होता है किंतु इस्तेमाल करने का, आदत का, ईर्ष्या करने व कब्ज़ा जमाने का, इकरारनामा बनाने और निरस्त करने का धुआं—यह सब हमारे लिए महत्त्वपूर्ण हो जाता है और इसलिए प्रेम की लौ रहती नहीं। जब धुआं होगा तब लौ नहीं होगी; किंतु जब हम इस्तेमाल के सच को समझ लेते हैं तब वह लौ मौजूद है। हम दूसरे को इस्तेमाल इसलिए करते हैं क्योंकि आंतरिक रूप से हम अभावग्रस्त हैं, आधे-अधूरे हैं, बौने और क्षुद्र हैं, अकेले हैं, और हम समझते हैं कि दूसरे को इस्तेमाल करने के ज़रिये हम इस सबसे पलायन कर सकते हैं। ईश्वर का भी तो हम ऐसे ही एक पलायन के साधन के रूप में इस्तेमाल करते हैं। ईश्वर से प्रेम करना सत्य से प्रेम करना नहीं है। आप सत्य से प्रेम नहीं कर सकते, इससे प्रेम करना तो एक ज़रिया भर है इसका इस्तेमाल करने का, कुछ और पाने के लिए जो आपको ज्ञात है, और इसीलिए उसमें एक निजी भय बना रहता है कि जो मुझे ज्ञात है, कहीं मैं उसे खो न बैठूं।

आप प्रेम को तब जान पायेंगे जब आपका मन एकदम निश्चल होगा, तुष्टि पाने व पलायनों की अपनी तलाश से मुक्त। पहली बात तो यह है कि मन का पूरी तरह से अंत होना ज़रूरी है। मन विचार का परिणाम है, और विचार है केवल एक गलियारा, कहीं पहुंचने का एक साधन। जीवन जब कहीं पहुंचने का साधन मात्र बन कर रह जाए, तब प्रेम कैसे हो सकता है? प्रेम तब अस्तित्व में आता है जब मन सहज रूप से चुप हो गया हो, चुप किया न गया हो, जब वह सत्य को सत्य की तरह और मिथ्या को मिथ्या की तरह देख पा रहा हो। मन जब ख़ामोश होता है, मौन होता है, तब जो कुछ भी होता है, वह प्रेम का कर्म होता है, ज्ञान का नहीं। ज्ञान तो केवल अनुभव है और अनुभव प्रेम नहीं है। अनुभव प्रेम को नहीं जान सकता। प्रेम का आविर्भाव तब होता है जब हम स्व के पूरे प्रपंच को समझ लेते हैं, और स्वयं को समझना, स्वयं को जानना ही प्रज्ञा का आरंभ है।

मद्रास,

5 फ़रवरी 1950

186 / प्रेम क्या है? अकेलापन क्या है?

अनुवादकों का मंतव्य

कृष्णमूर्ति के लिखित व मौखिक साहित्य का अनुवाद करना ऐसे है, जैसे गणित की भाषा में रची गई किसी कविता का अनुवाद करना। अपनी सीमित सामर्थ्य के अनुसार जितना बेहतर हो सकता है, हमने किया है, पर हमें इस बात की प्रतीति है कि अभी भी और बेहतर की गुंजाइश है। सुधी पाठक जहां कहीं भी कोई त्रुटि अथवा विसंगति देखें, या किसी अभिव्यक्ति के लिए अधिक सटीक शब्द सुझा सकें, तो हमें अवश्य पत्र लिखें, हम आभारी होंगे। इस संबंध में उनके विचार हमारे विमर्श का विषय होंगे एवम् यथासमय, यथास्थान उनका उपयोग भी किया जा सकेगा।

—अनुवादकगण

पत्र-व्यवहार का पता :
अनुवाद एवम् प्रकाशन प्रकोष्ठ,
कृष्णमूर्ति स्टडी सेंटर, के. एफ. आई.
राजघाट फोर्ट, वाराणसी 221 001
मेल पता : tpcrajghat@gmail.com

वेब पर कृष्णमूर्ति शिक्षाओं का हिंदी व अन्य भारतीय भाषाओं में अध्ययन करने के लिए निम्न लिंक पर जाएं :
http://www.jkrishnamurtionline.org

जे. कृष्णमूर्ति की अन्य पठनीय पुस्तकें

आपको अपने जीवन में क्या करना है?

जीवन से जुड़े जीवंत प्रश्नों का गहन अन्वेषण जे. कृष्णमूर्ति का बीसवीं सदी के मनोवैज्ञानिक व शैक्षिक विचार में मौलिक तथा प्रामाणिक योगदान है। यह पुस्तक उनकी विभिन्न पुस्तकों से संकलित अपने प्रकार का पहला संग्रह है, जिसमें विशेषकर युवा वर्ग को शिक्षा तथा जीवन के विषय में कृष्णमूर्ति की विशद दृष्टि का व्यवस्थित एवं क्रमबद्ध परिचय प्राप्त होता है।

ईश्वर क्या है?

जे. कृष्णमूर्ति की चर्चित और लोकप्रिय पुस्तकों में एक पुस्तक है। यह पुस्तक उस पावन परमात्मा के लिए हमारी खोज को केन्द्र में रखती है।

कठिनाइयों, विपत्तियों, दुःख, कष्ट और असमंजस में घिरा व्यक्ति जब किसी परमसत्ता से मार्गदर्शन और सहायता की आशा करता हुआ आस्था की ओर लौटता है तो उस 'रहस्यमय परमसत्ता' की वास्तविकता और खोज भी करता है। यही से प्रश्न उठते हैं 'मैं क्या हूँ'—'ईश्वर क्या है?'

जे. कृष्णमूर्ति व्यापक विवेचन करते हुए स्पष्ट करते हैं कि जब हम अपनी वैचारिकता के माध्यम से खोजना बंद कर दें तभी हम यथार्थ, सत्य अथवा आनंद की अनुभूति कर पाएंगे।

शिक्षा क्या है?

क्या आप स्वयं से यह नहीं पूछते कि आप क्यों पढ़-लिख रहे हैं? क्या आप जानते हैं कि आपको शिक्षा क्यों दी जा रही है और इस तरह की शिक्षा का क्या अर्थ है? इस पुस्तक में जीवन से संबंधित युवा मन के ऐसे अनेक पूछे-अनपूछे प्रश्न हैं और जे. कृष्णमूर्ति की दूरदर्शी दृष्टि इन प्रश्नों को मानो भीतर से आलोकित कर देती है, पूरा समाधान कर देती है। ये प्रश्न शिक्षा के बारे में हैं, किंतु सब एक-दूसरे से जुड़े हैं।

दर्शन : संस्कृति : धर्म

भारतीय दर्शन (दो खण्ड) ∕ डॉ. एस. राधाकृष्णन्

विश्वविख्यात दार्शनिक तथा भारत के पूर्व राष्ट्रपति डॉ. एस. राधाकृष्णन की भारतीय दर्शन के सभी पक्षों पर अधिकृत जानकारी देने वाली यह बृहद कृति बीसवीं शताब्दी में प्रथम प्रकाशन के समय से ही अपने विषय की सबसे महत्त्वपूर्ण तथा प्रामाणिक पुस्तक मानी जाती है। यह वैदिक युग से आरम्भ करके उपनिषद्, पुराण, गीता, षड्दर्शन, बौद्ध तथा जैन धर्म-दर्शनों का सांगोपांग विवेचन वर्तमान युग की भाषा में प्रस्तुत करती है।

उपनिषदों का संदेश ∕ डॉ. एस. राधाकृष्णन्

भारतीय दर्शन में उपनिषदों के चिन्तन की गहरी छाप है। उपनिषदें मानव जीवन के सभी आधारभूत विषयों को अपने विचार का विषय बनाती हैं। विश्वविख्यात दार्शनिक डॉ. राधाकृष्णन ने अपनी पुस्तकों में भारतीय दर्शन के विविध पक्षों का मानक विवेचन प्रस्तुत किया है। इस पुस्तक में उन्होंने सभी प्रमुख अठारह उनिषदों (ईश, केन, मठ, प्रश्न, मुण्डक, माण्डूक्य, श्वेताश्वतर, कौषीतकी, छान्दोग्य, बृहदारण्यक आदि) के विचारों को बड़े सरल और स्पष्ट ढंग से प्रस्तुत किया है। पढ़ने और मनन करने योग्य अत्यन्त उपयोगी ग्रन्थ।

भारतीय संस्कृति : कुछ विचार ∕ डॉ. एस. राधाकृष्णन्

महान विचारक और दार्शनिक डॉ. एस. राधाकृष्णन भारतीय संस्कृति के मूर्धन्य व्याख्याता और समर्थक थे। भारतीय संस्कृति का विश्व की अनेक संस्कृतियों से तुलनात्मक अध्ययन प्रस्तुत करते हुए उन्होंने प्रतिपादित किया है कि भारतीय संस्कृति धर्म को जीवन से अलग करने की बात नहीं मानती, अपितु वह मानती है कि धर्म ही जीवन की ओर ले जाने वाला मार्ग है और भारतीय संस्कृति के आध्यात्मिक अन्वेषण से मानव मात्र का जीवन उन्नत हो सकता है।

जे. कृष्णमूर्ति की अन्य पठनीय पुस्तकें

ध्यान

महान दार्शनिक जे. कृष्णमूर्ति की वार्ताओं तथा लेखन से संकलित संक्षिप्त उद्धरणों का यह क्लासिक संग्रह 'ध्यान' के संदर्भ में उनकी शिक्षा का सार प्रस्तुत करता है–अवधान की, होश की वह अवस्था जो विचार से परे है, जो समस्त द्वंद्व, भय व दुःख से पूर्णतः मुक्ति लाती है जिनसे मनुष्य-चेतना की अंतर्वस्तु निर्मित है। इस परिवर्द्धित संस्करण में मूल संकलन की अपेक्षा कृष्णमूर्ति के और अधिक वचन संगृहीत हैं, जिनमें कुछ अब तक अप्रकाशित सामग्री भी सम्मिलित है।

ईश्वर क्या है?

जे. कृष्णमूर्ति की चर्चित और लोकप्रिय पुस्तकों में एक पुस्तक है। यह पुस्तक उस पावन परमात्मा के लिए हमारी खोज को केन्द्र में रखती है।

कठिनाइयों, विपत्तियों, दुःख, कष्ट और असमंजस में घिरा व्यक्ति जब किसी परमसत्ता से मार्गदर्शन और सहायता की आशा करता हुआ आस्था की ओर लौटता है तो उस 'रहस्यमय परमसत्ता' की वास्तविकता और खोज भी करता है। यही से प्रश्न उठते हैं 'मैं क्या हूँ'–'ईश्वर क्या है?'

जे. कृष्णमूर्ति व्यापक विवेचन करते हुए स्पष्ट करते हैं कि जब हम अपनी वैचारिकता के माध्यम से खोजना बंद कर दें तभी हम यथार्थ, सत्य अथवा आनंद की अनुभूति कर पाएंगे।

शिक्षा क्या है?

क्या आप स्वयं से यह नहीं पूछते कि आप क्यों पढ़-लिख रहे हैं? क्या आप जानते हैं कि आपको शिक्षा क्यों दी जा रही है और इस तरह की शिक्षा का क्या अर्थ है? इस पुस्तक में जीवन से संबंधित युवा मन के ऐसे अनेक पूछे-अनपूछे प्रश्न हैं और जे. कृष्णमूर्ति की दूरदर्शी दृष्टि इन प्रश्नों को मानो भीतर से आलोकित कर देती है, पूरा समाधान कर देती है। ये प्रश्न शिक्षा के बारे में हैं, किंतु सब एक-दूसरे से जुड़े हैं।

जे. कृष्णमूर्ति की अन्य पठनीय पुस्तकें

आपको अपने जीवन में क्या करना है?

जीवन से जुड़े जीवंत प्रश्नों का गहन अन्वेषण जे. कृष्णमूर्ति का बीसवीं सदी के मनोवैज्ञानिक व शैक्षिक विचार में मौलिक तथा प्रामाणिक योगदान है। यह पुस्तक उनकी विभिन्न पुस्तकों से संकलित अपने प्रकार का पहला संग्रह है, जिसमें विशेषकर युवा वर्ग को शिक्षा तथा जीवन के विषय में कृष्णमूर्ति की विशद दृष्टि का व्यवस्थित एवं क्रमबद्ध परिचय प्राप्त होता है।

सोच क्या है?

सोचने-विचारने से अपनी समस्याएं हल हो जाएंगी ऐसा मनुष्य का विश्वास रहा है, परंतु वास्तविकता यह है कि विचार पहले तो स्वयं समस्याएं पैदा करता है, और फिर अपनी ही पैदा की गई समस्याओं को हल करने में उलझ जाता है। एक बात और, विचार करना एक भौतिक प्रक्रिया है। कृष्णमूर्ति स्पष्ट करते हैं कि स्वतंत्रता का, मुक्ति का तात्पर्य है व्यक्ति के मस्तिष्क पर आरोपित इस 'नियोजन' से, इस 'प्रोग्राम' से मुक्त होना। इसके मायने हैं अपनी सोच का, विचार करने की प्रक्रिया का विशुद्ध अवलोकन; इसके मायने हैं निर्विचार अवलोकन—सोच की दखलंदाज़ी के बिना देखना। *'अवलोकन अपने आप में ही एक कर्म है'*, यही वह प्रज्ञा है जो समस्त भ्रांति तथा भय से मुक्त कर देती है।

प्रथम और अंतिम मुक्ति

इस पुस्तक में जे. कृष्णमूर्ति की अंतर्दृष्टियों का व्यापक व सारगर्भित परिचय तथा उनमें सहभागिता का चुनौती-भरा निमंत्रण प्राप्त होता है। कृष्णमूर्ति की शिक्षाओं के विविध सरोकारों का समावेश इस एक पुस्तक में उपलब्ध है जो अंग्रेज़ी पुस्तक 'द फर्स्ट एंड लास्ट फ्रीडम' का अनुवाद है। इस पुस्तक का प्रकाशन 1954 में हुआ था लेकिन आज भी यह पुस्तक कृष्णमूर्ति की सर्वाधिक पढ़ी जाने वाली पुस्तकों में से एक है।